教育部哲学社会科学研究后期资助项目

"资源尾效" 和 "资源诅咒"

"Resource Drag" and "Resource Curse"

区域经济增长之谜

THE MYTHS OF
REGIONAL ECONOMIC GROWTH

刘耀彬 等　著

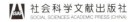

社会科学文献出版社
SOCIAL SCIENCES ACADEMIC PRESS (CHINA)

前　言

党的二十大报告指出，高质量发展是全面建设社会主义现代化国家的首要任务，要全面建成社会主义现代化强国，必须完整、准确、全面贯彻新发展理念，坚持社会主义市场经济改革方向，坚持高水平对外开放，加快构建以国内大循环为主体、国内国际双循环相互促进的新发展格局。高质量发展是要把实施扩大内需战略同深化供给侧结构性改革有机结合起来，增强国内大循环内生动力和可靠性，提升国际循环质量和水平，加快建设现代化经济体系，着力提高全要素生产率，着力提升产业链供应链韧性和安全水平，着力推进城乡融合和区域协调发展，推动经济实现质的有效提升和量的合理增长。

本书按照现象描述→理论分析→模型构建→实证检验→案例分析→政策建议的思路开展研究，目的在于提高资源利用效率，优化产业结构，缓解资源不足和资源过剩，以期为中国高质量发展和中国式现代化的实现提供一定支撑。中国经济实现奇迹式的增长部分原因归功于传统粗放型的发展方式，但这导致资源枯竭、环境污染等问题日趋严重，也使得自然资源对经济增长的约束作用日益明显，既体现于资源不足导致的"资源尾效"，也体现于资源过剩导致的"资源诅咒"。中国是一个人口众多但人均资源相对较少且资源分布存在较大差异的国家，如何针对不同类型、不同发展阶段的区域提出差异化的政策措施，以全面提高资源利用效率，科学配置自然资源，实现产业结构转型，推动区域协调发展？这些问题的解决既与建设现代化产业体系、促进区域协调发展以推动高质量发展紧密相连，也是推动绿色发展以促进人与自然和谐共生现代化的重要体现。

本书将"资源尾效"和"资源诅咒"置于同一分析框架下进行研究，统一区域经济增长中"资源尾效"和"资源诅咒"的理论体系，构建研究区域经济增长中资源约束问题的新框架，探索不同区域、不同自然资源对经济增长的差异化约束作用，并在中国特色社会主义制度优势下，提出适合破解中国存在的"资源尾效"和"资源诅咒"问题的政策建议，以期为中国高质量发展和中国式现代化的实现提供理论支撑，也可以为资源约束下的区域经济增长研究提供中国案例和中国理论总结。

摘　要

自然资源是人类赖以生存和发展的重要物质基础，也是经济增长的基础性生产要素。进入 21 世纪以来，世界经济快速增长，这主要源于对自然资源的大量开发和利用，但由此导致的资源枯竭、环境污染、温室效应和生态平衡恶化等问题日渐严重。这有悖于全球可持续发展观，不利于构建人类命运共同体。于是，人们不得不开始思考"资源约束"这一经济学基本命题。自然资源对经济增长的约束作用具有两面性，既有在经济增长过程中自然资源供给数量减少、质量下降、开发和利用难度提高所引起的自然资源供不应求的"资源尾效"（resource drag），也有资源禀赋优越、过度依赖资源开发所引起的资源型经济结构和资源供给过剩对经济发展造成约束的"资源诅咒"（resource curse）。"资源尾效"和"资源诅咒"的概念被全球关注却又缺乏统一研究框架，探索两者如何能够在理论上相结合，以便于加深对资源约束区域经济增长的认识，是理论和实践的需要。一方面，中国是一个人口众多但人均资源相对较少的国家，多年的高速发展使中国在经济方面取得了非凡的成就，但由于粗放的经济增长方式，自然资源的大量消耗使得自然资源枯竭成为制约中国经济可持续发展的重要因素之一。如何提高自然资源利用效率，减小资源不足对中国经济可持续发展的阻碍是非常重要的现实问题。当然除了资源不足阻碍了城市经济增长之外，资源富足同时也可能使部分城市经济发展出现困境，资源型城市转型问题也非常迫切。要采取何种措施减小双重阻力对城市经济增长的消极影响是我国城市发展中亟须解决的难题，因此客观地把握"资源尾效"和"资源诅咒"的现状对我国城市高质量发展具有重要的现实意义，是科学决策的前提。另一方面，我国资源分布存在较大的差异，水资源分布是东南多、西北少，长江流域及其以南地区的水资源量占全国 80% 以上，而淮河流域及其以北地区的水资源量不足全国的 20%；土地资源主要分布在西部地区的 10 个省区，占全国土地总面积的 56.4%；矿产资源也主要分布在西部地区，而东部地区相对较少。针对我国不同类型区域经济发展所受到的要素约束不同，提出差异化的比较研究和政策措施是当前实践的需要，这对于我国全面提高资源利用效率、科学配置自然资源以及实现全面节约等都具有重要的应用价值。

本书主要研究目的在于阐释区域经济增长中"资源尾效"和"资源诅咒"的约束理论，按照现象描述→理论分析→模型构建→实证检验→案例分析→政策建议的研究思路，构建二者动态转换模型，为资源约束下的区域经济增长研究提供理论和实证基础。本书在对经济增长中的资源约束相关经典理论进行系统归纳的基础上，重点对"资源尾效"和"资源诅咒"以及二者之间的转换研究进行归纳总结。第一，通过对区域经济增长中资源约束的概念和内涵进行界定，认为资源约束有由于资源的限制而使得区域经济增长进程减慢的"资源尾效"和由于资源的过于丰富而使得区域经济增长进程减慢的"资源诅咒"两种情况。第二，根据生产理论与技术约束、增长理论与要素约束、木桶理论与阈值约束、生态理论与容量约束，归纳得到的自然资源约束经济增长的作用主要表现在它影响区域的经济增长速度、经济发展格局、劳动生产率和劳动的地域分工、产业结构、经济发展方式等；进一步通过比较均衡分析发现，资源约束区域经济增长的路径体现在资源有限供给条件下的区域经济增长呈现盲尾的"资源瓶颈"特征、无限供给条件下的区域经济增长呈现"半抛物线"形特征、级差供给条件下的区域经济增长呈现"S"形特征；资源约束规律主要反映在自然资源约束下的区域经济增长呈现非线性的 Logistic 复合曲线特征。第三，在利用内生增长理论分别构建经济增长中的"资源尾效"和"资源诅咒"模型的基础上，根据宏观生产理论将经济增长中的"资源尾效"和"资源诅咒"模型系统化，发现在水土资源和矿产资源约束下，经济增长中"资源尾效"和"资源诅咒"的动态转换条件是：当资源生产弹性不等于2/3的情况下，"资源尾效"和"资源诅咒"可以转换。第四，基于区域经济增长中"资源尾效"和"资源诅咒"的约束模型，采用长江经济带11个省市和中国30个煤炭城市的宏观数据作为研究样本，分别测度出经济增长中水土资源和煤炭资源约束下的"尾效"值和"诅咒"值，分析其动态转换机制以及其空间异质性和成长异质性特征，并利用中国工业企业数据库的数据进行稳健性检验，得出不同资源对经济增长约束作用的差异；同时，以中国 285 个地级及以上城市为研究样本，在考虑自然资源和经济增长的空间效应的前提下，研究矿产资源对城市经济增长的影响，结果发现周边城市自然资源依赖也会影响本城市矿产资源对经济增长的作用。第五，通过选取国内外打破"资源尾效"和"资源诅咒"的案例，分析其产生的原因和破解的方法，为我国其他地区提供借鉴。第六，基于以上分析，对全书的研究进行了总结和展望，并从五个层面提出了化解资源约束的政策建议。

关键词： 资源尾效　资源诅咒　约束理论　约束模型　非线性分析

Abstract

Firstly, natural resources are the important material basis on which human beings depend for survival and development, as well as the basic production factors of economic growth. Since the beginning of 21st century, the rapid growth of the world economy has mainly been attributed to the extensive exploitation and utilization of natural resources, which result in increasingly frequent problems such as resource depletion, environmental pollution, greenhouse effect and deterioration of ecological balance. Therefore, people have to start thinking about the basic economic proposition of resource constraint. The restriction of natural resources on economic growth has two sides, both in the process of economic growth due to the decline in the number of natural resource supply, quality decline, the development and utilization difficulties caused in the shortage of natural resources, which is resource drag. Additionally, there are superior resources endowment, the resource curse, which is caused by the excessive reliance on resource development, amplifying the resource-oriented economic structure and the surplus of resource supply. The concept of resource drag and resource curse has been emphasized in the world, but lacks a unified research framework. It is the need of theory and practice to explore how to unify the understanding of resource-constrained regional economic growth in theory: On the one hand, China is a country with a large population but relatively few resources per capita, the rapid development of China's economic growth has made remarkable achievements for many years. However, a large amount of consumption of natural resources makes the natural resources become one of the important factors for the sustainable development of China's economy because of the extensive mode of growth. Therefore, how to improve the utilization efficiency of natural resources, alleviate insufficient resources to block for the sustainable development of China is very important realistic problem. Of course, in addition to the lack of resources that hinders urban economic growth, resource abundance is also a part of regional development dilemma. The transformation of resource-based cities is also a very important practical problem. What measures to be taken to mitigate the negative effects of double resistance on urban economic growth in China is a difficult problem to be solved in urban development, so objectively grasping the current status of resource drag and resource curse has a general guiding significance for the development of urban economy in China, and it is the precondition of scientific decision. On the other hand, there are great differences in the distribution of resources in China, the distribution of water resources is that southeast is more than that in northwest, the water resources in the Yangtze River basin and its south area accounted for more than 80% of the country, while the Huaihe Valley and north are less than 20% of the country. Land resources are mainly distributed in 10 provinces in the western region representing 56.4% in the country. Mineral resources are also mainly distributed in the western region, while relatively few in the eastern region. Therefore, in view of different types of regional economic development at present are subject to different types of constraints proposed differences in comparative research and policy measures are important practical needs, which is of great application value for China to comprehensively improve the efficiency of resource utilization, scientifically allocate natural resources and realize comprehensive conservation.

This book the main purpose is to to explain the constraint theory of resource drag and resource curse in the regional economic growth, insists on the research thinking from phenomenon description to theoretical analysis to model construction to empirical test to case analysis to policy suggestion, and to construct the dynamic transformation model. It provides a theoretical and empirical basis for the study of regional economic sustainable growth under resource constraints. Based on the systematic summarization of the classical theory of resource constraint in economic growth, this book focuses on the summary of the research progress of resource drag and resource curse and the transition between them: Firstly, by defining the concept and intension of resource constraint in regional economic growth, this book considers that resource constraint has two situations, which one is resource drag that slows down the process of regional economic growth due to resource constraints, and the other one is resource curse which slows down the process of regional economic growth due to rich resources. Secondly, according to production theory and technology constraint, growth theory and factor constraint, bucket theory and threshold constraint, ecological theory and capacity constraint, the function of natural resources restraining economic growth is mainly influenced by its influence on regional economic growth rate, regional economic development pattern, regional labor productivity and division of labour, regional industrial structure and regional economic development mode; Further comparative equilibrium analysis shows that the path of resource-constrained regional economic growth is reflected in the resource bottleneck characteristic of blind end of economic growth under the condition of limited resources supply, and the half parabola type characteristic of economic growth under the condition of unlimited supply. The economic growth under the condition of differential supply shows the characteristic of S, and the resource constraint law mainly reflects the Non-linear logistic composite curve in the regional economic growth under the constraint of natural resources. Thirdly, based on the endogenous growth theory, resource drag model and resource curse model are used to construct the economic growth. According to the macroscopic production theory, resource drag model and resource curse model of economic growth are systematized, and discussing under the restriction of soil and water resources and mineral resources respectively, the dynamic transition condition of resource drag and resource curse in economic growth is when resource growth elasticity is not equal to 2/3, resource drag and resource curse can be converted. Fourthly, based on the constraint analysis model of resource drag and resource curse in regional economic growth, using the macroeconomic data of 11 provinces of Yangtze River economic zone and 30 coal cities in China as research samples, drag value and curse value under the constraint of soil and water resources and coal resources in economic growth were respectively measured. The dynamic transformation mechanism, spatial heterogeneity and growth heterogeneity characteristics were analyzed, and the data of Chinese industrial enterprises were used as a surrogate indicator of robustness test. At the same time, using 285 prefecture-level and above cities in China as research samples, and considering the spatial effects of mineral resources and economic growth, this book studies the spatial and temporal effects of mineral resources on urban economic growth, and finds that the dependence of surrounding cities on natural resources also affects the effects of their own mineral resources on economic growth. Fifthly, this book analyzes the causes and solving methods by selecting domestic and foreign cases that successfully break resource drag and resource curse, so as to provide reference for other regions in China. Finally, based on the above analysis, the book summarizes and forecasts the conclusion of the thesis, and puts forward the policy suggestion of resolving the resource constraint at four levels.

Keywords: Resource Drag; Resource Curse; Theory of Constraints; Constraints Model; Nonlinear Analysis

目　录

第一章
"资源尾效"和"资源诅咒"问题的提出

第一节 区域经济增长中的"资源尾效"和"资源诅咒"

一 资源约束问题长期存在

（1）当前中国经济增长对自然资源的依赖具有明显的阶段性，因此资源约束力在区域经济增长过程中也具有动态性和非线性特征，即在不同的时空尺度范围内，资源约束区域经济增长的大小和内涵是不同的。因而，基于非线性分析视角来研究资源约束区域经济增长的理论和方法，是值得研究的重要科学命题。

目前我国对能源的需求仍处于一个较高的水平。进入 21 世纪以来，我国能源消费总量从 2001 年的 15.55 亿吨标准煤上升到 2018 年的 47.19 亿吨标准煤。2001~2018 年，我国能源消费总量在不断上升，但是近年来对能源消费的增速总体在放缓（见图 1-1）。能源是工业化进程的主要动力，也是

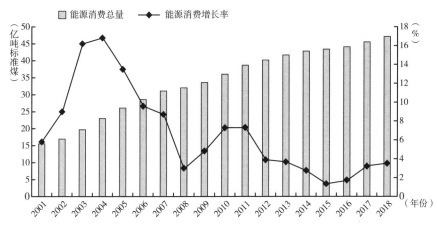

图 1-1 2001~2018 年中国能源消费总量和能源消费增长率

我国经济增长的主要驱动力。我国人均国内生产总值从 2001 年的 8717 元上升到 2018 年的 64644 元；但是经济并非一直处于高速增长的状态，我国经济增长速度在 2011 年之前基本保持在 10%，而此后经济增长速度开始减缓，基本保持在 6%~8%（见表 1-1）。

表 1-1　2001~2018 年中国人均国内生产总值和经济增长速度

单位：元，%

年份	2001	2002	2003	2004	2005	2006	2007	2008	2009
人均国内生产总值	8717	9506	10666	12487	14368	16738	20494	24100	26180
经济增长速度	8.3	9.1	10	10.1	11.4	12.7	14.2	9.7	9.4
年份	2010	2011	2012	2013	2014	2015	2016	2017	2018
人均国内生产总值	30808	36302	39874	43684	47005	50028	53680	59201	64644
经济增长速度	10.6	9.5	7.9	7.8	7.3	6.9	6.7	6.9	6.7

资料来源：《中国统计年鉴 2019》。

此外，从能源消费弹性系数来看（见图 1-2），能源消费增长速度与其所带来的经济增长速度之间并非简单的线性关系，也并非能够一直保持相同的水平。当能源消费弹性系数增加时，也就是相同能源消费增长速度所带来的经济增长速度要更小，可以说是能源消费相对较高时其所带来的经济增长速度反而减小，能源消费过剩阻碍了经济增长；而当能源消费弹性系数减小时，也就是能源消费增加可以带来更快的经济增长速度，可见，中国经济增长速度受到了自然资源投入相对不足的阻碍，自然资源投入进一步增加可以提高经济增长速度。从这个背景来看，资源投入在一定程度上会对经济增长产生约束作用，且资源投入相对不足和相对过剩都会对经济增长产生约束作用，那么这两种约束作用之间是否在一定条件下可以转换，以及在何种条件下转换是值得探讨的理论和现实问题。

（2）中国不同区域之间经济发展水平存在较大的差异，自然资源分布也存在较大的差异，即资源约束区域经济增长的强度和大小不尽相同。因而，基于区域异质性和发展阶段的独特性视角来研究不同自然资源约束经济增长的测度模型与分析技术，是值得研究的重要学术命题。

我国自然资源总量相对较为丰富，但是人均自然资源相对较少，大部分自然资源的人均占有量达不到世界平均水平。在全国层面上我国自然资

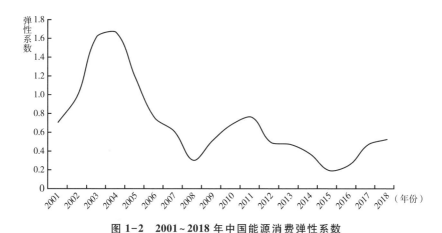

图1-2 2001~2018年中国能源消费弹性系数

注：能源消费弹性系数=能源消费增长速度/经济增长速度。

源处于相对较为稀缺的状态，国内已经有很多学者研究发现，水资源、土地资源、矿产资源和能源的相对不足确实在一定程度上阻碍了我国经济的增长；但是从不同区域来看，我国资源分布存在较大的差异，水资源分布是东南多、西北少，长江流域及其以南地区的水资源量占全国80%以上，而淮河流域及其以北地区的水资源量却不足全国的20%。中国国土辽阔，但人均土地资源却是世界上最少的国家之一，并且土地资源在中国东部、中部、西部三个地区的分布存在较大的差异，东部地区12个省区市，面积为129.4万平方公里，占全国土地总面积的13.5%；中部地区9个省区，面积为281.8万平方公里，占全国土地总面积的29.3%；西部地区10个省区市，面积为541.4万平方公里，占全国土地总面积的56.4%（不包括港澳台地区）。① 并且，全国土地资源类型多样，耕地、林地、草地、荒漠、滩涂等在中国都有大面积分布，其中山地多，而平原、耕地与林地所占的比例小。各类土地资源分布不均，耕地主要集中在东部季风区的平原和盆

---

① 此处划分标准参考"七五"计划对我国东部、中部、西部地区的划分，其中东部地区包括北京、天津、河北、辽宁、上海、江苏、浙江、福建、山东、广东、广西、海南12个省区市；中部地区包括山西、内蒙古、吉林、黑龙江、安徽、江西、河南、湖北、湖南9个省区；西部地区包括四川、重庆、贵州、云南、西藏、陕西、甘肃、宁夏、青海、新疆10个省区市，其中重庆市于1997年第八届全国人民代表大会第五次会议设为中央直辖市，并划入西部地区。

地地区；林地多集中在东北、西南的边远山区；草地多分布在内陆高原、山区。而我国经济发展主要消耗的能源是煤炭、石油和天然气，并且这些能源主要分布在西部地区，其中煤炭主要分布在内蒙古、新疆、山西和陕西四省区，石油和天然气主要分布在陕西、新疆和四川三省区。相对而言，煤炭、石油和天然气在东部地区分布较少。此外，相对于资源的区域分布差异，经济增长在不同区域也存在较大的差异，东部地区经济发展水平明显高于中部和西部地区，但大部分资源在东部地区的分布较少，而西部地区有着大量的资源。那么这些自然资源在不同的区域到底发挥着何种约束作用，不同地区的资源约束作用是否存在差异，约束作用到底有多大以及如何减小这一约束作用，是值得探索的理论和现实问题。

（3）中国不同类型区域经济增长目前正受到不同类型的要素强约束，区域经济增长特征也存在较大的差异，即不同尺度区域经济增长中所表现出来的自然资源替代方式不尽相同。因而，通过应用研究来揭示这些区域经济增长中的资源约束机制与动态演变规律，以期为这些区域向资源节约型、环境友好型社会转变并可持续发展提供科学决策依据，是值得研究的重要的现实问题。

经济增长过程中需要利用水资源、土地资源、矿产资源等各种自然资源，同样也会受到这些自然资源的约束作用。水资源是区域经济发展的必需品，它对区域独特性形成与演变的影响是广泛的，不仅影响区域内居民的身体健康、生活质量，还影响区域内的生产方式和工业规模，进一步影响区域的发展质量，其约束主要表现在水体污染、区域干旱、用水浪费和盲目开采。在干旱、半干旱地区水几乎成为绿洲发展的唯一因素，而由于水资源区域分布不均等和水体的严重污染，沿海和一些工业城市的水资源也出现了严重不足，导致区域发展受阻。我国土地资源并不丰富，总体上面临着严峻的土地资源约束。土地资源约束主要表现在城市扩张占用良田、林地、水域、湿地等其他土地类型，并由改变土地利用方式带来环境问题及各类污染对土壤的影响上，同时对于城市用地而言，表土层的工程地质特性对城市建设将产生很大制约。矿产资源是城市第二产业的物质基础，新中国成立以后经济发展重点始终放在能源、原材料工业上，涌现了一大批矿业城市，其受到的约束主要表现在资源不可再生和大量消耗造成的供应不足以及开发和利用过程中造成的环境破坏。由于资源分布情况不同及城市需求不同,自然资源对区域经济增长的约束从主要要素到相关影响都存在较大区别。因此,基于资源约束经济增长中的非线性理论和门槛模型,通过分析资源约束下的长江经济带沿江省市和中国煤炭城市的基本特征与发展机制,揭示其经济增长中的资源约束机制与动态演变规律,对于破解长江经济带沿江省市和中国煤炭城市转型发展过程中面临的资源约束,实现其循环发展和绿色发展等具有重要的现实意义。

(4)不同类型的自然资源对经济增长的影响存在差异,另外,不同地区在不同发展阶段自然资源在经济增长中的作用也会发生变化。因此,自然资源在我国经济增长中发挥的作用是非常复杂的,如何有效地发挥自然资源的积极作用是非常重要的。本书通过选取如何克服"资源尾效"和"资源诅咒"的国内外案例,通过梳理这些地区自然资源与经济增长的背景和特征事实,进一步总结出这些案例"资源尾效"和"资源诅咒"产生的原因,并找到这些地区破解"资源尾效"和"资源诅咒"的方法,以期为我国其他地区打破"资源尾效"或者"资源诅咒",发挥自然资源的积极作用提供示范和启示作用,是值得研究的重要实践问题。

一方面,我国自然资源在空间分布上存在很大差异,水资源主要分布在长江流域及其以南地区;土地资源主要分布在西部地区,中东部地区土地资源占比较少;煤炭、石油和天然气等能源也主要分布在西部地区,而东部地区非常少。因此,在不同地区经济发展过程中,不同类型的自然资源发挥着不一样的作用,自然资源对中国不同地区经济发展的作用存在明显差异。另一方面,如煤炭、石油等矿产资源作为不可再生资源是可耗竭的,并且开采过程有着相应的生命周期,进而导致以这些自然资源开采为主导产业的城市,也就是矿产资源城市,具有相对应的生命周期。在资源型城市不同的生命周期阶段,资源型城市所能开采的自然资源量是存在差异的,自然资源在经济增长中发挥的作用也是会变化的。因此,在不同发展阶段,自然资源在地区经济增长中发挥的作用也是有差异的。在如此复杂的情况下,如何有针对性地、有效地发挥出自然资源对经济增长的积极作用,克服"资源尾效"或"资源诅咒"问题?本书从现实出发,国内案例选取淮北市,分析其煤炭资源"诅咒"问题和水资源"尾效"问题;国外案例选取部分非洲国家和德国鲁尔区,分别分析它们

"资源诅咒"和"资源尾效"产生的原因，寻找其破解之法。由此给予我们启发，然后发挥中国特色社会主义制度的优势，通过试点，在实践中找到中国破解"资源尾效"和"资源诅咒"的可行性办法，进一步从实践中提炼出理论，再用理论指导实践，帮助中国全面提高资源效率，实现资源型城市转型，发挥马克思主义理论的优势，具有非常重要的实践意义。

二 资源约束问题亟须破解

（1）在全球经济增长越来越受资源约束的背景下，"资源尾效"和"资源诅咒"的概念越来越受到学术界认同，如何统一区域经济增长中的"资源尾效"和"资源诅咒"的理论体系仍是亟待探索的重要理论问题，具有重要的理论价值。

人类社会的生存与文明发展需要经济增长，而经济增长必然伴随着资源的开发与利用。20 世纪以来，西方发达国家依靠科学进步创造了大量的生产力，使资源开发难度和成本大幅降低，让可燃冰等新能源的开发成为现实，同时更加便捷的交通也使全球资源都存在被开发和利用的可能。然而日渐增多的资源消耗和日趋严重的环境问题开始显露。1972 年，梅多斯等人为罗马俱乐部所写的《增长的极限》报告认为，世界经济将由于资源耗竭、人口增长以及环境污染三方面因素的作用而陷入停滞并逐步走向崩溃。此后，自然资源的有限性终将导致经济长期增长结束的观点不断出现。尤其是进入 21 世纪以后，化石燃料的大量使用造成环境污染、温室效应以及生态平衡恶化，使得更多人开始思考资源约束这一命题。自然资源对经济增长的约束作用具有两面性，既有在经济增长过程中自然资源供给数量减少、质量下降、开发和利用难度提高所引起的自然资源供不应求的"资源尾效"，也有资源禀赋优越、过度依赖资源开发所引起的资源型经济结构和资源供给过剩对经济发展造成约束的"资源诅咒"。"资源尾效"和"资源诅咒"的概念被全球关注却又缺乏统一研究框架，探索两者如何在理论上相结合能够加深对资源约束区域经济增长的认识，是理论和实践的需要。

基于上述背景，研究区域经济增长中的资源约束理论问题显得尤为重要。本书的理论意义体现在以下方面：①丰富经济增长中的资源约束理论，为资源经济学提供新的理论基础和分析框架；②提供一套区域经济增长中"资源尾效"和"资源诅咒"的概念体系和研究方法体系，为区域经济学交叉研究提供新视野。

（2）中国资源型城市的经济增长正受到"资源尾效"和"资源诅咒"的双重压力，如何构建一套模型方法对其进行客观分析是政府进行科学决策的基础，具有重要的学术价值。

中国是一个人口众多但人均资源相对较少的国家，多年的高速发展使中国在经济和城市建设方面取得了非凡的成就，但也消耗了大量的资源，资源的有限性和城市发展需求的无限性的矛盾日益突出。除了资源不足导致的城市发展矛盾之外，资源富足同时也使部分区域发展出现了困境。20世纪90年代以来，许多资源型城市在不同程度上相继出现了包括经济结构、经济增长、资源环境、社会就业等在内的一系列问题。如西部地区资源分布相对富集而东部沿海大部分地区则较为匮乏，但资源相对富集的西部经济发展表现却远不如东部，其明显的资源优势并没有成为区域经济发展的动力。国务院2007年发布了《关于促进资源型城市可持续发展的若干意见》，启动了首批资源枯竭型城市转型试点，旨在解决当地民生和生态问题；2013年又颁布了《全国资源型城市可持续发展规划（2013—2020年）》，指导全国各类资源型城市可持续发展。要采取何种措施减小双重阻力对城市经济增长的消极影响是我国城市发展中急需解决的难题，因此客观地把握我国"资源尾效"和"资源诅咒"的现状对城市经济发展具有普遍指导意义，是科学决策的前提。

长期以来，学者们对区域经济增长中的资源约束都是从"资源尾效"和"资源诅咒"两个角度分别展开研究的。对"资源尾效"的研究基本上是通过计算无资源约束和有资源约束情况下经济增长速度的差值来确定其大小；而对"资源诅咒"则是通过研究资源依赖度与经济增长速度之间的关系来确定"资源诅咒"是否存在，进而研究其传导机制。由于这两方面的研究方法存在较大的差异，不同区域或者城市在不同的发展阶段可能存在的不同资源约束很难解释。鉴于此，本书通过使用生产理论系统界定"资源尾效"和"资源诅咒"的含义，试图将二者放于同一个分析框架下进行研究，为研究区域经济增长中的资源约束问题提供新的框架。本书的学术价值体现在以下方面：①提出资源约束经济增长的多重均衡过程模型与非线性动态规律；②根据非线性门槛建模方法构建出资源约束经济增长的门槛模型；③构建经济增长中“资源尾效”和“资源诅咒”的动态转换模型。

（3）我国不同类型区域经济发展目前正受到不同类型的要素约束，如何对不同尺度区域经济发展提出差异化的比较研究和政策措施是实践需要，具有重要的应用价值。

中国城市类型多样、分布区域跨度大，而资源分布不平衡、经济发展水平差异也较大，由此对全国城市进行分析可以整体把握中国东部、中部、西部的资源约束情况，为全国城市特色发展和协调发展提供依据。以长江经济带和中国煤炭城市为例则具有借鉴作用和示范效应：长江经济带是全国除沿海开放地区外经济密度最大的地区，它具有较为丰富的水土资源，但水土资源在长江经济带的分布存在较大差异，而且经济发展水平也存在较大差异，可见不同地区水土资源对经济增长的约束作用存在差异；而煤炭城市是典型的资源型城市，它赖以发展的煤炭资源是不可再生资源，那么煤炭城市的发展必定会经历不同的阶段，也面临资源枯竭的问题，并且在不同的阶段，煤炭资源对城市经济增长存在不同的约束作用。可见，不同自然资源对区域经济增长的作用起着不同的约束作用，需要重点关注不同自然资源在经济增长中发挥的作用，从不同自然资源开发和利用的角度提出相应的政策建议。同时，中国幅员辽阔，各城市之间经济增长和自然资源都存在明显的空间效应，在考虑自然资源和经济增长的空间效应的情况下，自然资源对中国城市经济增长到底起着什么作用，周边城市经济增长和自然资源到底如何影响本城市自然资源对经济增长的作用，对这些问题的研究有助于更加合理地分配自然资源，全面提高资源利用效率。

一方面，对“资源尾效”和“资源诅咒”的实证研究一般是基于线性模型展开的，所测度出的“资源尾效”和“资源诅咒”作用的大小是平均意义上的，在门槛值两端的研究也是平均意义上的，需要基于面板门槛回归模型研究如何解决“资源尾效”和“资源诅咒”问题。显然不同地区不同时间段的自然资源对区域经济增长约束作用的大小是不相同的，大部分学者所使用的模型难以测度出各个地区各个时间段上资源约束作用的大小。为了解决这一问题，本书使用面板平滑转换回归

（PSTR）模型进行分析，能够测度出不同时间段和不同地区资源约束作用的大小，同时讨论并检验资源约束的表现到底是资源丰裕还是资源依赖。此外，本书解决了"资源尾效"和"资源诅咒"两种资源约束作用分别在何种条件下出现，并且在何种条件下能够相互转换等问题，由此了解不同资源在经济增长中的约束机制，从控制自然资源的开采和投入的新角度为资源丰裕度不同和经济发展水平不同的城市提出相应的政策建议，以期解决我国不同区域经济发展所面临的不同资源约束问题。另一方面，对自然资源与经济增长之间关系的研究都是在未考虑二者的空间效应，或者只考虑经济增长和自然资源中某一因素的空间效应的前提下进行的，这对探索影响自然资源与经济增长关系的研究会产生偏差，同时不考虑自然资源空间效应对本城市的影响无法有效判断自然资源的分配是否合理，无法全面提高自然资源的利用效率。为了解决这一问题，本书采用空间面板向量自回归（Sp P-VAR）模型进行分析，该方法能在同时考虑自然资源和经济增长的空间效应的情况下，解决经济增长和自然资源依赖之间存在互为因果关系而导致的内生性问题，更加准确地研究自然资源依赖对经济增长的作用。本书通过三大尺度区域的对比，对我国区域经济增长的"资源尾效"和"资源诅咒"进行分析，具有很强的现实意义：①为中国区域经济增长的资源约束现状和过程提供科学诊断；②为中国区域经济增长中的"资源尾效"和"资源诅咒"及其均衡提供客观分析；③为中国区域经济增长中资源约束和保护的差异化政策提供借鉴与启示。

（4）不同自然资源在不同地区和不同时间段在经济增长中发挥的作用存在明显差异，在中国特色社会主义制度优势下，如何探索出适合破解中国存在的"资源尾效"和"资源诅咒"问题的方法是实现全面提高资源利用效率、实现资源型城市转型的重要支撑，具有重要的实践意义。

中国是一个自然资源分布极度不均的国家，不同地区或城市的自然资源存在明显差异，比如水资源主要分布在长江流域及其以南地区，而淮河流域及其以北地区水资源分布较少；土地资源和大部分能源资源主要分布在西部地区，而东部地区相对较少。同时如煤炭、石油等矿产资源作为不可再生资源，其开采过程均有相应的生命周期，进而导致以这些自然资源开采为主导产业的资源型城市也具有相对应的生命周期。因此，不同类型的自然资源在不同地区和不同时间段对经济增长的作用是不同的，如何有效地发挥自然资源的积极作用，需要我们从现实中探索并总结出适合中国的道路，为实现全面提高资源利用效率、促进资源型城市转型提供支撑。

基于以上问题，本书从现实出发，挖掘国内外克服"资源尾效"和"资源诅咒"的案例，寻找这些案例中破解"资源尾效"和"资源诅咒"的方法，以期为我国解决这两个问题提供有效的支撑，并进一步发挥中国特色社会主义制度的优势，通过试点，从实践中提炼出理论，再用理论指导其他地区实践，帮助中国全面提高资源利用效率，实现资源型城市转型。本书的实践价值在于：①通过对国内外案例进行分析，探索它们成功破解"资源尾效"和"资源诅咒"的途径，为我国其他相似地区提供示范作用；②借助中国特色社会主义制度的优势，可以通过试点将这些途径应用到实践中，进一步从实践中总结出理论，为中国全面提高能源利用效率，实现资源型城市转型提供理论支撑，将理论运用到更大范围的实践中。

第二节　研究目标与主要内容

一　研究目标

（1）在对区域经济增长中资源约束的概念和内涵进行界定的前提下，根据生产理论与技术约束、增长理论与要素约束、木桶理论与阈值约束、生态理论与容量约束，阐释区域经济增长中"资源尾效"和"资源诅咒"的形成机制，并分析资源约束区域经济增长中的非线性成长规律。

（2）在利用内生增长理论分别构建经济增长中的"资源尾效"和"资源诅咒"模型的基础上，根据宏观生产理论将经济增长中的"资源尾效"和"资源诅咒"模型系统化，分别探讨在水土资源和矿产资源约束下，经济增长中"资源尾效"和"资源诅咒"的动态转换条件和依据。

（3）基于区域经济增长中"资源尾效"和"资源诅咒"的约束模型，

采用长江经济带 11 个省市和中国 30 个煤炭城市作为研究样本，分别测度出经济增长中水土资源和煤炭资源约束下的"尾效"值和"诅咒"值，并分析其动态转换机制以及其空间异质性和成长异质性特征，得出不同资源对经济增长约束作用的差异；以全国 285 个地级及以上城市为研究样本，在考虑自然资源和经济增长的空间效应的情况下，分析矿产资源对经济增长的作用。

（4）在"资源尾效"和"资源诅咒"界定清楚的前提下，本书通过选取国内外成功破解"资源尾效"或者"资源诅咒"的案例进行分析，针对国内案例，分析淮北市破解煤炭资源"诅咒"以及水资源"尾效"的过程；而针对国外案例，分析部分非洲国家走出矿产资源"诅咒"的路径，以及德国鲁尔区摆脱矿产资源"尾效"的主要做法。

二　主要内容

全书共分八章，主要包括以下内容。

第一章是"资源尾效"和"资源诅咒"问题的提出。本章阐明本书问题的提出和研究意义、研究目标与主要内容、基本观点与研究重难点，厘清研究思路与研究方法，提出研究特色与创新之处。

第二章是理论回顾与研究综述。本章在对经济增长中的资源约束相关经典理论进行回顾的基础上，重点对"资源尾效"和"资源诅咒"以及二者之间的转换研究现状进行归纳综述，从而提出现有研究的不足和发展趋势。

第三章是区域经济增长中"资源尾效"和"资源诅咒"的理论与模型分析。本章在界定"资源尾效"和"资源诅咒"的相关概念和内涵的基础上，利用相关理论阐释区域经济增长中"资源尾效"和"资源诅咒"的形成机制，并分析资源约束下区域经济增长的非线性成长规律；进一步，在利用内生增长理论分别构建经济增长中"资源尾效"和"资源诅咒"模型的基础上，根据宏观生产理论构建经济增长中"资源尾效"和"资源诅咒"的转换模型，并分别探讨水土资源和矿产资源约束下，经济增长中"资源尾效"和"资源诅咒"的动态转换条件和依据。

第四章是水土资源约束的实证研究。本章以宏观数据为基础，采用长江经济带 11 个省市 2003～2018 年的面板数据，在分析长江经济带整体的经济增长"尾效"和"诅咒"情况的基础上，进一步分析"资源尾效"和"资源诅咒"之间的动态转换机制以及其空间异质性，并利用 2003～2011 年中国工业企业数据库的数据进行稳健性检验，得出水土资源对经济增长约束作用的区别。

第五章是煤炭资源约束的实证研究。本章以 30 个煤炭城市 2001～2018 年的宏观数据作为研究样本，在按照产业生命周期理论对煤炭城市进行分类的基础上，分别测度出全样本城市经济增长中煤炭资源的"尾效"值和"诅咒"值，并分析其动态转换机制，进一步利用 2001～2011 年中国工业企业数据库的数据对回归结果进行稳健性检验；按照不同类别成长异质性特征，量化煤炭城市煤炭资源与经济增长的关系与规律，并实证检验资源开采部门不同规模报酬下资源依赖度对经济增长的不同约束情况。

第六章是矿产资源约束的时空效应分析。本章采用全国 285 个地级及以上城市样本，在同时考虑自然资源和经济增长的空间效应的前提下，分析矿产资源对经济增长的作用，以及周边城市自然资源和经济增长对本城市该作用的影响。

第七章是国内外案例分析。本章选取国内外打破"资源尾效"或"资源诅咒"的案例进行分析，找出这些地区"资源尾效"或"资源诅咒"产生的原因，并进一步分析各地区破解的做法来为其他地区提供借鉴，进而全面提高资源利用效率，实现资源型城市转型。

第八章是研究结论与政策建议。本章对全书进行总结和三个尺度的对比分析，指出研究的不足与展望，并提出有利于减小资源对经济增长约束作用的政策建议。

第三节　基本观点与研究重难点

一　基本观点

（1）"资源尾效"和"资源诅咒"具有动态性和阶段性，二者可以相互转换。资源对经济增长的约束作用既可以表现为资源相对不足阻碍了经济增长的"资源尾效"作用，又可以表现为资源相对过剩阻碍了经济增长的"资源诅咒"作用；资源对经济增长的约束作用并非一成不变的，随着经济发展阶段的变化或者资源投入量的变化，资源可能表现为相对不足或者相对过剩的状态，那么资源对经济增长的约束作用可能表现为"资源尾效"作用也可能表现为"资源诅咒"作用，这种约束作用具有动态性和阶段性，二者可以相互转换。

（2）"资源尾效"和"资源诅咒"的大小可以测度，存在差异性条件约束。经济增长中的约束作用是可以区分出来的，即能够辨别出在何种情况下表现为"资源尾效"作用，而在何种情况下表现为"资源诅咒"作用，并且这两种资源约束作用的大小是可以测度的，通过对这两种资源约束作用大小的测度可以比较出不同区域甚至不同城市中不同资源对经济增长的约束作用之间的差异。

（3）不同研究尺度城市的主要约束要素是有区别的，可以通过针对性研究进行比较分析。针对不同的城市类型，其经济增长所需求的主要资源要素是不相同的，那么不同城市的自然资源约束作用是不相同的；不同地区和城市同种资源丰裕度以及对其的需求量也是不相同的，那么相同资源在不同地区和城市表现出来的资源约束作用类型是有区别的，并且其资源约束作用的大小也是有区别的。

二　研究重难点

（1）对经济增长中"资源尾效"和"资源诅咒"作用的相关概念及特征进行界定，将经济增长中的"资源尾效"和"资源诅咒"统一在同一理论和模型框架下进行分析，并基于此推导出"资源尾效"和"资源诅咒"之间的转换机制。

（2）运用面板平滑转换回归（PSTR）模型测度出经济增长中"资源尾效"和"资源诅咒"的大小，并在此基础上推导出"资源尾效"和"资源诅咒"的转换条件以及二者之间的转换机制；另外，利用空间面板向量自回归（Sp P-VAR）模型分析在考虑自然资源和经济增长的空间效应的情况下，自然资源如何影响经济增长。

（3）以长江经济带和中国煤炭城市宏观数据为样本进行实证研究，分析出不同资源类型对经济增长的约束作用的不同之处，不同区域和不同城市资源对经济增长的约束作用的差异，以及不同资源约束作用之间的动态转换情况，并将中国工业企业数据库的数据匹配到各省市和煤炭城市，对回归结果进行稳健性检验，进而针对拥有不同资源的城市以及约束作用不同城市提出相应的政策建议。另外，以全国 285 个地级及以上城市为样本进行实证研究，分析了矿产资源如何影响本城市经济增长、周边城市经济增长和资源依赖度，进而有针对性地提出相应的政策建议。

第四节　研究思路与研究方法

一　研究思路

1. 总体思路

本书主要研究目的在于阐释区域经济增长中"资源尾效"和"资源诅咒"的约束理论，坚持理论分析与实证分析相结合的原则，按照现象描述→理论分析→模型构建→实证检验→案例分析→政策建议的研究思路，构建二者动态转换模型，为资源约束下的区域经济增长研究提供理论和实证基础。本书在对经济增长中的资源约束相关经典理论进行系统归纳的基础上，重点对"资源尾效"和"资源诅咒"以及二者之间的转换研究进行归纳总结。本书研究的总体思路如下。第一，通过对区域经济增长中资源约束的概念和内涵进行界定，认为资源约束有由于资源的限制而使得区域经济增长进程减慢的"资源尾效"和由于资源的过于丰富而使得区域经济增长进程减慢的"资源诅咒"两种情况。第二，基于生产理论与技术约束、增长理论与要素约束、木桶理论与阈值约束、生态理论与容量约束，通过比较均衡分析发现，在资源有限供给条件下的区域经济增长呈现盲尾的"资源瓶颈"特征、无限供给条件下的区域经济增长呈现"半抛物线"形特征、级差供给条件下的区域经济增长呈现"S"形特征；资源约束规律主要反映在自然资源约束下的区域经济增长呈现非线性的 Logistic 复合曲线特征。第三，在利用内生增长理论分别构建经济增长中的"资源尾效"和"资源诅咒"模型的基础上，根据宏观生产理论将经济增长中的"资源尾效"和"资源诅咒"模型系统化，分别探讨在水土资源和矿产资源约束下，经济增长中"资源尾效"和"资源诅咒"的动态转换条件。第四，基于区域经济增长中"资源尾效"和"资源诅咒"的约束模型，采用长江经济带 11 个省市和中国 30 个煤炭城市的宏观数据作为研究样本，分别测度出经济增长中水土资源和煤炭资源约束下的"尾效"值和"诅咒"值，分析其动态转换机制以及其空间异质性和成长异质性特征，并利用中国工业企业数据库的数据进行稳健性检验，得出不同资源对经济增长约束作用的差异；同时，在考虑自然资源和经济增长的空间效应的情况下，考察自然资源对城市经济增长的作用。第五，通过选取国内外破解"资源尾效"和"资源诅咒"的案例，探索其产生的原因，破解的方法，给我国其他地区发挥自然资源的积极作用带来借鉴和启示，为全面提高资源利用效率，促进资源型城市转型提供支撑。第六，基于以上分析，对全书的研究结论进行了总结和展望，并从五个层面提出了化解资源约束的政策建议。

2. 技术路线

在充分掌握资料的前提下，本书通过对经济增长中"资源尾效"和"资源诅咒"的约束作用进行系统的梳理，提出所研究的问题。在对经济增长中资源约束概念进行界定的基础上，本书提出资源约束有由于资源的不足而阻碍区域经济增长的"资源尾效"和由于资源的过剩而使得区域经济增长进程减慢的"资源诅咒"两种情况。基于相关理论分析区域经济增长中"资源尾效"和"资源诅咒"的约束机制，本书利用比较均衡方法探索区域经济增长的规律，并在利用内生增长理论分别构建经济增长中"资源尾效"和"资源诅咒"模型的基础上，进一步探讨"资源尾效"和"资源诅咒"的动态转换条件和机制。本书基于区域经济增长中"资源尾效"和"资源诅咒"的约束模型，采用长江经济带 11 个省市和中国 30 个煤炭城市的宏观数据作为研究样本，分别测度出经济增长中水土资源和煤炭资源约束下的"尾效"值和"诅咒"值，分析其动态转换机制以及其空间异质性和成长异质性特征，并使用中国工业企业数据库的数据进行稳健性检验，同时采用全国 285 个地级及以上城市作为研究样本，在考虑自然资源和经济增长的空间效应的前提下，利用空间面板向量自回归（Sp P-VAR）模型分析矿产资源对经济增长的作用。本书通过选取国内外破解"资源尾效"和"资源诅咒"的案例，分析其产生的原因和破解的方法，为其他地区提供示范作用。最后，本书得出研究结论并提出相应的政策建议。本书的技术路线如图 1-3 所示。

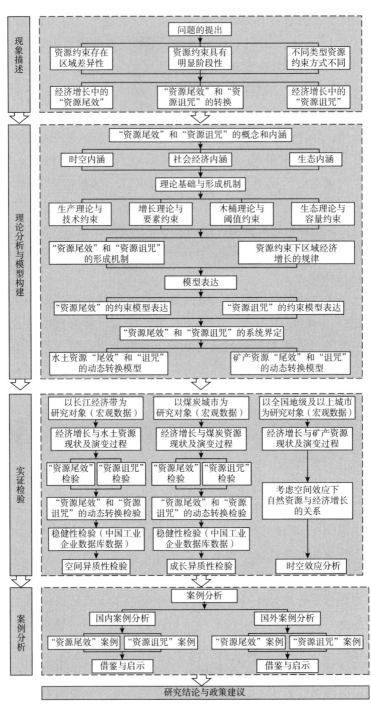

图1-3 技术路线

二 研究方法

1. 归纳法与演绎法相结合

本书归纳了经济增长理论中的资源约束观、城市经济增长中的资源约束观、经济增长中的"资源尾效"和"资源诅咒"文献综述、资源约束的相关理论基础，通过归纳与演绎得出区域经济增长中资源约束的内涵和形成机制、资源约束下区域经济增长的规律、区域经济增长中存在"资源尾效"和"资源诅咒"约束且二者之间存在动态转换关系。

2. 理论分析与实证分析相结合

本书交叉运用生产理论与技术约束、增长理论与要素约束、木桶理论与阈值约束、生态理论与容量约束，对区域经济增长中的资源约束进行研究，分析出区域经济增长中的"资源尾效"与"资源诅咒"存在动态转换关系。虽然理论分析结论在很大程度上依赖模型的假设条件，但理论研究在逻辑方法和思维路径上的亮点及对事物的敏锐洞察力使其成为研究内容的一个必要组成部分。鉴于此，本书在一定的假设条件下建立研究"资源尾效"与"资源诅咒"以及二者动态转换的理论模型，这是理论分析的重点。

本书的实证分析运用大量统计研究方法，在对经济增长和自然资源的现状、演变过程的分析中运用了分类研究方法；在实证检验经济增长中的"资源尾效"和"资源诅咒"时使用了面板数据模型；运用面板平滑转换回归（PSTR）模型对经济增长中"资源尾效"和"资源诅咒"的转换机制进行实证检验；由于实证分析中数据使用的都是面板数据，因此大量使用了单位根检验的方法；在对长江经济带经济增长中"资源尾效"和"资源诅咒"的转换机制研究中运用了 ArcGIS 10.2 软件中的趋势面分析方法；在分析全国层面矿产资源对经济增长的时空效应时使用了空间面板向量自回归（Sp P-VAR）模型。

3. 系统分析与分类分析相结合

系统分析与分类分析都是本书使用的重要方法。本书在研究水土资源和煤炭资源对经济增长的约束作用时，对长江经济带和煤炭城市整体经济增长和资源现状、演变过程以及资源对经济增长的约束作用进行系统性的分析；而在研究长江经济带经济增长中的水土资源约束时，将长江经济带分为东部、中部、西部三个区域分别进行类别研究，对比不同区域中经济增长的差异、水土资源的差异、水土资源对经济增长约束的差异；在研究煤炭城市经济增长中的煤炭资源约束时，将煤炭城市分为成长型、成熟型、衰退型和再生型分别进行类别研究，对比不同类型煤炭城市的经济增长差异、煤炭资源差异和煤炭资源对经济增长的差异。

4. 静态分析方法与动态分析方法相结合

本书不仅使用静态分析方法对长江经济带和煤炭城市中资源与经济增长的现状进行分析，还分析了这两种区域资源对经济增长的平均约束作用，而且运用动态分析方法分析了长江经济带和煤炭城市中资源与经济增长的动态演变过程，并分析了资源对经济增长的约束作用在时间上和空间上的动态变化特征。

5. 比较分析法与均衡分析法相结合

比较分析法是本书采用的重要方法之一。本书选取水土资源约束下的长江经济带和矿产资源约束下的中国煤炭城市进行实证检验并进行比较分析，是一个选材方面的体现。具体体现在对资源环境约束下的区域经济增长路径分析和模型构建中。在理论分析中，充分使用均衡分析法比较分析了资源环境有限供给、无限供给和级差供给条件下的区域经济增长路径；在模型构建中，使用静态均衡分析的方法，研究当资源投入不足时资源对经济增长产生"资源尾效"的影响，当资源相对过剩时资源对经济增长产生"资源诅咒"的影响，并运用动态均衡分析的方法研究二者之间在何种条件下转换以及如何转换，分析资源约束的变化过程，而非简单分析某一城市某一时点的资源约束状态。

6. 案例分析法

案例分析法是本书使用的重要方法。在梳理"资源尾效"和"资源诅咒"内涵的前提下，本书选取国内外破解"资源尾效"和"资源诅咒"的案例，分析产生的背景和原因，总结出其破解之法，以期为我国其他地区提供借鉴和启示。

第五节　研究特色与创新之处

一　研究特色

1. 选题具有时代性和前沿性

本书将"资源尾效"和"资源诅咒"的研究纳入一个统一的研究框

架，系统地研究经济增长中的"资源尾效"和"资源诅咒"以及二者之间的转换机制，并基于长江经济带和中国煤炭城市的样本数据分别进行实证分析，同时在考虑自然资源和经济增长的空间效应的情况下，研究了全国285个地级及以上城市矿产资源对经济增长的影响及其时空效应。该分析结果与中国的现实情况相符合，不同类型自然资源在不同发展阶段和不同地区所发挥的作用是存在差异的，同时周边地区经济增长和自然资源依赖会影响本地区。这不仅对中国全面提高资源利用效率，实现资源型城市转型具有现实指导意义，同时还具有理论创新价值。可见，本研究不仅是一个具有前沿性的课题，也是一个具有时代性的课题。

2. 研究视角具有动态性

一般对经济增长中的资源约束作用研究是运用静态分析方法，是分析某一区域某个时间段经济增长中资源约束作用的平均作用，这种分析视角具有局部性；而本书的研究则运用的主要是动态分析方法，分析不同城市不同时间段的资源约束情况，并分析这种约束作用在时间上和空间上的动态变化情况，研究视角具有动态性。

3. 研究区域具有代表性

长江经济带省市、中国煤炭城市两个尺度的城市都明显受到不同的要素约束，以两类尺度区域样本为例分别对其经济增长中的"资源尾效"和"资源诅咒"进行实证研究；同时由于中国资源分布极其不均衡，尤其是矿产资源主要集中在西部地区，选取全国285个地级及以上城市研究矿产资源对经济增长的时空效应，这样能够提出更具现实性的政策建议，为其他地区的研究提供借鉴。

二 研究创新

1. 概念上的创新

基于约束理论提出资源约束有由于资源的限制而使得区域经济增长进程减慢的"资源尾效"和由于资源的过于丰富而使得区域经济增长进程减慢的"资源诅咒"两种情况；进一步边际分析发现，"资源尾效"和"资源诅咒"二者在一定的条件下可以相互转换。

2. 理论上的创新

基于比较均衡分析发现，资源约束区域经济增长的路径体现在资源有限供给条件下的区域经济增长呈现盲尾的“资源瓶颈”特征、无限供给条件下的区域经济增长呈现“半抛物线”形特征、级差供给条件下的区域经济增长呈现“S”形特征；进一步非线性分析揭示，资源约束规律主要反映在自然资源约束下的区域经济增长呈现非线性的 Logistic 复合曲线特征。

3. 模型上的创新

基于宏观生产理论构建经济增长中的“资源尾效”和“资源诅咒”转换模型，发现“资源尾效”和“资源诅咒”的动态转换条件是：当资源生产弹性不等于 2/3 的情况下，“资源尾效”和“资源诅咒”可以转换；进一步利用新古典增长理论分别构建在水土资源和矿产资源的约束下，“资源尾效”和“资源诅咒”的动态转换模型。

4. 实证方法上的创新

一方面，运用面板平滑转换回归（PSTR）模型构建“资源尾效”如何向“资源诅咒”转换的机制模型，分别对长江经济带和中国煤炭城市中资源对经济增长的约束作用进行分析。区别于以往文献对经济增长中的资源约束作用只能测度出某个时间段内以及区域内所有城市的平均资源约束作用大小，面板平滑转换回归模型可以求出每个城市和每个时间段上资源对经济增长的约束作用，不仅能够证实“资源尾效”和“资源诅咒”的存在，并且可以求出“资源尾效”和“资源诅咒”的大小，进而证实二者之间的转换机制以及转换条件。另一方面，采用空间面板向量自回归（Sp PVAR）模型，在考虑自然资源和经济增长的空间效应的前提下，研究全国 285 个地级及以上城市矿产资源对经济增长的影响以及其时空效应，区别于以前的研究，该方法在考虑两个要素的空间依赖性而不是只考虑自然资源或经济增长的空间依赖性的同时，能够解决由于自然资源依赖与经济增长之间存在互为因果关系而导致的内生性问题，这都是以前研究未解决的问题。

第二章
理论回顾与研究综述

第一节　经济增长中的资源约束理论回顾

一　古典经济增长理论中的资源约束观

在古典经济学以前，重商主义盛行，其主要观点是货币是衡量财富的唯一标准，而要获取财富就必须保持对外贸易上的顺差。随后古典经济学主要产生和发展于英国和法国，古典经济学对经济增长的研究开始考虑资源的作用了。

在英国，古典经济学从威廉·配第开始，他认为土地和劳动都是经济价值的源泉，提出了"劳动是财富之父和能动因素，而土地是财富之母"这一经典论断，并由此提出了劳动价值理论，这也是土地等资源对经济增长约束研究的一个开端（斯皮格尔，1999）。古典经济学由亚当·斯密创立，他认为社会财富的增长就是经济的增长，其取决于参加生产的劳动量和劳动生产率，且劳动生产率对社会财富的增长起着核心作用（斯密，1972）。斯密认为劳动也是一种商品，商品的价格由三部分组成，包括工资、利润和地租，其中土地资源对财富增长的主要表现为土地的丰饶程度和地理位置对地租的影响。马尔萨斯作为斯密的继承者之一，他在斯密研究资源对经济增长作用的基础上，提出了自然资源绝对稀缺论，他在《人口原理》中指出，如果人口不受到抑制，将会以几何比率增长，而土地资源是有限的，土地为人类生产提供的生活资料仅以算术比率增长（马尔萨斯，1992）。食物是人类生存必不可少的，人口增长率和土地生产力的差距越来越大，伟大的自然法则却必须不断使它们的作用保持相等，这便是阻碍社会自我完善的不可克服的巨大困难。古典经济学理论由英国的大卫·李嘉图完成，李嘉图继承并发展了斯密的理论，充分吸收了马尔萨斯的观点，在资源对经济增长约束方面提出了资源相对稀缺论，他在著作《政治经济学及赋税原理》中指出，随着人口的增长，社会对农产品的需求不断增长，而土地的数量是固定的，那么就会出现两种情况：一是人们不得耕种土地肥力和位置越来越差的土地；二是增加对肥沃土地的投资，并会因此产生边际报酬递减的现象（李嘉图，1976）。所以，李嘉图认为并不存在土地的相对稀缺，而是存在生产力高的土地的相对稀缺，而且通过技术进步可以缓解自然资源对经济增长的约束。到李嘉图后，古典经济学开始由盛转衰。在此期间，李嘉图理论的追随者中最著名的便是詹姆斯·穆勒，穆勒综合了马尔萨斯和李嘉图关于自然资源稀缺的观点，提出了"稳态经济理论"，在穆勒的理论中，他将资源稀缺的概念引申到广义的自然环境，并认为尽管存在自然资源的绝对稀缺，但人类有能力克服资源的相对稀缺，最好是将自然环境、人口和财富保持在零增长的状态下，即稳定经济状态，而且这一状态要远离自然资源的极限水平（穆勒，1991）。

在法国，古典经济学从布阿吉尔贝尔（Boishuillebert）开始，他认为农业才是财富的真正源泉，一切财富都来源于土地的耕种，指出土地在经济增长中的重要性。深受布阿吉尔贝尔的理论影响，魁奈着重研究了农业发展中存在的问题，并形成了重农学派。他认为财富是满足人们需要且具有出卖价值的物质产品，而财富并不能在流通中增加，而是"纯产品"的创造使得财富增加。魁奈认为"纯产品"只有通过农业生产产生，只有花在土地上的劳动才能创造财富，并认为农业是财富的唯一源泉，这体现了土地资源的作用（魁奈，1979）。法国的古典经济学发展到西斯蒙第结束，西斯蒙第认为公共的财富是个人财富的总和，个人财富都是通过劳动产生的，而且每天劳动所得必须超过消费部分才能形成财富积累，由此劳动是产生财富的一个重要源泉，但这个源泉是有限制的（西斯蒙第，1964）。

可以说在古典经济学的发展过程中，它都是以自然资源对经济增长的限制为传统，认为土地是财富增长的重要源泉之一，是社会生产中不可缺少的一部分。从资源与经济增长的关系的研究来看，古典经济学都是研究资源的有限性，也就是研究资源数量上的不足对经济增长的约束。这也是资源对经济增长约束研究的一个开端。

二　新古典增长理论中的资源约束观

从 19 世纪 70 年代的"边际革命"开始,与古典经济学家强调的土地边际报酬递减不同,以马歇尔为代表的新古典经济学家强调人类能够改变土地的初始报酬的大小,而且能够改变土地边际报酬的递减速度。马歇尔在他的专著《经济学原理》中提到,"各种土地的肥力大小之等级是易于因耕作方法及各种作物相对价格的变化而改变"。有些贫瘠的土地通过先种三叶草而使得这些土地非常适合种植小麦,这就使得这些贫瘠的土地的初始报酬提高,尽管后面规模报酬仍然会递减。马歇尔还提到,"有些湿地由于排水的进步而报酬增加,尽管后面规模报酬会递减"。因此马歇尔认为李嘉图所说的最肥沃的土地最先被耕种以及土地的自然赐予会逐渐耗竭的情况被大大地改变了(马歇尔,2005)。从马歇尔时代直到 20 世纪 70年代,主要的工业化国家并没有爆发由资源的约束导致的经济停滞,反而保持了一个世纪的经济快速增长。因此新古典经济学家对经济增长普遍持乐观态度,他们认为自然资源对经济增长并没有太大影响,所以在他们的经济增长理论中对资源的关注越来越少。在哈罗德(Harrod)和多玛(Domar)提出的哈罗德-多玛经济增长模型以及索洛(Solow)提出的新古典经济增长模型中都只是将资本和劳动纳入经济增长模型,而资源并未被考虑在其中。而在 20 世纪 70 年代初,世界性的粮食危机和能源危机爆发,主要的工业化国家经济增长都明显减速,部分经济学家开始重新关注资源在经济中的作用。其中新马尔萨斯主义的学者们开始关注人口爆炸性增长对自然资源消耗、经济增长和环境污染产生影响的问题。但是也有些学者认为自然资源可以通过技术找到其替代物,而技术进步也将能够抵消自然资源消耗的增长。

总体上来说,新古典经济学在资源对经济增长影响的问题上持乐观的态度,资源在一个国家经济发展的早期阶段是重要的,但是土地资源本身不大可能发动起一个不断累进的发展过程,而技术进步可以替代资源的稀缺性才是经济增长的动力。

三　内生增长理论中的资源约束观

20 世纪 80 年代末至 90 年代初,一系列的环境恶化、资源短缺问题再次引起了经济学家对资源环境对经济增长约束问题的关注。与此同时，以罗默（Romer）、卢卡斯（Lucas）等人为代表的内生增长理论开始兴起，内生增长理论学者们将储蓄、人力资本、技术等因素内生化后研究经济长期可持续增长的可能，并且经济学家开始将自然资源和环境污染等因素纳入内生增长模型研究内生的经济增长和资源之间的关系。

Barbier（1999）在包括内生的技术进步和人口增长的内生增长模型中，研究了资源和内生经济增长之间的关系，并且得到最优的经济均衡路径，研究表明技术进步能够避免资源的过度消耗。Tsur 和 Zemel（2005）通过在内生增长模型中加入"干中学"过程，研究资源、经济增长和技术进步之间的关系，研究发现对研发投入的增加可以减轻或者消除资源缺乏对经济增长的约束。

第二节　城市经济增长中的资源约束理论回顾

一　古典城市经济增长理论的资源约束观

早期城市经济增长理论研究一方面青睐于农村人口由农业部门向城市工业部门转移的现象，另一方面也对城市本身的经济增长予以了一定关注。早在 19 世纪末，E.G. 拉文斯坦（E.G. Ravenstein）就对人口的转移进行了具有开创性意义的研究。他在《人口转移规律》一书中提出，受歧视、受压迫、沉重的负担、气候不佳、生活条件不合适都是促使人口转移的原因，而其中的经济因素是主要的。拉文斯坦的观点被认为是人口转移推拉理论的渊源（陈欣欣，2001）。唐纳德·博格（D.J. Bogue）于 20 世纪 50 年代末在拉文斯坦的基础上明确提出了系统的人口转移推拉理论，即运用运动学的原理解释了人口转移产生的机理（钟水映，2000）。在早期经济学家对农村剩余劳动力转移所进行的众多探索中，最为系统、最富有应用价值的理论为"二元结构理论"。刘易斯（Lewis，1954）、拉尼斯和费景汉（Ranis and Fei，1961）、托达罗（Todaro，1969）、乔根森（Jorgenson，1961）、迪克西特和斯蒂格利茨（Dixit and Stiglitz，1977）等人都发表了自己的二元结构理论。本书根据是否认为发展中国家存在劳动边际生产率为零的无限劳动力供给，将刘易斯、拉尼斯、费景汉、托达罗等人的二元结构理论划定为古典二元城市化经济理论，而将乔根森、迪克西特、斯蒂格利茨等人的观点视为新古典二元城市化经济理论。

1. 承认土地供给不足而主张农村剩余劳动力无限供给的古典城乡二元结构理论

刘易斯在 1954 年发表的论文《无限劳动力供给下的经济发展》中指出，经济发展的一个前提条件是无限劳动力供给。发展中国家一般具有资本非常稀缺、土地相对有限以及人口增长快速等特点，这些特点必然影响传统农业的发展。由于资本投入不足而劳动力十分丰富，在有限的土地上进行农耕，农业劳动生产率必然很低，甚至持续下降，以致农业劳动的边际生产率降低到零，甚至为负数，这些劳动事实上是剩余劳动。由于城市工业部门的工资水平高于农业劳动者的收入水平，农业劳动者如果不受干涉自然会有向城市流动的倾向，因而工业部门就能得到来自农村劳动力的源源不断的供给（谭崇台，2001）。因此，只要农业存在剩余劳动力，工业就可以在工资不变的条件下得到无限劳动力供给。

拉尼斯和费景汉两人在刘易斯的基础上，提出了自己的人口流动模式（Ranis and Fei，1961）。他们认为，刘易斯模式有两个缺点：一是没有足够重视农业在促进工业增长中的重要性，二是没有注意到农业由于劳动生产率提高而出现剩余产品应该是农业中的劳动力向工业流动的先决条件。拉尼斯和费景汉将工农业间的贸易纳入研究之中，把农业总产出减去农民消费的余数称作农业总剩余（total agricultural surplus），它是提供给工业部门消费的。农业剩余对工业部门的扩张和农业劳动力的流动具有决定性作用，因为农业剩余影响工业部门的工资水平，进而影响工业部门的扩展速度和劳动力的流出速度。农业劳动生产率的提高，可以使农业剩余和劳动边际生产率增加，是保证工业部门扩张和劳动力流动的必要条件（谭崇台，2001）。

20 世纪 60 年代末至 70 年代初，托达罗发表了一系列论文，阐述他的人口流动模式。他的出发点一改以往其他学者的做法，认为发展中国家存在普遍的失业，而人口是在普遍失业这一条件下流动的。托达罗认为，城乡期望收入的差异是促进人口流动的根本动力。城市工业部门的工资水平不是固定不变的，而是受到社会和政治因素的影响，因而往往是上升的，不断上升的城市工资水平使城乡收入差距不断扩大，势必引起农村人口向城市流动的增长率大于城市工业部门就业岗位的增长率，从而进一步恶化城市的失业问题（谭崇台，2001）。为了减轻城市的失业压力，应该采取一系列措施，如提高农业技术水平，以减小人口流动速度。

在古典二元城市化经济理论中，城市发展是一个不断淘干农村剩余劳动力澡盆的过程（谭崇台，2001）。城市化是经济发展和经济结构转变所带来的经济活动和人口在城市的聚集。劳动投入和资本积累是城市发展的必要条件，但不是充分条件，因为大量资本和劳动所产生的效应在很大程度上还取决于部门之间的技术转换水平和结构状态。以农业中存在边际生产率为零的剩余劳动力为出发点，支付维持生存的最低工资就可获得无限劳动力供给，同时又认定只要存在工业部门对农业剩余劳动力的需求，农业部门就可以无限发展；城市工业部门不存在失业，其规模只受资本积累和劳动力的制约。虽然农村剩余劳动力的产生是源于农业资本投入和土地供给不足等因素，但只为解释人口转移现象的产生而提供外生给定的诱因之一，并未将土地要素纳入人口转移分析之中。另外，尽管拉尼斯和费景汉认为吸收劳动力的速度必须高于人口增长速度以摆脱"马尔萨斯陷阱"，似乎暗含了城市化速度必须突破资源的限制，但是其旨在说明城市工业部门对整个经济社会的重要性，或者强调人口转移能够解除人类面临的经济发展困境；托达罗主张降低农村人口向城市部门转移速度的观点，可谓早期适度城市化进程的思想，但他所考虑的并非城市资源环境的约束，而是强调农业部门和城市工业部门协调平衡发展。因此，总体而言，古典二元城市化经济理论只是将土地作为一种基本生产要素，基本没有涉及自然资源耗竭的论点，也没有考虑资源环境对人口城市化过程的约束作用，更未涉及环境保护的范畴。

2. 淡化土地约束并摈弃剩余劳动力无限供给假设的新古典城乡二元结构理论

Jorgenson（1961）抛弃了刘易斯、拉尼斯和费景汉所坚持的农村存在边际产品为零的剩余劳动力和不变工资的基本假定，转而从农业发展与人口增长的角度研究二元经济结构转化与劳动力转移问题（胡彬，2008）。在他看来，农业部门是国民经济的主体，而工业部门是在出现农业剩余以后产生和逐渐发展起来的。乔根森认为，农业剩余是农业产出增长超过人口最大增长的结果，即当人口增长达到最大值后，农业产出增长超过人口最大增长时，才产生农业剩余。农业剩余是工业部门产生、发展的前提条件和规模限度。没有农业剩余存在时，就没有劳动力的乡城转移；农业剩余一旦出现，就促使农业劳动力向工业部门转移，工业部门就开始发展；农业剩余越大，农业劳动力向工业部门转移的规模越大，伴随着工业资本积累，工业增长也就越快（戴炳源、万安培，1998）。Dixit 和 Stiglitz（1977）更多地继承了乔根森的研究方法，大力主张通过推进农业技术进步和农业资本积累来提高劳动边际生产率和农村就业水平。他们以长期内技术不断进步和农业劳动生产率不断提高为前提，导出了工业资本加速积累、因资本产出比和人均资本拥有量不断下降而引起资本边际产出水平上升这两个中间推论，进而得到与古典二元城市化经济理论一致的结论。同时，他们也主张通过积极财政政策，包括税收、价格和国际贸易在内的政策的参与达到弱化农业剩余市场化的约束的目的，以保证工业化的顺利进行（李峰峰、周意，2005）。

在新古典二元城市化经济理论中，农业部门的地位得到提升，成为优先发展部门，工业部门增长的充分必要条件是保证农业剩余的不断增长；技术进步对农业发展的作用得到重视，即主张通过大力提高农业劳动生产率，增加农业剩余，一方面使更多的农业劳动者从土地上解放出来，另一方面增加农业部门与工业部门之间表现为产品供需的贸易量，以促进农村人口向城市工业部门转移，实现工业部门的资本积累和规模增长。将人口增长和家庭人口供给的决策内生化，强调工业是一个不断进步的部门，认为技术进步与资本积累是工业部门扩展的源泉。可以看出，农业技术进步和工农业之间贸易成为农村人口由农业部门向工业部门转移的重要推动力。因此，新古典二元城市化经济理论基于对农业剩余的倾注，重点考虑技术进步与贸易的作用，依然无法重视资源环境约束的影响。

3. 持资源可替代观的传统城市经济增长理论

早期学者对城市经济增长探究的经典模型主要包括城市经济基础模型和城市新古典经济增长模型（周伟林、严冀，2004）。城市经济基础模型是最早被用于分析城市经济增长的经济学工具。它把一个城市或地区的经济分为两大部门，即基础部门和非基础部门。城市内的基础部门往往承担该区域或所属国家某种产品的大部分生产，所以这些部门的产出品是外部市场导向的，从某种意义上说，可以把基础部门理解为以出口为基础的产业集合。另外，还有很多产业的产品主要是为当地居民提供服务，比如零售业、餐饮业等，这些服务部门构成了非基础部门。假设总产出（Y）可以表示为基础部门的产出（Y_B）和非基础部门的产出（Y_S）之和。进一步假定非基础部门的产出是由经济的总产出水平决定的，即 $Y_S = nY$，并且非基础部门与整个经济的联系系数 n 本身又是当地基础部门产出的函数，即 $n = n_0 + n_1 Y_B$。于是有 $Y = (n_0 + n_1 Y_B) Y + Y_B$，由此可以求得总产出的增长为 $\Delta Y = (\dfrac{1 + n_1 Y}{1 - n_0}) \Delta Y_B$，其中 $\dfrac{1 + n_1 Y}{1 - n_0}$ 为经济基础乘数。这表明，城市经济总产出的增长依赖对贸易的需求及其增长，而且随着城市规模的扩大，城市经济增长对基础部门规模变动的敏感性将进一步增强。这个理论说明了城市对外贸易对城市经济增长的重要意义，也证明了城市对外开放的重要性。但是，对于基础部门，没有深究其增长的原因，而且这一模型缺乏在一个统一框架下对资本、劳动力等各种要素的城市增长分析，未能将自然资源与环境等因素纳入研究框架，它突出了对国民经济中开放部门和非开放部门的经济结构分析（夏德孝，2008）。因此，城市经济基础模型对于城市发展的研究是将自然资源与环境遗弃在研究视野之外的。

城市经济基础模型侧重于把需求变动看作城市经济发展的主要动因，而城市新古典经济增长模型主要是从投入或者供给的方面来说明城市经济增长。对于城市来说，在生产的三要素中，土地的供给量是一定的，资本和劳动力则是可以自由流动的。城市新古典经济增长模型主要关注的就是这两种常规要素。Ghali 等（1978）曾建立了一个柯布－道格拉斯（C-D）式的城市部门生产函数：$Y_{ut} = A e^{rt} K_{ut}^a L_{ut}^{1-a}$。其中 Y 表示产出，u 和 t 分别代表某个城市和某个时期，K、L 分别代表资本和劳动力，A 代表技术水平，r 反映技术进步的速度。假定要素市场是完全竞争的，那么在均衡状态下，工资将等于劳动力的边际产出，资本的报酬（利息）将等于资本的边际产出。在长期内，生产要素的自由流动将消除城市间要素价格的差异。关于此过程中城市产出的增长，可以通过将该式进行相应的求导、变换得到公式：$y = ak + bl + n$。其中，y 表示产出增长率，k 表示资本增长率，l 表示劳动力增长率，n 表示不变的技术常数。a 表示资本在总产出中所占的份额，b 表示劳动力在总产出中所占的份额（此处 $b = 1 - a$）（夏德孝，2008）。也就是说，城市经济的增长源自技术进步率、资本投入增长率和劳动力投入增长率。可以看出，受新古典经济学的影响，摒弃立足于资源的稀缺性与经济增长的关系的古典经济学研究出发点，将稀缺资源作为一个既定的前提，并秉持乐观的自然资源可替代观，即认为可以通过科技作用、市场调节机制、对外贸易供给等手段克服资源稀缺问题，因此，在核算城市经济增长来源时，没有将自然资源考虑进去。

二　新古典城市经济增长理论的资源约束观

新古典城市经济增长理论侧重于用规模效应和聚集效应来解释城市出现。城市最本质的特征表现为经济活动空间的集聚性和经济活动外部效应的广泛性。聚集经济可以分为两种形态，一是由经营规模的扩大产生的生产聚集；二是由众多企业在空间上的集聚，企业之间通过分工、协作和基础设施的共用实现递增的收益（周伟林、严冀，2004）。分工制度的演进是城市经济聚集的根本动因。建立在分工理论基础之上的城市化理论包括两类：一是基于第Ⅰ类聚集经济（生产聚集经济）的新经济地理理论；二是重点研究第Ⅱ类聚集经济的新兴古典城市化理论。

1. 注重地理位置的新古典城市区位理论

杜能、韦伯、克里斯塔勒（Christaller）、勒施、奥林等人创立的区位理论，是最早用聚集效应来解释城市空间分布的理论（杜能，1986；韦伯，1997；Christaller，1933；勒施，1995；奥林，2001）。杜能（1986）在《孤立国同农业和国民经济的关系》中对农业生产区位进行了深入的研究（中心地模型，Central Place Model）。杜能假设"孤立国"的存在，并且认为在这样的地区内只有一个位于中心的消费市场，即城市，于是他按照决定农业经营利润的农产品市场价格、生产成本和运输费用这三个因素将"孤立国"划分为六个围绕中心（即城市）的农业同心圆圈，即"杜能圈"（戚晓明，2008）。韦伯（1997）则在其所著的《工业区位论》中利用原材料、运费、劳动力费用和聚集力等区位因子详细分析了工业生产的最佳区位和相应的布局，并引起了后来学者们对聚集效应的重视，聚集效应后来成为区位论的核心问题之一（戚晓明，2008）。Christaller（1933）提出了城市的"等级-规模"一说，深刻地揭示了城市、中心居民点发展的区域基础及"等级-规模"的空间关系。他认为，城市是人类社会经济活动的中心，周围区域向其输送产品，它也为周围区域提供居民所需要的物质和服务；依靠中心提供物质和服务的等级而将中心区域划分为若干等级，从而使城市之间构成一个有规则的等级体系（戚晓明，2008）。勒施（1995）则从经济系统总体平衡入手，研究生产区位和市场的布局。他用利润原则来说明区位趋势，并把利润原则同产品的销售范围联系在一起进行考察（魏伟忠、张旭昆，2005）。奥林（2001）将贸易理论和价格理论相结合试图建立一般区位理论，最突出的观点是认为每一地区最适宜生产所需本地要素较丰富的产品，而最不适宜生产所需本地要素存量较少甚至没有的产品（李高产，2008）。

总的来说，新古典城市区位理论从不同的角度研究了不同的经济客体，分析了区域空间内相关因素对农业、工业、城市中心、市场布局的影响，为以后的城市化研究提供了可资借鉴的研究范式，无论是新经济地理理论、新古典还是新兴古典的城市化理论都是对区位理论的延展。区位理论之所以重要，是因为它从不同的角度认识到空间的差异性及其对于企业生产和个人居住偏好选择的内生性影响（胡彬，2008）。综观整个新古典城市区位理论，自然优势决定企业选址是一种客观存在的现象，它的潜在作用是很容易看到的。马歇尔（2005）写道："导致工业地区性分布的原因很多，但主要的原因是自然条件，如气候和土壤的性质，附近矿藏的存在或通过陆路或水路容易到达。因此，金属工业一般位于矿山附近或者在燃料便宜的地方。"然而，上述研究的出发点是基于成本节约的比较优势，并没有严格区分"第一自然"与"第二自然"（first and second nature of geography）（"第一自然"指城市所在地土壤条件、港口、河道等方面的自然优势，"第二自然"指由居住于城市所在区位的人创造的优势）的区位优势特征（Cronon，1991），只是将企业的区位决策归因于对最低成本或最大收益的追求，从而使得是否拥有成本比较利益优势成为企业如何进行区位决策的标准。杜能（1986）的中心地模型在土地可分、规模报酬不变和完全竞争的标准假定条件下，解决了完全竞争条件下的土地租金决定问题。但是其划定的"杜能圈"已经明确限定了城市的范围，暗含城市的发展受土地面积的限制。区位理论对于生产成本的考虑，尤其是原材料费用，旨在说明充分利用资源比较优势，可谓将资源视为城市发展的重要基础。但是，其研究计划没有专门将资源消耗与环境保护纳入城市发展研究内容之中，更多的是侧重于城市出现的经济特征的演绎。

2. 引入土地租金的第Ⅰ类聚集经济的新经济地理理论

以 Krugman 为代表的新经济地理学派则将规模报酬递增和不完全竞争

引入城市化问题研究当中。Krugman 通过建立一个"中心-外围"（Core-Periphery，CP）模型，阐明了规模经济与运输成本之间的相互作用内生决定制造业和工人向城市集聚的作用机制（Krugman，1991）。该模型假定在一个经济体中，存在两个区域、两个部门（农业和制造业）和两种类型的劳动力（农民和工人）。农业部门以农民劳动力作为唯一的投入，生产一种同质的产品，且规模报酬不变；制造业部门以工人劳动力作为唯一投入，生产一系列具有水平差异的产品，每个厂商只生产其中的一种，且具有规模经济（宋德勇、胡宝珠，2005）。农民在两个区域之间不能流动且分布均匀；工人在两个区域之间可以自由流动。农产品的运输无成本，制造业商品的运输成本遵循"冰山"形式，即假设商品在运输途中会逐渐"融化"，运输成本就用"融化"掉的部分来表示（Samuelson，1952）。Krugman（1991）认为，区域间的均衡无论是趋同还是分异，都是由集聚力和分散力共同作用的结果（见表 2-1）。运输成本的变化会使两种力量的大小发生转变，由此决定产业分散还是集聚。高运输成本、微弱的规模经济效应以及在制造业商品上低消费份额将阻止产业的地理集聚，刺激制造业部门选择靠近消费市场的区位进行产品的生产，所以产业将在两个区域均匀分布。当运输成本降到中间水平时，产生的前向联系（工人倾向于靠近生产制造业商品的厂商定居）与后向联系（厂商倾向于向市场规模更大的区域集中）的因果循环效应最强，企业将在某一地区形成集聚，制造业就由经济中原来的均匀分布逐步演变成一种中心-外围的经济结构（Myrdal，1957；Hirschman，1958）。在运输成本进一步降低的情况下，企业是进一步集中还是开始分散，要看分散化力量和集聚性力量谁占主导地位，当运输成本降到使分散化力量占主导地位时，企业就不必接近市场布局，产业就可能出现分散化（宋德勇、胡宝珠，2005）。

表 2-1 新经济地理理论的空间均衡力量

集聚力	分散力
前后向联系	农民的非流动性
丰富的劳动力市场	土地租金
纯粹的外部经济	纯粹的外部不经济

资料来源：Krugman（1991）。

新经济地理理论认为劳动力流动、收益递增和运输成本下降是促使经济活动和人口向城市区域集中的集聚性力量，它们直接加深了城乡不平等程度，而由拥挤和城市土地租金等构成的分散化力量促使企业和工人向外迁移（Gelan，2003）。企业在选址时需要考虑，由规模经济、外部性、拥有专业化、高技能的劳动力等聚集效应带来的生产力增长，以及区位成本的上升，在二者之间可做出权衡；人们在选择居住地时，必须在土地价格与通勤成本之间权衡（邬丽萍、周建军，2009）。从 CP 模型分析中可以看出，新经济地理理论强调的是诱发聚集的动因，而聚集通常被认为是城市存在的原因。区域之间的发展差距是由产业聚集引起的，从而将引起城乡结构变化的原因锁定在产业的区位选择偏好上来。由产业聚集推进的区域城市化，主要是由生产中心的非自然禀赋的比较优势引起的。作为现代部门的制造业与服务业的聚集过程，由于能够对产业与要素产生源源不断的磁力吸引作用，所以被视为城市化的动力。CP 模型是在典型的中心地模型下得到发展的，其市场的区位是外生的（Fujita and Thisse，2002），城市化的潜能在很大程度上取决于空间不均衡的程度和"第一自然"的地理特征。可以说，新经济地理理论在分析城市的发展过程时，将土地租金纳入了所建立的城市空间均衡模型。

3. 重点研究第Ⅱ类聚集经济的新兴古典城市化理论

科斯开创的交易成本经济学新范式为分析城市的性质、城市的形成和发展提供了新的理论视角（刘玲玲，2006）。城市化作为人类社会与经济活动在地域分布结构、密度及相互关系演变中的一个重要历史现象，同样也是专业化分工演进的结果。新兴古典经济学则为解释城市出现和分工之间的内在关系提供了一种方法。杨小凯和赖斯（1994）建立了第一个新兴古典城市化的一般均衡模型，该模型显示城市的起源和城乡的分离都是分工演进的结果。在该模型中，假定生产每种商品都有专业化经济，即专业化程度越高，生产效率也越高，同时在贸易中会产生交易费用，这就会出现一个专业化经济与交易费用之间的两难冲突。当交易效率很低时，人们会选择自给自足，此时没有市场更没有城市。当交易效率提高一些以后，分工结构会以自给自足跳到局部分工，这时农民分散居住，而工业品生产者则选择离农民很近的地方居住，出现市场，但仍然没有城市。当交易效率进一步提高时，专业制造业者和专业农民以及不同制造业三者出现了高水平的分工,就出现了城市以及城乡的分离状况。城市从分工中产生的这种过程是由分工的网络效应和集中交易对提高交易效率的效应导致的。当分工水平提高而使交易的网络扩大时,总的交易费用会大幅增加;但如果参加交易的人将交易集中在一个中心地点,则会大幅度地降低交易费用。假如分工产生正的网络效应,则分工的网络效应使得某种大交易网络集中在一个小区域,从而提高交易效率。分工的正的网络效应和集中交易提高效率之间的交互作用促使城市的产生(胡峰,2001)。

城市出现后,居住在城市中的居民比住在乡村的人有更高的交易效率和更低的交易费用系数,城市所带来的方便使得人们倾向于居住在城市,结果是使城市人均土地面积减少,地价上涨。由于人们有迁居的自由,折中的结果是有一部分人会留在农村,形成较为稳定的居住格局和交易格局。从根本上讲,居住地分布方式、交易的地理模式、城市和农村的相对价格,以及分工网络都是相互依赖的(杨小凯、张永生,2003)。

新兴古典城市化理论着重于交易费用和交易效率两者关系的比较分析,研究城市的性质和城市的形成,能较好地解释在一个较长的历史时期内城市产生、发展和演变的全过程,并得出一个自由化的结论:市场本身有能力选择出合理的城市分层结构(胡峰,2001)。难能可贵的是,新兴古典城市化理论看到了城市化过程中土地价格的上涨,即在城市发展中面临的土地存量约束问题。然而,该理论强调市场均衡的作用,认为尽管存在土地对城市发展的限制作用,但是人们会自发地形成合理的城乡格局。可见,在分析城市发展过程中,新兴古典城市化理论将土地的有限视为外生既定的条件,没有对土地资源与城市环境保护做深入的考虑。

三 内生城市经济增长理论的资源约束观

现代城市经济学家重点关注基于城市增长的城市化潜能。早期,Hirsh和Button也曾讨论过城市增长问题,但是他们的城市增长模型更加强调区域内外部门之间互动作用带来的就业增长的乘数效应和区域投入产出的迂回工业化效应(胡彬,2008)。城市在其经济增长过程中,具有不同于其他区域的特征,如技术扩散、知识外溢、人力资本的高流动性和自然资源与环境的约束等。这些因素导致城市的经济增长在依托要素、增长路径、目标定位等方面有其独有的特征（张艳辉，2008）。得益于内生城市经济增长理论的兴起，越来越多的学者通过研究城市经济增长来更多关注城市本身的发展，将相关因素纳入分析框架之中。

从 20 世纪 80 年代中后期开始，Romer、Lucas、Grossman 和 Helpman 等一批经济学家突破新古典城市经济增长理论的两个核心假定，即技术外生和生产的规模收益不变，创立新的城市经济增长理论——内生城市经济增长理论，致力于把技术进步内生化（见表 2-2），探究技术进步及其决定要素（贺俊，2007）。他们假定"当资本存量增加时，其边际生产率不减少为零"，因而，生产函数具有规模收益递增的特点，使城市经济持久增长成为可能。内生城市经济增长理论说明了技术扩散、知识外溢和富余的人力资本是城市经济收益递增的源泉。Lucas（1988）强调城市基于地方化信息与知识之间有着强有力的作用与反作用关系，城市化会影响经济增长的效率和扩大经济体内部的不平等，而经济增长也会影响城市化过程，从而使生产与人口的聚集形式发生空间演化。

表 2-2　技术进步内生化路径

学者	路径
Romer	基于技术知识累积性的 Arrow 边干边学模型
Lucas	基于技术知识累积性的人力资本模型
Romer	基于技术知识累积性的产品水平 R&D 模型
Grossman 和 Helpman	基于技术知识替代性的产品垂直 R&D 模型

资料来源：参考贺俊（2007）整理得到。

Lucas（1988）强调城市在经济增长中的作用，认为城市是人力资本的集中地，城市的存在与发展是人力资本外部性的体现，可以作为人力资本的一种度量形式。同时，城市是先进生产技术集聚的场所，而城市化则为劳动密集型技术向人力资本密集型技术转移的过程（张艳辉，2008）。Black 和 Henderson（1999）建立了一个内生城市增长模型，其中经济体由规模和数量内生的城市组成，在满足土地市场的完全竞争和城市政府（或土地开发商）的完全竞争条件，以及城市之间的产品市场出清和劳

动力市场出清等条件后，将城市结构引入无限的代际增长模型。Black 和
Henderson 分析了不同类型的城市规模和数量与经济增长的内在机制，以及
实现稳定增长的基本条件，研究了城市化如何影响经济增长效率和经济增
长如何影响城市化模式这两大命题（钱陈，2005）。在 Black 和 Henderson
（1999）提出的内生城市增长模型中，人力资本的增长潜能在某种程度上
决定了城市的增长潜能。单个城市的规模以与人力资本（人均人力资本拥
有水平）积累率成正比的速度增长。在给定城市的相对规模和类型不随时
间变化时，不同类型的城市增长呈现平行态势，以确保一个相对不变的分
布格局。Black 和 Henderson（1999）的内生城市增长模型充分说明城市规
模与地区教育水平之间存在较强的正相关关系。就城市化的增长效应而
言，Black 和 Henderson 认为城市制度能够通过内在化地方知识溢出效应而
促进城市的有效增长（胡彬，2008）。

但是传统的内生城市经济增长研究均没有包含资源环境因素，20 世纪
90 年代初开始，城市经济增长过程中所面临的资源与环境约束被逐渐纳入内
生增长理论分析中。Bovenberg 和 Smulders 对 Romer 的模型进行了修正，使之
包含环境变量，并把环境作为生产的一个要素；Ligthhard 和 Van der Ploeg、
Gradus 和 Smulders 以及 Stokey 通过扩展 Barro 的简单 AK 模型来研究环境污染
与经济持续增长问题（李国柱，2007）。

涵盖资源环境因素的内生城市经济增长的研究过程则围绕着两个方
向——"growth drag"（国内译作"增长阻尼"或"增长尾效"等）和
"resource curse"（国内译作"资源诅咒"）而不断被推进（Romer，2001；
Auty，2001）。一方面，受 20 世纪 80 年代末至 90 年代初一系列全球环境
问题恶化（如全球变暖、酸雨、臭氧层空洞）的影响，一些经济学家开始
将自然资源、环境污染等因素纳入内生城市经济增长模型，以研究资源稀
缺条件下的城市经济可持续发展问题（Barbier，1999；Tsur and Zemel，
2005）。另一方面，20 世纪中晚期，一些国家尤其是矿产资源密集型国家，
自然资源密集程度达到了史无前例的水平，但是，20 世纪 70 年代以来大
多数自然资源丰裕的国家经济停滞了。这激起了一大批经济学家开始探求
这一悖论的兴趣，通过建立含有自然资源要素的内生增长模型，探求这一
命题的合理解释机制以获取克服这一现象的正确做法（Matsuyama，1992；
Sachs and Warner，1995）。

第三节　经济增长中的"资源尾效"和"资源诅咒"研究进展

目前学者们对经济增长中资源约束作用的研究一般是从两个方向展开。一是部分学者认为一个国家或地区在经济发展过程中不可避免地要消耗自然资源，但由于自然资源的有限性，随着经济的不断发展和资源的消耗，生产中所能利用的自然资源必定在不断减少，资源投入的不足将阻碍经济的增长。罗默（2001）针对资源的有限性对经济增长的约束作用首次提出"growth drag"的概念，该概念的具体含义是指由于资源和土地的有限性，经济增长速度相对于无资源和土地限制下放慢的程度。随后大部分学者对资源的稀缺性对经济增长的约束作用是在这一研究的基础上进行发展的，根据自己的研究对象给出"growth drag"的定义，国内学者将其译为"增长尾效"、"增长阻尼"或者"增长阻力"，但是不管如何解释该概念，其实质是由于资源的投入不足阻碍了经济的增长。本书为了研究资源对经济增长的约束作用，将其译为"资源尾效"。二是学者们在研究时发现大部分资源丰裕的国家经济出现停滞甚至负增长的现象，经济增长速度反而不及那些资源稀缺的国家。这种丰裕的资源并没有促进反而阻碍了一些国家的经济增长的现象，Auty（1990）在研究矿业国经济发展问题时，首次将该现象定义为"资源诅咒"，随后学者们对该问题展开了大量研究，其核心就是研究资源丰裕度或者资源依赖度（该含义更适合对"资源诅咒"的研究）与经济增长之间的负相关关系，也就是资源的投入相对过剩阻碍了经济的增长。在对资源约束经济增长的研究中，不同的学者使用了不同的理论进行分析，针对不同的地区选取不同的资源，研究这些资源的约束作用，在对这些约束的测度方面使用了不同的方法。

一　"资源尾效"研究现状

国内外学者围绕经济增长中"资源尾效"问题已经做了一系列的研究。在罗默（2001）正式提出"growth drag"这一概念之前，已经有学者开始关注经济增长中资源的约束作用。Nordhaus（1992）在新古典经济增长模型中加入土地和其他自然资源，分别构建出存在资源约束和无资源约束的新古典经济增长模型，并将两个模型稳态下的人均产出之差定义为"growth drag"，并据此估计出美国土地和其他资源对美国经济增长的阻力大概为 0.0024。Noel（1995）分析了各种能源不足对经济增长的影响，使用协整方法来检验能源不足和经济增长之间是否存在长期的均衡关系，检验结果表明 1889~1992 年只有原油不足对经济增长有显著影响。Bruvoll 等（1999）则关注的是环境对经济增长的阻力，他们使用动态 CGE（可计算一般均衡）模型，并使用 CES 生产函数（不变替代弹性生产函数）来计算产出，将没有环境约束下和有环境约束下人均产出的差值定义为"environmental drag"，基于此度量了环境阻力对挪威福利的影响情况。而 Romer（2001）作为"growth drag"研究的集大成者，在 *Advanced macroeconomics* 中基于新古典经济学理论，并使用 C-D 生产函数，构建了存在土地和其他自然资源约束的经济增长模型，将不存在土地和其他自然资源约束与存在土地和其他自然资源约束的平衡增长路径上的人均产出视为资源对经济增长的约束大小，将其定义为"growth drag"，而接下来学者对"growth drag"的研究大都是在 Romer 研究的基础上对理论或者增长模型进行创新，或者对研究的资源进行创新，抑或是使用不同的研究方法。

城市是经济发展和社会进步的主要载体，城市经济发展必然离不开自然资源，城市发展所引发的直接或间接需求依赖自然资源供给能力的维持与提高，城市经济增长中自然也受到资源的限制（也就是资源环境对城市经济增长的刚性约束），这种由于资源的限制而使得城市经济增长速度减慢的现象被学术界称为城市经济增长中的"资源尾效"（刘耀彬、陈斐，2007）。由于城市发展与其经济发展密切相关，研究其"资源尾效"往往通过研究经济增长问题而实现。因此，资源约束导致城市经济增长中的"资源尾效"的研究更得到学术界的高度重视（杨杨等，2007；王学渊、韩洪云，2008）（见表 2-3）。

1. 关于对理论或增长模型的改进

我国学者杨杨等（2010）认为 C-D 生产函数的要素替代弹性为 1 的假

表 2-3 "growth drag" 的概念对比

学者	概念名称	概念内涵
Nordhaus (1992)	growth drag	The methodology of estimating the drag on economic growth is to compare the impact on true national income in a "limited" case in which resources are constrained with an "unlimited" case in which resources are superabundant（but not free）. The growth drag is then the difference between the unlimited and limited cases
Bruvoll 等 (1999)	environmental drag	A polluted environment and other environmental constraints reduce economic output and the well-being of consumers. So the cost of environmental constraints on welfare is labeled the environmental drag
Romer (2001)	growth drag	The "growth drag" from the resource and land limitation is the difference between growth in this hypothetical case and growth in the case of resource and land limitations
薛俊波等 (2004)	尾效	由于资源的限制,经济增长速度比没有资源限制情况下经济增长速度降低的程度,可以定义为经济增长的"尾效"
谢书玲等 (2005)	资源尾效	对于任何一个国家和地区,经济发展过程中不可避免地要消耗资源,但由于资源的有限性,上一阶段对资源的消耗必然会引起下一阶段经济增长的投入,这个现象叫"资源尾效"
余江和 叶林 (2006)	增长障碍	由于受到自然资源和人口增长的限制,人均产出增长率必然会下降,自然资源和人口增长对经济增长存在障碍
杨杨等 (2007)	增长阻尼	由于自然资源和土地的约束,劳动力平均资源利用率下降,从而使得经济增长速度比没有资源限制情况下的经济增长速度降低的程度
刘耀彬 和陈斐 (2007)	资源尾效	由于资源的限制而使得城市化进程减慢的现象被称为城市经济增长中的"资源尾效"
崔云 (2007)	尾效	由于资源的约束,经济增长速度与不存在资源约束情况下的经济增长速度相比所降低的程度,定义为经济增长的"尾效"
雷鸣等 (2007)	增长尾效	由于资源的限制而使经济增长速度降低的程度
王学渊和 韩洪云 (2008)	增长阻力	农业发展中水资源的"增长阻力"等于"没有水资源限制"条件下的农业生产增长与"有水资源限制"条件下的农业生产增长之间的差额

设不符合实际，所以采用改进的二级 CES 生产函数，并基于新古典经济学理论，构建出经济增长模型，测算出土地资源对经济增长的阻力为 0.0046。张琳等（2011）基于新古典经济学理论，使用二级 CES 生产函数分别构建出有土地资源约束和没有土地资源约束下的经济增长模型，并根据经济增长与城市化之间的半对数关系建立起土地资源对城市化增长的"尾效"模型，测得全国土地资源对城市化的阻力为 0.0199%。王海建（1999）首次利用 Romer 的内生经济增长模型，将耗竭性的资源纳入 C-D 生产函数，讨论了存在资源约束和环境污染情况下经济稳定增长的均衡解，但并未进行实证分析。刘耀彬和杨新梅（2011）首次基于 Lucas 的内生经济增长理论，并使用 C-D 生产函数构建出资源环境对经济增长的"尾效"模型，利用经济增长与城市化之间的半对数关系推导出城市化进程中资源环境"尾效"模型，并以江西省为例进行实证分析，测度出水资源、土地资源、能源和环境污染对江西省城市化进程的"尾效"值。

2. 关于对象的选取

我国学者薛俊波等（2004）首次引进 Romer 的经济增长"尾效"模型，并通过省去模型中的资源因素对"尾效"模型进行简化，仅考虑土地资源对经济增长的约束，计算出中国经济增长中土地资源的"尾效"值为 0.0175。谢书玲等（2005）考虑到水资源的稀缺性以及其对中国经济增长的重要性，基于 Romer 的新古典经济学假设，将水资源和土地资源纳入 C-D 生产函数，测得水资源和土地资源对中国经济增长的"尾效"值分别为 0.001397 和 0.013201，水土资源对中国经济增长的总"尾效"值为 0.014548。刘耀彬和陈斐（2007）基于 Romer 假设和城市化增长函数，首次构建了城市化进程中的资源消耗"尾效"模型，并将能源、土地资源和水资源同时纳入 C-D 生产函数，测度出中国城市化中的能源、土地资源和水资源的"尾效"值分别为 0.00848989、0.00028236、0.015188131。李影和沈坤荣（2010）将能源纳入 Romer 的经济增长"尾效"模型，研究不同能源对我国经济增长的阻力，研究表明石油的"尾效"值最大，煤炭的"尾效"值最小，能源对经济增长的约束主要表现为结构性约束。唐建荣和张白羽（2012）认为碳容量系统的有限性延缓了我国经济的增长；所以将碳排放作为一个内生变量纳入 C-D 生产函数，得出碳排放对我国经济增长的阻力为 0.004769。王伟同（2012）将人口红利视为一种不可再生资源纳入 Romer 建立的经济增长"尾效"模型，研究得出人口红利衰减对中国经济增长的"尾效"值大概在年均 1.5 个~2 个百分点。米国芳和长青（2017）将能源结构和碳排放引入 Romer 的经济增长"尾效"模型，放宽经济规模报酬不变的假设，研究了能源结构和碳排放双重约束对经济增长的阻碍情况，研究表明化石能源总量对经济增长的"尾效"值较小，仅比煤炭"尾效"值大，而远小于石油和天然气的"尾效"值，表明能源结构才是制约经济增长的主要问题，并且在无碳排放约束下，能源结构制约着我国经济的增长；而在有碳排放的限制下，能源结构对经济增长的约束进一步加强。曹冲等（2019）将虚拟土地资源纳入新古典经济增长模型，探索了中国农业经济增长的"尾效"作用，发现不同类型的虚拟土地资源的约束作用存在差异。王泽宇等（2017）将海洋资源纳入"尾效"模型，发现海洋资源"尾效"在我国沿海省份确实存在，并且不同省份"尾效"值的大小也存在明显差异。

3. 关于实证方法上的应用

早期学者们对"尾效"的研究都是选取全国的时间序列数据或者某个地区的面板数据做一个线性回归，计算出全国或者该地区某个时间段的平均"尾效"值，但是不同的城市资源对经济增长的"尾效"肯定不一样，随着技术的发展，学者们开发出了不同的技术对"尾效"进行实证研究。王家庭（2010）基于 Romer 的经济增长"尾效"模型，运用变系数面板模型求出我国 31 个省区市的土地资源的"尾效"值，并将 31 个省区市分为强约束型、高约束型和低约束型三种类型，研究土地资源"尾效"在空间维度上的差异，再使用面板数据的时间变动方法，测度了中部、东部、西部三个区域 1997~2008 年"尾效"值的变化，分析了土地资源"尾效"在时间上的差异。刘耀彬等（2011）基于内生增长理论构建出内生经济增长中的水土资源"尾效"模型，选取中部的山西、安徽、江西、河南、湖北和湖南等 6 个省份为例进行实证研究，首先使用 SVAR 模型分析水土资源与经济增长是否存在关系，然后采用中部 6 个省份的 Pool 数据类型和变系数的面板模型，测度出中部 6 个省份水土资源"尾效"值的大小，并提出相应的对策建议。张琳等（2014）首先通过计量经济学方法分析中国 31 个省区市土地资源对城镇化进程的"尾效"值，再通过空间分析方法对 31 个省区市土地资源"尾效"空间上的分异情况进行实证研究，从全局空间自相关的分析结果来看，中国 31 个省区市的土地资源稀缺对城镇化进程的阻力具有较好的空间结构性、较强的关联性和依赖性，呈现"东高西低"的非均衡性分布格局；从局部空间自相关的分析结果来看，城镇化进程中土地资源"尾效"表现出的局部空间差异性和集聚性较为显著，揭示出我国土地资源稀缺制约城镇化发展在空间上的分异特征及规律。张乐勤（2016）以安徽省为例，基于 Romer 的经济增长"尾效"模型和城市化与经济增长的半对数关系，采用偏最小二乘回归方法，测度出安徽省城镇化过程中的水资源、土地资源、矿产资源和能源的"尾效"值，并运用曲线回归最佳拟合优度分析方法，对资源总"尾效"值的变化规律和趋势进行拟合，并推导出未来资源对城镇化的约束大小。杨喜等（2020b）在考虑土地资源和产出的空间相关性的前提下，利用空间面板杜宾模型分析城市土地资源的直接效应和空间溢出效应，发现土地资源"尾效"是存在的且具有区域差异性，同时存在城市土地资源的直接效应和空间溢出效应，不同区域差异性较大。杨喜等（2020a）运用空间变系数模型测度出 2003~2017 年长江经济带各城市的土地资源"尾效"，并研究其时序动态演进规律和空间格局演变特征。

二 "资源诅咒"研究现状

20 世纪 70 年代以来，很多资源丰裕国的经济增长不及资源缺乏国，自然资源仿佛由"天使"变成了"魔鬼"，这也是"资源诅咒"的由来。Gelb（1988）和 Auty（1990）较早地关注了这一现象，为后面的研究提供了假说检验的基础。得益于 20 世纪 80 年代内生增长模型的兴起，一些经济学家开始将自然资源纳入内生增长模型。Matsuyama（1992）通过建立标准的经济模型对"资源诅咒"这一问题进行了研究，研究结果表明某种力量削弱了具有学习效应的制造业的成长。Auty（2001）系统地界定了"资源诅咒"这一概念。Sachs 和 Warner（1995）在 Matsuyama（1992）建立的标准经济模型的基础上提出了动态的"荷兰病"内生增长模型，模型包含可贸易的制造业部门、不可贸易的部门和自然资源部门，并通过选取 71 个国家（1970~1989 年）作为样本，以自然资源丰裕度、市场开放度、投资、经济制度等为主要变量，检验一国经济增长与自然资源丰裕度之间的相关性，研究结果表明自然资源越丰裕，对不可贸易品的需求也越高，进入制造业部门的资本和劳动力便随之下降。在制造业部门具有"干中学"

的假设条件下，这种"荷兰病"就妨碍了经济增长，自然资源丰裕的国家经济增长反而慢于自然资源稀缺的国家，这也是"资源诅咒"第一次在国家层面得到验证。之后大部分学者对"资源诅咒"的研究是基于 Sachs 和 Warner（1995）提出的动态的"荷兰病"内生增长模型进行的，只是不断完善计量模型中的自变量和控制变量，当然这也是对研究传导机制方面的创新，也有一些学者在实证方法或者模型上进行了创新。

根据经济学的供需理论，城市经济增长中所面临的资源约束除了指由于自然资源的供给数量减少、质量下降、开发和利用难度提高而引起的"资源尾效"之外，还包括由于自然资源禀赋优越，即"资源过剩"而引起的"资源诅咒"。同样，对"资源诅咒"的研究可以结合其与经济增长的关系实现。由此，城市经济增长中的"资源诅咒"研究更得到学术界的重视（见表 2-4）。

表 2-4 "资源诅咒"的主要传导机制

传导机制	主要内容	主要学者
荷兰病	某种自然资源的价格意外上涨将导致劳动和资本从制造业向自然资源产业转移，削弱制造业的出口竞争力和减少其国内需求	Corden 和 Neary（1982）、Sachs 和 Warner（1995）、Hausmann 和 Rigobon（2002）
贸易条件论	初级商品的出口国将不可避免地遭受贸易条件恶化的命运，影响政府财政收入和宏观经济政策，同时初级产品对其他产业部门缺乏联系效益	Prebisch（1964）、Singer（1950）、Hirschman（1958）
价格的波动	自然资源的价格具有波动性，而对于这种波动性的管理又十分困难，收益较低	Sachs 和 Warner（2001）、Manzano 和 Rigobon（2001）
锁定效应与沉淀成本	在自然资源丰裕条件下形成的专业化容易导致刚性的锁定效应与巨大的沉淀成本，阻碍产业转型，制约技术进步	Grabher（1993）、宋冬林和汤吉军（2006）
轻视人力资本与技术创新的投资	自然资本会挤出人力资本和技术创新的投入，阻碍自然资源产业的发展，降低经济发展速度	Gylfason 等（1999）、Birdsall 等（2001）、邵帅和齐中英（2008b）
国内政治环境的影响	在自然资源丰裕的国家，存在由界定资源产权引起的寻租、腐败和内战，或者制度质量差，导致资源利用效率低	Lane 和 Tornell（1996）、Torvik（2002）、Baland 和 Francois（2000）、Sala-i-Martin 和 Subramanian（2003）

1. 关于传导机制研究进展

Gylfason (2001) 在 Sachs 和 Warner (1995) 建立的模型的基础上，通过选取 85 个国家 (1965～1998 年) 作为样本，以自然资本份额、中学入学率、国内投资占 GDP 比例等为自变量，研究了资源丰裕度、受教育水平和经济增长之间的关系，研究发现自然资源丰裕的国家会将人锁在低技能密集型产业以及自然资源的丰裕使人们过度自信，受教育水平与自然资源丰裕度呈反向关系，丰富的自然资源降低了受教育水平，从而降低了生产领域的人力资本水平，阻碍了经济增长。这篇文章实证了自然资源丰裕度通过对人力资本的挤出效应这一传导机制阻碍经济增长。Sala-i-Martin 和 Subramanian (2003) 以尼日利亚 1970～1998 年的数据为样本，以石油、寻租和腐败等因素为主要变量，研究"资源诅咒"的传导机制，结果表明石油等自然资源引发的寻租行为而不是"荷兰病"阻碍尼日利亚的经济增长，寻租行为和腐败通过影响国内机构的质量这一传导机制来阻碍经济增长。Papyrakis 和 Gerlagh (2004b) 选取了 47 个（使用的仅 39 个）国家 (1975～1996 年) 作为样本，以自然资源丰裕度、腐败指数、投资、贸易开放度、贸易条件和教育等为主要变量来检验经济增长与自然资源丰裕度之间的关系，研究表明丰富的自然资源本身对经济增长有正向的直接影响，但是如果考虑腐败指数、投资、贸易开放度和教育等对经济增长产生的间接负面影响，得到自然资源反而限制经济增长的结论。国内学者徐康宁和韩剑 (2005) 引进了"资源诅咒"这一研究，通过建立一个以能源资源为代表的资源丰裕度指数，绘制各省份资源丰裕度指数与 GDP 增速之间的散点图，研究表明能源资源丰裕的地区经济增长速度普遍比能源资源贫乏的地区要慢，并用四个传导机制对该现象进行了解释，提出加快资源丰裕地区经济增长速度的具体政策建议。随后徐康宁和王剑 (2006) 分别使用 1985～2003 年中国省际面板数据和 1970～2000 年 81 个国家样本，研究了中国国内自然资源与经济增长之间的关系和国家层面自然资源与经济增长的关系。对中国国内的研究结果表明，"资源诅咒"现象在我国地区层面仍然成立，资源丰裕主要是通过资本投入的转移机制和劳动投入的转移机制制约了经济增长，而对山西省单独分析则得到密集而过度的资源开采引致的制造业衰退和制度弱化是制约经济增长的主要原因这一结论；对 81 个国家的研究结果表明，在控制了制度、人力资本、投资、贸易开放度、价格变化等因素后，自然资源的丰裕度与经济增长之间存在显著的负相关性，"资源诅咒"的命题确实成立，而进一步对"资源诅咒"传导机制的分析结果表明制度落后、挤出人力资本、"荷兰病"是阻碍经济增长的主要原因。邵帅和齐中英（2008a）通过1991~2006年的省际面板数据对西部地区的能源开发与经济增长之间的相关性及其传导机制进行了计量检验和分析，研究表明西部地区的能源开发与经济增长之间存在显著的负相关性，能源开发确实带来了"资源诅咒"效应，对传导机制的进一步研究表明能源开发主要通过挤出人力资本对经济增长产生阻碍作用，对创新的挤出效应、寻租、腐败也是阻碍经济增长的因素。周喜君和郭丕斌（2015）选择同属中西部的8个富煤省区作为研究样本，运用2000~2012年的省际面板数据对煤炭资源丰裕度、煤炭就地转化水平与经济增长之间的关系进行了回归分析，研究表明整体上煤炭资源丰裕度与经济增长呈负相关关系，表现为"资源诅咒"，但单独对陕西、内蒙古二省区分析得到经济增长与煤炭资源丰裕度呈正相关关系，进一步研究表明煤炭的就地转化有利于规避"资源诅咒"。彭爽和张晓东（2015）运用中国省级层面2003~2013年的面板数据，发现自然资源可以通过引致腐败和降低地方政府的治理质量来阻碍资源丰裕地区的经济增长。董利红和严太华（2015）发现自然资源可以通过降低资源丰裕地区的技术投入和对外开放的程度来阻碍地区的经济增长。

2. 关于实证方法的应用

早期国外对"资源诅咒"的研究都是基于国家层面的横截面数据模型做的回归，而国内学者则主要基于省际层面的面板数据模型做的回归。邵帅等（2013）指出横截面数据模型往往受以下问题限制而无法保证分析结果的稳健性：第一，横截面数据模型难以捕捉动态经济效应，假设自然资源对经济增长的阻碍作用不随时间变化；第二，横截面数据模型难以对不随时间变化的个体异质性予以控制，而这些异质性很可能对资源开发活动和经济发展绩效同时产生影响；第三，横截面数据模型难以控制资源依赖本身所具有的的内生性问题。所以大部分学者在对"资源诅咒"研究的实证方法方面进行了创新。Ahmed等（2016）使用伊朗1965~2001年的时间序列数据分析资源丰裕与经济增长之间的关系，首先对时间序列数据进行单位根检验，并利用联合协整方法对其进行协整检验，再进行长期和短期回归分析得出结果，最后对结果进行格兰杰因果检验。结果表明，在长期分析中，资源丰裕对经济增长起阻碍作用，表现为"资源诅咒"效应；而短期分析发现，资源丰裕与经济增长呈正相关关系。张馨等（2010）使用中国 30 个省区市 1997~2007 年的面板数据从时间和空间角度研究能源资源与经济增长之间的关系，在时间维度上用散点图的形式来分析存在的"资源诅咒"情况，在空间维度上选用时间固定效应面板回归模型来分析省域之间的差异，研究结果表明，能源资源对经济增长的阻碍随时间的推进越来越小，反映了"资源诅咒"现象不具有长期性。胡援成和肖德勇（2007）通过构建一个两部门的内生增长模型研究资源对经济增长的影响，并通过运用面板门槛回归分析论证我国省际层面存在"资源诅咒"现象的同时，重点研究制约"资源诅咒"的经济因素，结果表明，人力资本投入的增加能够有效地解决"资源诅咒"的问题，另外金融支持也能缓解"资源诅咒"的问题。Mehrara（2009）通过经验分析也得出了石油出口国的石油收入和产出"诅咒"的关系存在一个门槛，并通过运用门槛模型和数据面板数据回归分析得出石油收入占总产出 18%~19% 为门槛值，超过该比例，资源对经济增长便存在阻碍作用。而对于城市化与自然资源之间的负相关关系，我国学者李少星和颜培霞（2007）进行了开拓性的实证检验，通过对单体区域在时间序列上的分析和对多个区域面板数据集综合水平的横向比较，在多个尺度上验证了自然资源禀赋在区域城市化过程中的"资源诅咒"假说，并且通过在省际层面上建立计量经济模型进行理论检验，也得出"资源诅咒"效应在一定程度上的确存在的结论。Liu（2012）构建了一个内生的城市经济模型，讨论出城市化进程中"资源诅咒"的诱发原因，并以中国 29 个省区市 1985~2009 年的面板数据为例，利用 Hansen 提出的门槛模型实证检验中国整体和中国东部地区的"诅咒"长期存在，而中部和西部地区则在某一临界点后走向"诅咒"的现象。夏飞等（2014）利用双重差分模型发现西部地区存在"资源诅咒"问题，且西部大开发政策在一定程度上缓解了这一问题。刘宗飞等（2015）利用中国 27 个省区市 1985~2012 年的面板数据，在考虑各省区市空间相关性的基础上，使用空间面板模型发现森林资源依赖存在明显的"资源诅咒"问题。

　　3. 关于模型的改进

　　在模型上的创新是非常复杂的，除了 Sachs 和 Warner（1995）提出的动态的"荷兰病"内生增长模型以外，大部分学者是从经验分析的角度直接进行实证分析，而没有支撑实证的理论。Boyce 和 Emery（2011）从市场失灵和制度缺失角度构建了一个简单两部门资源耗竭型内生增长的"资源诅咒"模型，对模型的推导发现并不能有效地说明资源对经济增长是"诅咒"还是"祝福"，经证明发现资源丰裕对经济增长是"祝福"还是"诅咒"只取决于资源丰裕度和收入水平之间的关系；运用美国 1970～2001 年的面板数据实证发现，资源丰裕度与经济增长率呈负相关但与收入水平呈正相关。我国学者刘宝汉（2011）在 Boyce 和 Emery（2011）建立的模型的基础上，根据我国实情构建了一个小型开放的包含自然资源和制造业两个生产部门的发展中经济体，并建立了一个内生的"资源诅咒"模型，研究发现自然资源开发利用的不同阶段，对经济增长具有不同的作用。在开发初期，自然资源是经济发展的"福音"；当进入壮年期，资源富集国的经济发展水平高于贫乏国，具有经济发展的水平效应，尽管此时资源富集国具有较高的经济发展水平，但未来经济增长可能乏力，如果资源富集国在资源刚进入壮年期就认识到制造部门的增长作用，尽早培育和发展制造部门，那么在进入老年期后就能摆脱"资源诅咒"的限制，而如果过度依赖自然资源，那么就会出现"资源诅咒"现象，但并没有进行实证检验。何雄浪和姜泽林（2016）构建了一个包含自然资源存量和劳动力结构因素的最终产品生产部门、中间产品生产部门和自然资源开发部门的经济增长理论模型，理论研究发现，在不同限制条件下，自然资源开发部门劳动力数量的增加对经济增长的作用不同，而劳动者素质的提高能缓解"资源诅咒"问题，实证研究进一步表明从总体上讲，我国省域层面的"资源诅咒"现象是存在的，但这种现象可以通过提高劳动者素质来转换为"资源福音"。万建香和汪寿阳（2016）将社会资本与技术创新内生化，构建并求解包含资源开发和制造业在内的四部门内生增长模型来研究"资源诅咒"问题，结果发现社会资本和创新能够打破"资源诅咒"的门槛。

三 "资源福音"与"资源诅咒"相互转化的研究现状

对"资源尾效"和"资源诅咒"的研究都是简单地认为资源投入与经济增长之间呈现简单的线性关系，但是这种研究很难解释一些"资源福音"与"资源诅咒"并存的案例。许多学者在研究"资源诅咒"时提出了资源依赖与经济增长的非线性关系。Mehlum 等（2006）研究发现自然资源在经济增长中表现为"福音"还是"诅咒"取决于制度质量，如果经济体处于"生产倾向"的制度下，自然资源将促进经济增长；而如果经济体处于"掠夺倾向"的制度下，自然资源将对经济增长表现为阻碍作用。胡援成和肖德勇（2007）、Bravo-Ortega 和 De Gregorio（2005）分别建立封闭的和开放的两部门经济增长模型，研究中国内部和跨国的资源与经济增长的关系，结果表明自然资源依赖与经济增长呈非线性关系，并且人力资本能够缓解资源带来经济增长减缓的情况，甚至人力资本足够，丰富的自然资源将促进经济增长，表现为"福音"。Alexeev 和 Conrad（2009）、Mehrara（2009）分别通过理论研究和实证研究发现，资源依赖度与经济增长之间为非线性关系，当资源依赖度超过某一门槛值时，资源依赖度与经济增长之间表现为负相关关系；进一步研究发现，资源依赖度对经济增长的影响在不同地区甚至不同时间是不相同的。Konte（2013）运用混合回归方法将 71 个发展中国家分成两类，并且发现一类国家中资源对经济增长表现为"资源福音"，另一类表现为"资源诅咒"。邵帅等（2013）运用中国 220 个地级及以上城市的数据研究资源依赖度与经济增长之间的关系，结果发现二者呈倒"U"形关系，并且不同地区的拐点不相同。Liu（2014）运用门槛模型研究中国城市化与自然资源之间的非线性关系，发现不同城市的"资源福音"与"资源诅咒"的转换点存在差异。何雄浪和姜泽林（2016）研究发现劳动者素质的提高是促使"资源诅咒"转向"资源福音"的关键，并且在不同地区"资源诅咒"效应存在较大差异。张丽和盖国凤（2020）发现提高人力资本和推动金融业发展是缓解煤炭城市"资源诅咒"的重要措施。陈运平等（2018）利用门限模型发现市场化程度提高是打破"资源诅咒"的重要途径，财政教育支持力度加大能实现从"资源诅咒"到"资源福音"的转变，政府廉洁度提高能缓解"资源诅咒"现象的发生。

四　现有研究的不足与发展趋势

结合上述文献，本书发现对城市经济增长中资源约束问题的研究还存在一些不足之处。

（1）从主要研究内容来看，一般国内外学者对"资源尾效"和"资源诅咒"的研究是分别展开的，即分别研究资源不足和资源过剩对经济增长的约束作用，而进一步学者们在"资源诅咒"研究的基础上发现资源与经济增长之间并非单纯的线性关系，而是非线性关系。当某一门槛变量跨过临界值时，资源对经济增长的约束表现为"资源诅咒"，而未跨过临界值时表现为"资源福音"，但学者一般着重关注如何从"资源诅咒"向"资源福音"转换，而并未关注"资源福音"阶段可能出现的资源相对不足导致的"资源尾效"作用，关于"资源尾效"和"资源诅咒"之间是否能够转换以及如何转换却并未深入研究。因此，"资源尾效"和"资源诅咒"之间是否可以转换以及如何转换是非常值得探讨的学术问题。

（2）从实证方法来看，早期对"资源尾效"和"资源诅咒"的研究都是单纯使用线性回归进行的，而在研究"资源诅咒"如何向"资源福音"转换时，一般使用面板门槛回归（PTR）模型来研究资源依赖度与经济增长之间的非线性关系，但是跟线性回归方法相同的是，在门槛值前后都是分别测算资源依赖度对经济增长的平均约束作用的大小，并未涉及在不同时点作用大小的差异。针对以上存在的不足，本书首先系统界定"资源尾效"和"资源诅咒"的含义，将"资源尾效"和"资源诅咒"的研究置于同一个分析框架下，在研究资源与经济增长之间的非线性关系的同时区分资源投入对经济增长的约束作用到底是"资源尾效"还是"资源诅咒"；然后从理论上证实"资源尾效"和"资源诅咒"之间能够相互转换，并求出转换条件；最后运用面板平滑转换回归（PSTR）模型实证分析资源与经济增长之间的非线性关系，能够得出每个地区及时间段上资源约束作用的大小，使得能够提出更加精准的政策建议。

第四节　面板数据模型的研究进展

一　门槛自回归模型的研究进展

门槛自回归（TAR）模型最早由 Tong（1978）提出，后又对该方法进行了系统的介绍（Tong, 1983）。该模型能够刻画传统线性自回归模型所没有的特点：①有限的周期；②波动的幅度与波动的频率相关；③局部的"剧烈波动"现象，它可以很好地描述具有非对称有限周期及发生局部"剧烈波动"的许多重要经济变量。门槛自回归模型是一种用多体制"分段式"的局部线性自回归模型对数据进行建模逼近的方法。依据门槛变量的取值，把时间序列区分成多个体制，对每个体制各自建立不同的线性自回归模型。这样，门槛自回归模型就可以用不同体制对经济变量中不同的动态特征进行刻画，实现对经济变量的准确描述。Tsay（1989）定义了自激励门槛自回归（Self-Exciting Threshold Autoregression，SETAR）模型。SETAR 模型的特点是门槛变量是因变量本身或它的滞后项。Balke 和 Fomby（1997）列举的用于描述 z_t 的几种特定的门槛自回归模型，包括均衡门槛自回归（Equilibrium-TAR）模型、带通门槛自回归（Band-TAR）模型、趋回漂移门槛自回归（Returning Drift-TAR，RD-TAR）模型，均属于 SETAR 模型范畴，因为以上这三个 TAR 模型中，门槛变量均被设为 z_{t-1}，即 $\{z_t\}$ 序列中的滞后一期值。在此基础上，Enders 和 Granger（1998）又提出了冲量门槛自回归（Momentum Threshold Autoregression，M-TAR）模型。这类模型采用 z_t 的滞后一期差分作为门槛变量。

在 TAR 模型中，要估计的参数包括不同机制中自回归参数、转换变量滞后阶数、门槛值等。Chan（1993）对具有不连续的两机制 TAR 模型的参数估计进行了系统研究，证明在给定转换变量滞后阶数和门槛值的情况下，处于不同机制中自回归参数的 OLS 估计量是一致估计量，收敛阶数为 $n_i^{-0.5}$（n_i 是第 i 个机制中样本观测个数），且在样本容量趋于无穷大时，自回归参数估计量渐近服从多元联合正态分布。而对于滞后阶数和门槛值的估计，Chan（1993）认为通过使 TAR 模型的残差平方和最小化来搜索滞后阶数与门槛值，在样本容量趋于无穷大时就可以获得两个参数的超一致估计量，且收敛阶数是 n^{-1}（n 表示总的样本容量），同时也和自回归参数的 OLS 估计量渐近独立。对于连续的两机制 TAR 模型参数估计，Chan 和 Tsay（1998）对有关参数的估计做了进一步研究，研究表明在连续的 TAR 模型中，通过搜索连续 TAR 模型的残差最小值而得到的阈值估计量是一致估计量，不过此时的收敛阶数是 $n^{-1/2}$，而不再是 n^{-1}，说明不连续是门槛值估计获得超一致估计量的必备条件。同时 Chan 和 Tsay（1998）也证明在样本容量趋于无穷大时，连续 TAR 模型的自回归参数估计量仍然服从多元联合正态分布。

虽然 Chan（1993）的参数估计方法目前已成为 TAR 模型参数估计的主要方法，但是对于门槛估计量抽样分布的研究进展非常缓慢。Chan（1993）首次推导了不连续 TAR 模型的门槛估计量渐近分布，认为门槛估计量的抽样分布是一个依赖复合泊松过程（Compound Poisson Process）的极限分布，且依赖未知的冗余参数。Hansen（1997，2000）对于不连续TAR模型的门槛估计量极限分布也进行了研究，并指出门槛效应（threshold effect，指的是两机制中自回归参数之差）随着样本容量增大而减小时，门槛估计量的极限分布不依赖未知的冗余参数。Chan和Tsay（1998）针对连续TAR模型的门槛估计量渐近分布进行了推导，认为此时的极限分布是正态分布，但依赖其他自回归参数，这与Chan（1993）不同，在不连续的TAR模型中，阈值估计量的抽样分布独立于其他自回归参数。

从目前有关文献来看，对TAR模型进行的拓展研究仍在不断加深，如钟秋海等（1985）在Tong（1978）建模方法的基础上，提出用黄金分割法优化门槛值的备选范围，控制两点间的距离以决定是否继续分割，得到了更好的效果。钟秋海（1989）在对TAR模型中的参数进行最小二乘估计时发现，先对数据的一阶差分求变换后的模型参数，再返回去求原模型参数，可以节省计算机60%的计算时间。Tsay（1989）介绍了TAR模型的建模步骤以及各种参数估计和“门槛非线性”检验方法，并应用太阳黑子数据和加拿大山猫数据进行实证研究。Tiao和Tsay（1994）应用Tsay（1989）介绍的建模方法对美国GNP增长率进行实证研究，得到两个延迟变量、四个状态空间的分片线性自回归函数，并对各状态空间的表现给出合理的经济学解释。金菊良等（1999）用加速遗传算法优化了门槛值和自回归系数的估计，避免了TAR建模过程中大量复杂的寻优工作，并应用实证研究证实预报精度有所提高。Wu和Chang（2002）运用遗传算法优化门槛值和延迟参数的估计方法，减少了系统的计算时间，并利用中国台湾的汇率进行实证研究。刘维奇和王景乐（2009）基于小波方法构造两种估计量来识别门限区间的个数，给出了这些估计量的收敛情况和分布特征，并说明此门槛估计量是具有最佳收敛速度的。金光球等（2006）在构建门槛自回归模型时，发现在半个周期内用预测值代替观测值，可以增强模型的稳定性和实用性，改善模型的预测效果，但是降低了模型的拟合效果，该模型在大坝安全位移监测预报中得到了成功的应用。顾鞍明和徐化冰（2011）应用自相关性质分析确定延迟参数和自回归阶数，结合点值图估计门槛区间个数和门槛值，用随机算法优化门槛值和自回归系数，并应用太阳黑子数据进行实证研究，得到较好的预报结果。

二 静态面板门槛模型的应用

Fazzari 等（1988）依据财务约束的不同程度，将美国公司划分为不同类别，估计了不同类别公司的现金流对投资的不同影响。他们的研究存在两个问题：一是采用了内生变量而不是外生变量对样本进行分割；二是采用了一种特殊的方法选择样本分割点。为了解决这些问题，Hansen（1996）介绍了适合静态面板门槛模型的计量方法，在去除个体固定效应之后采用最小二乘法对模型进行估计，采用自举程序（Hansen，1999）进行门槛效应检验，并推导了门槛参数和斜率系数的渐近分布。

三 动态面板门槛模型的应用

Caner 和 Hansen（2004）针对含有内生解释变量和外生门槛变量的截面数据门槛回归模型，提出了门槛参数的两阶段最小二乘法（2SLS）和广义矩估计方法（GMM）。动态面板数据模型存在固有的内生性问题，Caner 和 Hansen（2004）的程序解决了解释变量的内生性问题，可用于估计动态面板门槛模型。Seo 和 Shin（2011）发展了允许解释变量和门槛变量同时出现内生性的动态面板门槛模型，并依据门槛变量是否具有内生性提出了使用一阶差分广义矩估计方法（FD-GMM）和一阶差分两阶段最小二乘法（FD-2SLS）进行估计。Kremer 等（2013）在 Caner 和 Hansen（2004）的基础上，利用面板数据对动态门槛模型进行了改进，同时解决了内生性问题。

四 面板平滑转换回归模型的应用

在面板数据框架下，介绍门槛效应最简单的方式即为 Hansen（1999）提出的面板门槛回归（PTR）模型。该模型自被提出以来，被广泛应用于各种经济现象的研究中。但面板门槛回归模型的一个很严重的缺陷是它的转换函数是二值化的，即非 0 即 1，降低了模型在实际应用中的可行性。

González 等（2005）提出了静态面板平滑转换回归（PSTR）模型，介绍了同质性检验、无剩余异质性检验及模型的估计方法。PSTR 模型和 PTR 模型的本质相同，可称之为广义的 PTR 模型，不同的是，PSTR 模型通过连续的转换函数使得回归系数从一个区制到另一个区制能够平滑地变换，更好地描述了系数随时间和个体变化而发生改变的现象，即面板数据的异质性。

Colletaz 和 Hurlin（2006）将面板平滑转换回归模型运用于公共资本生产率的研究，结果表明无论转换机制如何设定，产出与公共投入之间都存在很强的门槛效应。

随后，面板平滑转换回归模型也得到了快速发展，如杨继生和王少平（2008）在动态线性面板模型的基础上，提出了动态面板平滑转换回归（Dynamic Panel Smooth Transition Regression，DPSTR）模型，并提出了估计方法——条件 GMM 估计。Gørgens 等（2009）将杨继生和王少平（2008）提出的动态面板平滑转换回归模型估计方法中的广义矩条件进行替换，使得预测结果有了很大改进。

五　空间面板向量自回归模型的研究进展

从 Sims（1980）的开创性文章开始，检验几个具有可测性变量之间关系的最流行的方法是向量自回归（VAR）方法，VAR 方法是由自回归模型的一种广义形式组成，其中每个变量的演化是它以前的值和以前系统中所有其他序列的观察值的函数。这样，VAR 就能够潜在地解决数据中所有可能的交互作用，而不依赖理论结构。因此，向量自回归方法被广泛应用于实证主题，包括货币政策、财政政策分析和短期经济预测。

此外，在区域科学领域，通过适当确定的结构 VAR（SVAR）模型可以解决的问题范围似乎也很广，主要包括：分析通过贸易联系的需求冲击的区域传播；评估地方公共支出对私营部门绩效的长期空间溢出效应；动态知识外部性的研究将商业部门的专利行为与附近地区的学术研究联系起来。

然而，尽管 VAR 方法提供了一个潜在的有用的分析工具，允许对一组连通区域内的动态相互依赖进行联合建模，但是直到最近它在空间计量经济学文献中仍然很少受到关注。这主要是由于在试图通过简单地建立一个包含样本中每个内生变量和每个区域的方程的系统来直接转换标准的 VAR 方法时，会遇到过度参数化问题。与此同时，识别结构脉冲响应似乎有特殊的困难，同时如果要适当考虑到空间上大多数经济联系的双边性质，就需要提出正确的假设。

空间向量自回归（SpVAR）模型是 VAR 模型的一个扩展版本，它包含平稳状态变量向量的空间滞后和时间滞后。空间扩展的理由是 VAR 模型无法明确考虑邻国经济事件的潜在影响。在标准 VAR 模型中，一个特定国家发生的经济冲击只取决于该国的经济条件，即所有的影响都发生在它的国境之内。换句话说，空间溢出被自动排除。在现实中，一个国家发生的冲击可能也会影响周边国家的经济状况。也就是说，随着时间的推移，周边国家的经济状况可能会呈现相互影响的趋势。因此，SpVAR 模型与标准 VAR 模型不同的是，在一组相互关联的经济体（地区、州、大都市地区或地方地区）中，内生变量可以在时间和空间上表现出相互作用。因此，VAR 模型发展到 SpVAR 模型是通过大量学者不断改进实现的。

Holtz-Eakin 等（1988）较早地构建了面板 VAR 模型（P-VAR 模型），并将其应用在面板数据分析中，但是由于这个模型忽略横截面的相互作用，假设各区域的系数固定，因此，这个模型对区域经济分析的作用不大。

在一国国内背景下，Carlino 和 DeFina（1995）通过将一个包含单一内生变量（如 GNP）的 VAR 模型拟合到美国六个 BEA 地区，直接应用了原始的 VAR 方法。在这种情况下，模型拥有有限数量的区域（六个区域）和较小的滞后阶数，允许学者估计一个不受限制的简化形式的 VAR 模型。他们也是较早采用基于 VAR 模型估计的脉冲响应分析来衡量区域间空间溢出效应强度的学者。然而，结构冲击的识别依赖不存在同期溢出效应的假设，这一假设在许多实证环境中可能过于严格，导致该方法适用范围并不广。而针对多个内生变量的 VAR 模型，Di Giacinto（2003）是第一个尝试在标准的多元 VAR 模型框架内应用空间计量经济学技术的学者，该框架由货币政策模型提供，拟合到美国地区和州一级的数据。美国各州相对位置的地理信息是在经典的 VAR 模型框架中使用的，它提供了参数限制，使得对中到大的空间样本进行识别和估计成为可能。然而，由于需要应对非标准模型设置，即在国家内部观察到的变量与只在国家层面显示变化的变量一起纳入，这使得 Di Giacinto（2003）使用的模型只适合特殊的问题。而在跨国层面上，Pesaran 等（2004）引入 Global VAR 模型，该模型是经典 VAR 模型的扩展，其能够用于分析各国或各地区之间的经济联系。他们在国际背景下分析了横截面的交互作用，并利用关于各国贸易份额的信息来具体说明国家动荡在世界经济中的传播渠道。

除了在原始的 VAR 模型纳入空间的研究外，很多学者在贝叶斯 VAR 模型的基础上纳入了空间分析。LeSage 和 Pan（1995）在标准单变量贝叶斯 VAR 模型中引入空间先验，结果表明，采用空间上的连续性结构可以显著降低预测误差。Canova 和 Ciccarelli（2009）引入了非常通用的多区域贝叶斯面板 VAR 模型，该模型允许跨单元相互依赖、特定单元动态和参数随时间变化。虽然该模型在区域环境中也具有潜在的吸引力，但缺乏对数据空间结构的具体引用。

还有部分学者在半参数的框架下将空间计量经济学纳入 VAR 分析。Chen 和 Conley（2001）提出在半参数框架中指定内生因变量的空间依赖性，并用两阶段最小二乘法来估计参数。Conley 和 Dupor（2003）在此基础上，使用他们提出的半参数空间 VAR 模型来检查部门间的相互依赖关系。在他们的模型中，一个部门对另一个部门的影响是它们之间经济距离的函数，这些距离用于施加先验限制，以便（以半参数的方式）估计所提出的半参数空间 VAR 模型。

Di Giacinto（2006）也研究了时空脉冲响应函数，他构建了一个基于潜在的单变量 STARMA（时空 ARMA）模型的 VAR 方法。在文章中，他利用空间连续性的先验信息对 VAR 系数矩阵进行合理的限制，并识别结构脉冲响应。

但是，总的来看，这些将 VAR 模型纳入空间计量经济学的技术一般只能应用于有限对象。因此，Beenstock 和 Felsenstein（2007）的文章可以被认为是第一个通过引入 SpVAR 模型来全面处理空间、时间序列数据进而设计多元向量自回归模型的研究。他们构建了一个相当一般的 SpVAR 模型，该模型建立在带有空间误差过程的空间向量自回归模型之上，考虑了同期和时间滞后的空间相互作用以及连续和空间相关的误差。他们表明，包含空间和时间相关的扰动是有问题的，因为结构参数没有完全确定。因此，当他们处理参数识别和分析脉冲响应时，由于没有引入允许识别模型中的结构冲击的参数而使估计脉冲响应的解释有点可疑。但总的来说，这是 SpVAR 模型中比较成熟的形式。进一步地，Kuethe 和 Pede（2011）使用了一种类似的方法，但采用了一种更简单的形式规范来模拟区域房价周期。此外，Brady（2011）使用一个简单的空间自回归规范来衡量住房价格在空间和时间上的扩散。本书参考的是 Civelli 等（2018）提出的 Sp P-VAR模型，他们将空间滞后项纳入 P-VAR 模型，并使用改进的系统 GMM 方法进行估计，以保证模型的有效性；同时遵循 Di Giacinto（2006）的识别策略，以保证时空脉冲响应正常实现。

第三章
区域经济增长中"资源尾效"
和"资源诅咒"的理论与模型分析

第一节 "资源尾效"和"资源诅咒"的概念和内涵

一 "资源尾效"和"资源诅咒"的产生来源

1. 区域经济增长的定义

区域是具有一定地理位置和可度量的实体,其组成要素有内在的本质的联系,外部形态特征相似(胡宝清等,2005)。现代经济理论中,区域经济增长通常被定义为某一地区经济在一定时期内实际产出量(包括生产的产品和服务)的增加和实际生产能力的提高,即用货币形式表示的国内生产总值或国民生产总值的增加。区域经济增长意味着该地区生产能力的提升、财富的增加,一般用国内生产总值(GDP)或国民生产总值(GNP)衡量经济增长。度量经济增长除了测算增长总量和总量增长率之外,还应计算人均占有量,如按人口平均的国内生产总值或国民生产总值及其增长率。人均 GDP 或人均 GNP 作为反映一国居民收入水平高低的综合指标,常常被用作评价和比较经济绩效的主要代表指标(刘春艳,2010)。

2. 自然资源的分类

本书研究的资源指自然资源,自然资源属于自然物,其特点是可被人类利用,并通过被利用为人类提供物质和精神上的满足。例如,人类把原先的荒地开发为耕地,利用耕地种植农作物,生产粮、棉、油等,满足人们衣、食等物质需要,其就可以被称为土地资源;人类利用自然界的水力进行发电,而电能满足人类对能源的需要,其就可以被称为水资源;人类利用金属矿物冶炼各种金属材料,制造机器设备,其就可以被称为矿产资源。如同土地、水力、矿产等物质，只有在被利用并给人们带来物质、能量等各种效益时，才能被称为自然资源。按照自然资源是否可再生，将之分为不可再生资源和可再生资源（见图3-1）。不可再生资源一般分为两类：一类是随着使用过程而消耗掉的不可回收资源，如石油、天然气等矿产资源；另一类是在一次使用过程完成后，可再次利用的可回收资源，如铜、铁等金属资源。可再生资源则按是否存在临界性，分为临界性资源和非临界性资源。临界性资源是指，资源本身是可再生的，但当资源的使用量超过一个临界限度，即资源消耗过度破坏了其自身循环过程，使其无法恢复时，就会由原本流动性资源变为类似矿产的储存性资源，如土壤、森林等；非临界性资源是指，以人类存在的时间为尺度来看，其资源量是无穷无尽的，不会因人类的使用而耗竭，包括风能、太阳能、潮汐能等（丽丝，2002）。

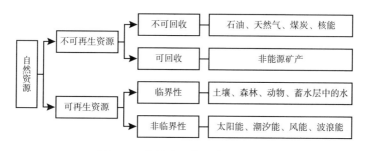

图3-1　自然资源的分类及其转换

3. 区域经济增长与自然资源的关系

从经济学的角度来看，资源是人类经济增长的基础。一般来说，自然资源禀赋与经济增长是正相关关系。19世纪后期，英国和德国丰富的铁矿和煤炭资源为其经济快速发展创造了条件，而与之相反，意大利因缺乏铁矿、煤炭等资源，经济发展缓慢。美国拥有得天独厚的自然资源，在工业化过程中，其矿产资源开采量远远高于其他国家，使其经济迅速发展，形成了赶超英德的繁荣局面。观察历史可以发现，相邻的两个国家，在气候、制度等因素都相同的情况下，自然资源丰富的一方往往比资源匮乏的一方发展速度更快。在现实中，资源的储存量、开采量是有限的，当经济发展到相当大的规模时，它对资源的需求量也变得十分巨大，这时就会出现"资源尾效"现象。"资源尾效"是指由于自然资源短缺，即"供不应求"而引起的自然资源对区域经济增长的约束。"资源尾效"可分为两种情况，绝对约束和相对约束。①绝对约束是指在当前经济发展水平下，自然界资源的绝对数量不能够满足人们基本的物质需求。也就是说在当前的技术水平下，可开发、可回收的储存性资源和临界点内的可再生资源不能够满足人们基本生活的需要。例如，在沙漠地区，水资源量是绝对稀缺的，它直接影响了沙漠地区居民的数量和生活水平。以自然资源存量的极限分界，如果人们在达到这一极限之前获取资源，不存在资源收益递减和边际成本上升的现象；但如果超过了这一极限，就会出现资源的边际成本上升和收益递减。如果不考虑科技进步，经济发展就会突然停滞。②相对约束是指在人类社会发展过程中，必然要消耗和利用资源，但相对于科学技术和经济的无限发展趋势，自然资源总是相对稀缺的，资源的约束作用也是相对的，不可能绝对地阻止经济的发展。随着人类知识特别是科学技术不断积累和发展，人们可以更有效率地利用原有资源、开发新资源甚至寻找到可替代的资源。一般而言，人们会首先使用在较低技术水平下最容易获得的资源，当这种资源因为大规模使用而稀缺时，其市场价格会逐渐提高，在利润的驱使下人们会研究和开发其他的廉价替代品，寻找到之后再将这个过程循环往复（李延东，2012）。

然而，世界工业化发展的历史表明，资源优势并不总是经济发展的"福音"，更多的时候却成为经济发展的"诅咒"，甚至成为反工业化的重要诱因（牛仁亮、张复明，2006）。该现象被称为"资源诅咒"，即指丰富的自然资源对经济增长产生了限制作用，自然资源丰裕的经济体反而呈现令人失望的经济发展绩效的一种现象（张复明、景普秋，2008）。资源禀赋优越引发的区域经济增长的约束是指由于资源丰饶而导致的对区域发展要素的吸引和控制，对发展形成的制约，其可能产生的原因有很多，主要包括荷兰病、贸易条件论、价格的波动、锁定效应与沉淀成本、轻视人力资本与技术创新的投资、国内政治环境的影响。而"资源诅咒"的主要表现包括三个方面：一是收入分配的不平等；二是人力资本投资不足；三是产业结构畸形（岳利萍，2007；王智辉，2008）。

二　"资源尾效"和"资源诅咒"的概念

1. 资源约束的概念

约束理论（Theory of Constraints，TOC）是以色列物理学家、企业管理顾问 Goldratt 于 20 世纪 80 年代在他开创的优化生产技术（Optimized Production Technology，OPT）基础上发展起来的企业管理理论。该理论的基本理念是限制系统实现企业目标的因素并不是系统的全部资源，仅仅是其中某些被称为"瓶颈"的资源；任何企业都必然存在一些约束（也称"瓶颈"），束缚着它的有效产出，因此一个企业要提高绩效就要找出这些约束，然后充分利用约束资源并试图打破约束；由于系统中的每一件事情都不是孤立存在的，一个组织的行为由于自身或外界的作用而发生变化，尽管有许多关联的原因，但总存在一个最关键的约束，找出最关键的约束加以解决，可以起到事半功倍的效果；而最关键的约束被打破以后，企业又面临新的约束，如此不断反复，持续改进（方创琳等，2008）。根据约束理论，任何系统都存在一个或者多个约束，如果没有约束，系统的产出将是无限的。现实当中任何系统都不能无限地产出，区域经济系统也不例外，同样要受到资源环境的约束。

2. "资源尾效"和"资源诅咒"的概念

目前国内外大部分的学者一致认为区域经济增长的资源约束就是由资源的稀缺性导致的，即自然资源的供给量或质量和生态环境的承载力不能满足区域经济增长的需求量。但本书认为，从约束理论的内涵和外延出发，任何事物都有数量和质量的差异，也就是说，任何事物在数量和质量上都存在"缺一不可"和"过犹不及"两种状态，而这两种状态都应该是产生约束的原因。由于资源在区域经济增长过程中具有不可替代的作用，因此，区域经济增长中的资源约束也应该体现在"缺一不可"和"过犹不及"。所以，资源约束是指，在区域经济增长过程中，由于自然资源的供给数量减少、质量下降、开发和利用难度提高以及资源禀赋优越而引起的自然资源供不应求和供给过剩以及生态环境恶化等，对区域经济增长形成制约的过程和现象。因此，本书所说的资源约束在形式上应该包括两种（岳利萍，2007）：一种是"资源尾效"，是指由于自然资源短缺，即"供不应求"而引起的自然资源对区域经济增长的约束；另一种是"资源诅

咒"，是指由于自然资源禀赋优越，即"资源过剩"而引起的自然资源
对区域经济增长的约束。虽然这两种资源约束导致的结果均是阻碍地区
经济增长，但在实质和产生的原因上却存在显著的差异。"资源尾效"
是指区域经济增长所需要的资源供不应求，对发展形成的刚性制约。而
"资源诅咒"是指由于资源丰饶而导致的对区域发展要素的吸引和控制，
对发展形成的制约。

资源约束对区域经济增长的限制作用体现在以下几个方面。第一，资
源约束制约着区域经济增长的规模和成长速度。资源总量约束决定区域经
济增长的规模和成长速度，而个别的资源短缺所造成的资源约束会使区域
短期经济发展受到抑制，常常会成为区域短期经济增长的"瓶颈"；但从
长期来看，经过结构调整和资源的替代选择，个别资源的短缺不会影响区
域经济增长的规模和成长速度。这种属于数量控制型约束。第二，各种资
源在结构上的特点或不平衡性形成了资源的结构约束。资源环境的模式是
以动态的方式描述城市发展的结构，资源约束限制着区域经济增长模式的
选择范围，一定的资源约束条件决定着一定的区域规模。这种属于质量控
制型约束（见图3-2）。

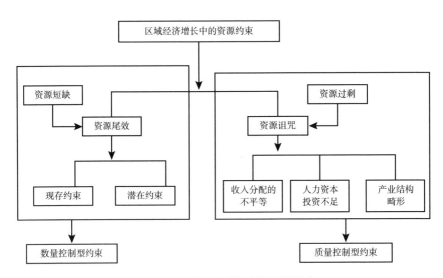

图3-2 区域经济增长中的资源约束

三　"资源尾效"和"资源诅咒"的内涵

1. 时空内涵

"资源尾效"和"资源诅咒"作为自然资源对经济增长的两种不同的约束作用，都是在一定时空尺度上资源系统与区域经济系统在运动过程中矛盾产生的直接根源。影响"资源尾效"和"资源诅咒"的因素如资源环境开发利用状况和区域发展状况等都具有明显的区域性。因此，对"资源尾效"和"资源诅咒"的研究必须以一定的地区尺度为基础，以满足本地区的发展需求而不损害、不掠夺其他地区的发展需求为前提。同时，"资源尾效"和"资源诅咒"是在区域经济系统运动过程中产生的阻滞力。由于区域经济增长过程和资源环境开发利用过程都具有明显的阶段性（方创琳等，2008），因此"资源尾效"和"资源诅咒"在时间上也具有动态性。不同的时空尺度，资源约束的大小和特征是不同的。因此，研究时必须顺应"资源尾效"和"资源诅咒"的时空变化规律，对资源系统和区域经济系统进行动态优化配置和调控，从而减小"资源尾效"或"资源诅咒"，最终实现资源-环境-区域经济复合系统的协调和持续发展。

2. 社会经济内涵

"资源尾效"和"资源诅咒"都是资源约束力的一种表现形式，资源约束力是资源对区域经济系统的支撑力接近或超过资源环境的承载力，以及区域经济增长模式与资源环境开发利用模式不相协调的集中体现。资源约束力的大小主要取决于两方面：一方面是资源系统所支撑的区域经济系统的规模，另一方面是区域经济增长与资源环境开发利用模式的协调程度。一般来说，区域经济系统的规模越大，以及区域经济增长与资源环境开发利用模式的协调程度越低，资源约束力越大。而在区域经济增长规模向资源环境能承载的最大规模发展过程中，由于不同阶段区域经济增长与资源环境开发利用模式的不同选择，资源系统与区域经济系统的协调程度具有可调控性，从而导致资源约束力也具有可调控性。即使区域经济系统规模不断增加，只要通过政策、技术、管理等各种手段，将资源系统与区域经济系统之间的摩擦系数降低到一定程度，也可以促使资源约束力减小，从而加快区域经济增长进程。另外，如果随着区域经济系统规模的不断增加，粗放的区域经济增长与资源环境开发利用模式导致资源系统与区域经济系统之间的摩擦系数不断增加，则资源约束力将持续增大，这将极大地制约区域经济增长的速度，导致区域经济系统在特定时期内达不到预期规模，从而也在一定程度上减小了资源约束力。可见，资源约束力的存在加强了资源系统与区域经济系统的负反馈特性，能够使系统达到并保持平衡或稳定状态。资源约束力总是与一定的区域经济发展水平相联系，是资源系统作用于社会经济系统的负向作用力。

3. 生态内涵

"资源尾效"是资源在短缺条件下产生的阻滞力。资源短缺不仅包括区域经济增长需求的不足，还包含生态环境容量的缺乏。主要包括两种情况：一种是在保证基本生态环境容量的前提下，区域资源环境经过合理配置和供需平衡后，不能满足生产、生活需求，从而延缓了区域经济增长的进程；另一种是区域生态、生产、生活需求未经合理配置，为了满足区域经济不断增长的需求，不断挤占生态环境容量，造成区域生态环境恶化，从而延缓了区域经济增长的进程。可见，"资源尾效"的研究应将资源-环境-区域经济复合系统作为整体，将资源作为联系区域经济和生态环境的纽带，在遵循可持续发展理论和保证区域生态环境需求的前提下，研究资源对区域经济系统的约束作用。

第二节　"资源尾效"和"资源诅咒"的理论基础与形成机制

一　"资源尾效"和"资源诅咒"的理论基础

1. 生产理论与技术约束

社会的发展离不开经济的增长，而经济的增长归根结底是源于社会的生产活动。西方经济学家，从古典经济学派开始，就对生产活动产生了浓厚的兴趣，将生产作为他们研究的出发点。早在18世纪中叶古典的生产理论还未形成之前，Defoe（2013）就指出："我们谈到生产，作为自然的效应，是指产品和结果；作为劳动的效应，是指制造。"重农学派的代表人物 Francois Quesnay（弗朗斯瓦·魁奈）将生产和消费系统作为一个单一的复杂过程进行分析，为古典生产理论提供了思想。他认为只有农业是生产性的且能够产生净收益的活动，但他否认了利润是合法净收益的一种形式。随后，亚当·斯密指出，生产需要付出时间，需要预付工资、购买材料和设备，这些预付款的所有者，也就是资本家理应获得一部分净收益（利润），即肯定了利润也是合法净收益的一种。大卫·李嘉图作为古典经济学的集大成者，他指出古典经济学是从生产关系方面实现对资本主义经济关系的把握，进而认识价值关系。随着李嘉图学派的解体，庸俗经济学产生了，它主要执着于供求关系对价格形成的决定作用（穆勒，1991）。随着供求关系概念的普及，人们开始用供求曲线对供求关系进行分析，而消费理论和生产理论最早的功能就是解释两条曲线（魁奈，1979）。

以上便是新古典经济学生产理论产生的背景。随后生产理论的发展主要分成三个阶段。第一阶段是从19世纪70年代到20世纪初，是生产理论的形成阶段。这一阶段的成果非常丰富，同时也提出了非常多有价值的理论。例如成本定律、边际生产率理论，这些理论提出的目的是说明价格的形成问题，而欧拉定理在经济学中的应用为上述问题的解决提供了理论依据。同时，在这一阶段生产函数定义的提出为进一步的研究打下了坚实的基础。这一阶段的代表人物有杰文斯、瓦尔拉、维塞尔、克拉克和威克塞尔。第二阶段是从20世纪30年代到40年代，是生产理论的发展阶段。这一阶段中，希克斯和萨缪尔森等通过把过去阐明的原理综合起来，形成了主流学派的生产理论。在这一阶段，学者不仅将边际生产率理论进一步向前推进发展，还提出了一些新的概念，例如等产量线和替代弹性等概念。等产量线是指在既定的技术水平下，生产等量产品的各种投入要素的最有效组合。等产量线的形状可以反映出两种投入要素相互替代的程度。等产量线的斜率表示边际替代率，随着边际替代率的变化，要素比例也将变化。替代弹性则是表示边际替代率的百分比变化使要素比例改变的百分比。这一阶段的代表人物有希克斯、萨缪尔森等。第三阶段是20世纪50年代后，是生产理论的成熟和定型阶段。随着生产理论的成熟和定型，生产理论也开始暴露出一些问题，比如资本度量问题；另外，生产理论在经济学的各个领域都得到了广泛运用，特别是在经济增长理论中，无论是新古典增长理论还是内生增长理论，都使用了生产函数作为模型的出发点。

2. 增长理论与要素约束

经济增长是现代经济学中一个非常重要的概念，经济增长理论发展至今，不仅仅指一个国家或地区 GDP 的增长，更被看作一种综合的社会现象。它是反映在除经济总量的增长外，还包括产业结构的优化、经济效益的提高、资源的合理使用以及环境污染的治理等综合问题，是一种综合的社会现象。自然资源是人类社会赖以生存的物质基础，也是任何经济社会得以向前发展的物质基础。人类所使用的自然资源有很大一部分具有可耗竭的特征，比如石油、矿藏、淡水甚至环境等。资源环境在经济增长中的作用是毋庸置疑的。过去传统粗放的经济增长方式造成了能源的错配和浪费，我国经济的增长呈现依赖能源的高投入、高消耗和高污染的特点。长此以往，我国以煤炭等不可再生资源为主的能源消费结构将难以维持，能源对经济发展的制约作用凸显。此外，粗放式发展使得环境受到的污染日趋严重，对人们的健康构成严重威胁。早在古典经济学时期，经济学家就非常关注自然资源在经济增长中的作用。无论是李嘉图还是马尔萨斯，都注意到了土地资源的有限性，并且基于这种有限性得到的边际收益递减规律是解释经济增长存在稳定状态或者极限的关键。但由于对技术水平的提高缺乏认识，古典学派的经济学家们得出了悲观的结论。为了协调环境、能源和经济增长之间的关系，很多学者做了大量研究。Rashe 和 Tatom（1977）首次将可耗竭资源引入 C-D 生产函数，寻求可耗竭资源和长期经济增长之间的关系。Moon 和 Soon（1996）采用内生增长模型，提出了经济增长与能源强度呈现倒 "U" 形关系，该模型对能源依赖进口的解释在韩国有很强的应用性。王海建（1999，2000）以多种内生增长模型为基础，研究了环境、能源和经济增长之间的关系。彭水军和包群（2006）将环境质量作为内生因素引入生产函数和效用函数，分析了在环境污染约束下的经济可持续发展条件。王庆晓等（2009）引入人的身体健康指数去衡量环境质量，并将其引入效用函数建立了综合考虑经济增长和能源消耗、环境保护的模型，揭示了环境保护意识、能源强度和经济增长之间的关系。

内生增长理论指用规模收益递增和内生技术进步来说明一国长期经济增长和各国增长率差异的一种经济增长理论。该理论与新古典增长理论不同，内生增长理论认为经济的长期增长依赖储蓄率和其他因素，而不仅仅依赖劳动力的增长率，其重要特征就是试图使增长率内生化。根据其依赖的基本假定条件的差异可以将内生增长理论分为完全竞争条件下的内生增长模型和垄断竞争条件下的内生增长模型。按照完全竞争条件下的内生增长模型，使稳定增长率内生化的两条基本途径是：①将技术进步率内生化；②如果可以被积累的生产要素有固定报酬，那么可以通过某种方式使稳态增长率被要素的积累所影响。内生增长模型又包含两条具体的研究思路：第一条是罗默、卢卡斯等用全经济范围的收益递增、技术外部性解释经济增长的思路，代表性模型有罗默的知识溢出模型、卢卡斯的人力资本模型、巴罗模型等；第二条是用资本持续积累解释内生经济增长的思路，代表性模型有琼斯-真野模型、雷贝洛模型等。内生增长理论所强调的规模收益递增、外溢效应、专业化人力资本积累等是对传统经济理论的重大突破。

（1）罗默（Romer，1986）的知识溢出模型。罗默在其模型中，假定代表性厂商的生产函数有三种投入：资本、工厂自己的生产知识、社会所拥有的知识。各个厂商在做决策时是将社会所拥有的知识作为给定量，考虑如何利用资本和工厂自己的生产知识去达到利润最大化。不过，个别厂商的知识不可能永远保持为商业秘密，这些知识会不断地成为社会所拥有的知识。正是这种知识和人力资本的外部效应，会使社会的生产率提高，经济增长持续。罗默指出，许多一般私人商品是使用竞争性的（rivalrous）（某人使用则排除了其他人再使用）和占有排他性的（excludable）（即一旦某人占有该产品，就意味着其他人必须付费才能使用它），而知识品（ideas）则具有极不相同的性质。首先，使用上的非竞争性（non-rivalrous），知识品一旦创造出来，任何具有相关知识的人都可以使用它；其次，占有上的排他性，至少部分地具有这种特点。由于这两方面的特殊性，两个重要结果就产生了：第一，使用上非竞争性的商品可以无限期地累积增长；第二，由于不完全的排他性和不完全的独占性，知识可以产生溢出效应（spillover effect）。最终，一个创新的经济具有长期的收益递增（张建华，2000）。

罗默假设知识的溢出效应足够大，足以抵消由于固定生产要素存在而引起的知识资本边际产品递减的趋势，从而使知识投资的社会收益率保持不变或呈递增的趋势。假定有 N 个企业，每个企业都是同样的。知识存量是资本存量的增函数，所以可以用资本存量代表知识存量。对于单个企业，罗默给出了生产函数 $F\left[k\left(t\right), K\left(t\right), x\left(t\right)\right]$，其中 $k\left(t\right)$ 是以

资本存量代表的 t 时单个企业特有的知识投入，$x(t)$ 是 t 时该企业特有的实物投入向量，$K(t)$ 是 t 时经济的总知识水平，因此 $K(t) = N \cdot k(t)$。上述生产函数表明，任何一个企业的产出不仅是实物资本的函数，而且是知识投入的函数；产出水平不仅与企业自身的投入有关，而且与当时整个经济和总知识存量有关。罗默对这个生产函数做出了两个重要的假定：①给定 K 的值，F 是 k 和 x 的凹函数，并且不失一般性，可以假定 F 是 k 和 x 的一阶齐次函数，这意味着对单个企业而言，K 是固定的，其规模收益不变；②给定 x 的值，$F[k(t), N \cdot k(t), x(t)]$ 是 k 的凸函数，即知识的边际生产率递增，从而生产表现出规模收益递增。

对任意 $\varphi > 1$，$F(\varphi k, \varphi K, \varphi x) > F(\varphi k, K, \varphi x) = \varphi F(k, K, x)$，由于对整个经济系统来说 K 是可变的，整个经济表现出规模收益递增的特性（曾德文，2005）。

罗默以简单的 C-D 生产函数为例，人均产出的生产函数为：

$$f(k, K) = k^\nu K^\gamma \qquad (3-1)$$

$$f(k, K) = N^\gamma k^{\nu+\gamma} \qquad (3-2)$$

式中：ν、γ 分别是知识投入 k 和总知识水平 K 所占的份额。

令效用函数为 $\ln c(t)$，求解效用最大化函数，罗默得出如下增长率 g 的表达式：

$$g = \nu N^\gamma k^{\nu+\gamma-1} - \rho \qquad (3-3)$$

在规模收益递增的假定下有 $\nu + \gamma > 1$，则投资收益率 $N^\gamma k^{\nu+\gamma-1}$ 是递增的。虽然罗默（Romer，1986）的知识溢出模型并没有提出人力资本这一概念，但是罗默在生产函数中引入知识投入的概念，知识的溢出效应正是经济增长的主要因素。

（2）卢卡斯（Lucas，1988）的人力资本模型。卢卡斯强调产出依赖行业的平均技术水平，人力资本的外部作用表现在行业的平均技术水平上，而不是社会的人力资本积累。在卢卡斯的模型中，人力资本对产出水平产生影响，而人力资本增长率取决于行业平均技术水平（平均人力资本存量）加上本期内对人力资本的投入。人力资本作为生产要素，会有效提高经济中的实际投入，使产出水平上升。单个经济单位人力资本水平的提高，在对其产出做出贡献的同时，也会提高社会平均人力资本水平，促进社会的经济运行效率提高。卢卡斯的内生增长模型把整个经济分成两个部门，在第一个部门中，每个劳动者根据其拥有的物质资本（与产品同质）和一部分人力资本生产消费品；在第二个部门中，人力资本自我形成。假定每个劳动者的能力和贡献给人力资本的时间（可视作受教育和培训的时间）决定了他进一步获取知识的速度。模型还进一步假定，所有个人都是同质的，因而可以得到加总的生产函数和人力资本形成函数。

卢卡斯假定每一个生产者用一定比例 μ 的时间从事生产，还用 $1-\mu$ 比例的时间从事人力资本建设。这样，卢卡斯的生产函数是：

$$Y = AK^{\beta}(\mu Nh)^{1-\beta}h^{\gamma} \tag{3-4}$$

式中：A 表示技术水平，K 表示物质资本，β 表示物质资本生产弹性，N 是劳动力数量，h 是人均人力资本，h^{γ} 表示人力资本的外部效应递增。其技术进步方程式可以表达为：

$$\frac{\dot{h}(t)}{h(t)} = \delta[1 - u(t)] \tag{3-5}$$

求解效用最大化问题：

$$\max \int_{0}^{\infty} e^{-\rho t} \frac{c^{1-\sigma(1-t)}}{1-\sigma} N(t)\mathrm{d}t \tag{3-6}$$

卢卡斯最后也推导出了他的模型的均衡增长条件：

$$g = \frac{\dot{h}(t)}{h(t)} = \frac{(1-\beta)[\delta - (\rho - \lambda)]}{\delta(1-\beta+\gamma)-\gamma} \tag{3-7}$$

式中：λ 是劳动力增长率或人口增长率。这里经济的均衡增长率与 λ 有关，但是即使 λ 等于 0 或小于 0，经济的均衡增长仍然是有可能的。

内生增长理论认为，长期增长率是由内生因素解释的，也就是说，在劳动投入过程中包含因受正规教育和培训、在职学习等而形成的人力资本，在物质资本积累过程中包含因研究与开发、创新等活动而形成的技术进步，从而把技术进步等要素内生化，得到因技术进步的存在要素收益会递增进而长期增长率是正的结论。内生增长理论认为，经济增长取决于经济系统本身，而不是像新古典增长理论那样是外生的（张德生、傅国华，

2005）。罗默（Romer，1986）假定技术进步来源于知识积累，而知识积累又是厂商进行投资决策的副产品，这种知识积累在整个经济范围内存在溢出效应。正是这种溢出效应使得新古典增长理论中出现的资本边际生产率下降被抵消，从而经济实现了内生增长。但这个理论没有考虑资源的约束，一旦资源的折耗很高，那么知识积累的溢出效应是否还能够维持经济增长的可持续性，则不清楚（刘凤良、郭杰，2002）。然而，大量经验事实表明，资源的可消耗性对持续的经济增长起到严重的制约作用。在内生增长理论中，抵消资源耗竭对经济增长的负面影响只能依赖技术进步。

近年来的内生经济增长研究又复兴了新经济增长理论的研究，以Lucas、Grossman 和 Helpman 等为代表的经济学家，通过运用"边干边学"（learn by doing）模型、人力资本积累、R&D 理论等将技术进步内生化，从而很好地刻画了经济持续增长的内生机制。内生增长理论也找到进入资源与环境管理领域的途径，用内生增长模型研究经济可持续增长应是有待大力开拓的重要研究领域，这是因为内生增长模型不仅涉及技术进步，而且刻画了技术进步产生的内在机制。资源可持续发展与新经济增长理论的结合主要在于解决资源可持续发展管理中的一个基本决策问题：如何将资源在不同时点上的消费进行分配，同时资源的最优消费要求对资源进行可持续利用。特别地，对不可再生资源如煤炭、石油等而言，需要合理分配不同时期的资源使用量，应满足在考虑不可再生资源之间的有效配置及可再生资源合理替代不可再生资源的条件下，实现不可再生资源的最优耗竭，即使资源利用净效益现值最大化（马利民、王海建，2001）。由于现阶段技术水平的限制，人们还无法对有限的资源进行完全合理的分配与利用，加之资源普遍具有不可再生性，这种不可再生性决定了它们的稀缺性。因而资源约束始终是影响经济增长的一个重要原因。

3. 木桶理论与阈值约束

木桶理论作为著名的管理学和经济学原理，通俗的解释是：一只水桶能盛多少水，并非取决于最高的那块木板，而是取决于最短的那块木板。如果木桶中有一块最高的木板，但装下的水却不能达到这块木板的高度，即个体最优并不能达到整体最优，本书称之为"高板效应"；如果木桶中有一块短板，那这只木桶装下的水只能达到短板的高度，本书称之为"短板效应"；如果木桶的每块木板高度相同，但是相互粘贴不紧，出现缝隙，即便已经装满了水的木桶也会出现漏水现象，最终的容量也会减小，本书称之为"疏板效应"。

　　木桶理论从本质上来说也是一种约束理论，它主要反映的是在一定的约束条件下，事物运行最终所能达到的状态。这种约束具体来说表现为某个阈值，即约束理论中的"瓶颈"，木桶理论中的"短板"。将约束理论运用在"资源尾效"和"资源诅咒"的分析中，可以解释为，经济增长的快慢并不取决于影响经济增长的最优因素，而在于制约经济增长的因素。由于人口的巨大压力，自然资源如水资源、土地资源、矿产资源等的日益萎缩造成的资源环境约束，正在制约着经济发展。

　　假设经济发展仅仅需要高速的经济发展状态与良好的资源环境作为动力与保证，如果经济发展十分迅猛，但由于资源环境的约束，经济发展速度就会减缓，这就会产生"高板效应"。如果资源环境已经严重受损或资源变得十分稀缺，经济发展也只能受其影响放慢脚步，这就会产生"短板效应"。同理，在资源环境产生约束的条件下，由于有限的资源在各种生产用途中的分配不合理而使经济发展减慢，这就会产生"疏板效应"。如果把我国经济发展也比作一只木桶，那么，自然资源匮乏无疑是这只木桶上的短板。随着工业化、城市化建设步伐的加快，资源对经济发展的制约作用越来越明显，即其"瓶颈效应"越来越明显。在中国经济高速增长、城市化快步推进的背景下，资源的消耗也十分惊人。2003 年中国 GDP 约为 1.4 万亿美元，相当于世界 GDP 的 4%；但中国消耗的石油却相当于世界的 7.4%，原煤相当于世界的 31%，钢铁相当于世界的 27%。这使得中国能源消费与生产的差额呈现扩大的趋势（郝寿义，2005）。可见，资源短板是经济增长中不可忽视的约束力量。

　　4. 生态理论与容量约束

　　生态理论认为自然与人并非对立和分离的存在，而是与人一体化的有机整体的一部分，人及其意识都是自然环境的产物。当然，人类不是被动的存在，人具有主观能动性，人们可以把握自然规律、改造客观世界。但是人们不能违背自然规律，人们对客观世界的改造必须建立在尊重自然、顺应自然规律的基础之上。可见，经济发展与生态环境之间相互作用、相互影响：一方面，一个国家或地区经济发展水平的提高离不开生态环境的支撑，生态环境条件的好坏直接对其区域经济增长的速度和规模产生影响；另一方面，人类活动作用下的经济发展对生态环境施加压力，不仅从生态环境中索取资源，也源源不断地向环境排泄废物，所以区域经济发展不可避免地要改变生态环境的结构和功能，影响其演变过程（刘耀彬等，2005b）。由于环境对外部影响有一定的缓冲能力，因而在一定限度内，环境不会受到外部影响的破坏。环境的这种忍受或消除外部影响的能力被称作环境容量（environmental capacity）。环境容量随着时间、地点和利用方式的不同而呈现差异（孙宏伟，1997）。区域环境给居民提供必不可少的各种自然资源，提供舒适性环境的精神享受，还对人类活动产生的废物和废能量进行消纳和同化，如果自然环境遭受破坏，那么人类的生存就会受到威胁。因此，当环境的容量达到一个极限，其约束作用开始发挥，就会对经济增长过程产生影响。

二 "资源尾效"和"资源诅咒"的形成机制

1. "资源尾效"和"资源诅咒"的表现

自然资源是经济增长的物质基础，在农业经济和工业经济时代，自然资源对区域经济增长起着重要的作用。在知识经济时代，知识和技术已成为区域经济增长的内在核心因素，但自然资源在区域经济增长中的地位和作用是其他要素无法替代的，它仍是区域发展和产业分工的重要基础。因此，正确认识自然资源在知识经济时代对区域经济增长的作用，对较好地协调区域发展要素，合理配置区域资源，实行科学决策，促进区域经济的发展具有重要意义。自然资源对区域经济增长的重要作用主要体现在以下几个方面（岳利萍，2007）。

（1）自然资源影响区域经济增长速度。丰富优质的资源能使区域经济增长有一个稳定的基础，促进区域经济持续与健康的发展；反之，资源短缺，开发和利用难度大且质量差，经济的发展就会受到严重限制，整个区域经济发展的步伐也会受到较大影响。在人类社会发展初期，农业经济占有很大比重，狩猎、放牧、捕鱼和耕种等农业生产方式直接依赖自然资源，特别是共用的自然资源如水、土、光、热等，故而一个区域内有没有足够的自然资源，人们能不能利用好这些自然资源是当地区域经济能不能迅速发展的重要原因。在工业发展的初期，以冶炼、烧制和纺织为主的手工业在促进农业经济发展的同时，又受制于矿产资源或通过棉、丝、毛等农副产品而最终受制于自然资源的数量、质量、分布与特征。

该时期的主导产业门类属于自然资源密集型的产业门类，自然资源在该阶段作用强度是最大的，所以当地相关资源的富裕程度决定了该区域经济发展的速度。在工业化中后期，人们对地下资源的开发和利用以及采用的新技术、寻找到的可替代原始资源的新能源大大推进了区域经济发展的进程。但不论如何，当一个区域中拥有丰富优质的自然资源时，它的经济发展进程就站在了比别的地区更高的起点上。因为，基本的自然资源到目前为止还是不能完全替代与复制的，它们是区域经济发展中的助推力（岳利萍，2007）。

（2）自然资源影响区域经济发展格局。经济的发展格局包括经济体系中产业的构成及其相互关系，即产业结构以及生产力的时空布局。自然资源对产业结构的制约作用分为两方面，在时间尺度上表现为对产业结构演进的制约作用，在空间尺度上则表现为对产业结构形成与分布的制约作用。

（3）自然资源影响区域劳动生产率和劳动的地域分工。良好的自然资源条件有利于劳动生产率的提高，反之亦然。然而自然资源区域分布的不均衡是客观存在的，正是这种自然资源分布的区域差异形成了劳动地域分工的自然基础。自然资源对区域劳动生产率的巨大影响必然导致对劳动地域分工的影响。随着市场经济的不断深入发展，区域间的经济联系日益密切，能否充分发挥区域优势组织商品生产，就成为决定区域经济发展快慢的关键。那些自然条件优越、生产成本较低的区域生产的有关商品必然向相应的自然条件与自然资源不利、生产成本较高的区域流动，从而逐步形成一定规模的劳动地域分工。

（4）自然资源影响区域产业结构。影响区域产业结构的因素是多方面的，自然资源对它的影响是非常重要的，其往往成为区域产业结构形成与发展的物质基础，特别是在区域发展的初期，自然资源是影响区域产业形成与产业结构的决定性因素：①在自然资源特别是工业自然资源富集、自然资源组合良好的区域，区域产业结构是以自然资源可开发利用为基础形成的，随着区域自然资源的不断开发和经济发展水平的不断提高，自然资源对区域产业结构演变和升级的影响或制约作用也逐步加强；②在自然资源特别是矿产资源贫乏的区域，产业结构的形成与发展往往更多地依赖区位、交通、科技、信息和市场等条件。

（5）自然资源影响区域经济发展方式。自然资源是初始的、基本的劳动对象。因而，在一定意义上，可以用它来替代劳动对象，并从它与生产力的其他两个基本要素劳动者、劳动工具的结合上，阐述它对区域经济发展方式产生的影响。在区域经济发展方式的三个基本要素中：劳动者的科技文化水平、劳动技能等可以随着一代代无限提高；劳动工具的实体从根本上来说虽由物质资源构成，但它的性能却是人类知识的凝结，因而也是可以一代代无限提高的；作为劳动对象的部分不可再生的自然资源，则是用一点就会少一点，因而是有限的。所以，随着区域经济社会的发展，如果后备资源的开发跟不上生产扩大的需要，就会出现生产发展越快，资源供给越匮乏的现象，这就必然遏制生产力进一步发展的规模和速度。

在生产力三个基本要素的结合运动中，劳动者的劳动素质和生产工具的性能水平一般来说总是同向的，甚至是同步提高的；而自然资源的供给与前两者的运动方向则既可能是同向的，也可能是逆向的。如果与前两个要素保持同向运动，则经济就会一浪推一浪地快速向前发展。相反，排除社会需求等因素的制约倘若与前两者逆向运动，就会阻滞经济的发展。从自然资源出发，按照生产力三个基本要素的组合结构，可以将区域经济增长方式划分为以下五种类型（见表3-1）。①知识密集型。在第一类地区中，生产力的三个基本要素均处于优势状态，因而有着极大的经济发展潜力，区域经济增长对知识的依赖度更高。②资源密集型。在第二类地区中，虽然劳动力素质、生产技术水平处于劣势，但拥有丰富的资源，因而可以用后一者的优势弥补前两者的劣势，依赖资源利用经济迅速起飞。③劳动力密集型。在第三类地区中，虽然资源匮乏，但劳动力数量多、素质高，生产技术水平高，因而可以用后两者的优势弥补前者的劣势。在充分发达的市场经济中，通过大力发展对外贸易，进口资源，输出资本、技术、劳动力及制成品，在跨国范围内实现生产力诸要素的均衡配置，同样具有巨大的发展能量。④技术密集型。在第四类地区中，尽管资源匮乏、劳动力不足，但是技术开发成熟，因而可以通过技术引进、利用、开发方式走出一条新路。⑤路径依赖型。在第五类地区中，生产力的三个基本要素均处于劣势，因而实现区域经济现代化就没有什么优势可以凭借，需要改变现有的发展路径。

表 3-1 自然资源丰裕度与区域经济增长类型

自然资源丰裕度	劳动力丰裕度	技术开发度	经济增长类型
资源丰富	劳动力丰富	技术开发成熟	知识密集型
资源丰富	劳动力不足	技术开发落后	资源密集型
资源匮乏	劳动力丰富	技术开发成熟	劳动力密集型
资源匮乏	劳动力不足	技术开发成熟	技术密集型
资源匮乏	劳动力不足	技术开发落后	路径依赖型

2. 资源约束下的区域经济增长路径

（1）资源约束的生产函数。自然资源对区域经济增长有重要的支撑作用，没有充足的自然资源作保证，区域经济难以维持健康快速增长。为此，国内外众多学者针对自然资源约束区域经济增长进行了大量研究，通过构建资源环境约束模型来进行实证分析。虽然他们所采用的基础模型及前提假设存在比较大的差异，但从中提取的共同点是：这些基础模型都具有 C-D 生产函数的基本特征。为了简化研究不同自然资源条件对区域经济增长路径的差异约束，本书依然假设区域经济增长按 C-D 生产函数进行（岳利萍，2007；陈波翀、郝寿义，2005）：

$$F[R(t),L(t)] = AR(t)^{\alpha}L(t)^{\beta} \qquad (3-8)$$

式中：A、α、β、t 均为大于 0 的参数，$\alpha+\beta=1$，A 表示技术进步因素，α 为自然资源在区域经济增长中的重要性，β 为劳动力在区域经济增长中的重要性，t 表示时间；$R(t)$ 表示自然资源占有量，$L(t)$ 代表劳动力数量，$F[R(t),L(t)]$ 代表不同的自然资源和劳动力数量发展组合下的区域经济增长。

区域经济增长往往是以自然资源的消耗和劳动力的投入为代价的，因而自然资源与劳动力之间存在一种替代的关系，这在经济学中通常表现为一种"预算约束"：

$$R(t) = -aL(t) + b \qquad (3-9)$$

其中，a、b 均大于 0，$R(t)$ 表示自然资源占有量，$L(t)$ 代表劳动力数量。

某一时刻的区域经济增长一定会有一定的自然资源占有量和劳动力数量的预算约束与之相对应，在图形上表现为曲线（区域经济增长水平）与直线（预算约束）的切点。将这些切点相连接，得到的图形就是区域经济增长曲线。将式（3-8）、式（3-9）联立，得式（3-10）：

$$\begin{cases} F[R(t),L(t)] = AR(t)^{\alpha}L(t)^{\beta} \\ R(t) = -aL(t) + b \end{cases} \tag{3-10}$$

为求得切点的方程，构建拉格朗日函数：

$$\begin{cases} \tilde{L} = AR(t)^{\alpha}L(t)^{\beta} - \lambda[R(t) + aL(t) - b] \\ \dfrac{\partial \tilde{L}}{\partial L(t)} = \beta AL(t)^{\beta-1}R(t)^{\alpha} - \lambda a = 0 \\ \dfrac{\partial \tilde{L}}{\partial R(t)} = \alpha AL(t)^{\beta}R(t)^{\alpha-1} - \lambda = 0 \end{cases} \tag{3-11}$$

由式（3-11）得：

$$\frac{\alpha}{\beta} = \frac{R(t)}{aL(t)} \tag{3-12}$$

进一步得到资源约束下的区域经济增长方程：

$$R(t) = \sqrt[\alpha+\beta-1]{\frac{\lambda a^{\beta}\alpha^{\beta-1}}{A\beta^{\beta}}} \tag{3-13}$$

（2）资源有限供给条件下的区域经济增长。自然资源的供给有限是区域经济增长进程中，自然资源作为一种投入，促进了区域发展。不同的自然资源投入和劳动力条件促成了不同的区域发展水平，在一定比例的自然资源投入和劳动力投入情况下，区域经济增长会有一定的规模。在图3-3中，当自然资源占有量和劳动力数量的预算约束线为 $K(1)$ 时，区域经济增长水平为 $F(1)$，此刻两者相切于点 $G(1)$。在 $F(1)$ 的区域经济增长水平下，自然资源占有量为 $R(1)$，劳动力数量为 $L(1)$。随着自然资源的不断利用与开发，经济持续增长，自然资源占有量和劳动力数量的约束线推进为 $K(2)$，这里能达到区域经济增长水平 $F(2)$，两者相切于点 $G(2)$，以此类推。然而，自然资源的供给是有限的，总有一天无法替代，此时，无论劳动力数量投入多少，区域经济增长水平都停滞不前。在资源有限供给条件下，区域经济增长进程遭遇盲尾形状的"资源瓶颈"。单方面的劳动力投入已经不能满足更高区域经济增长的需求，区域经济增长水平只能停留在 $F(3)$ 的状态下。

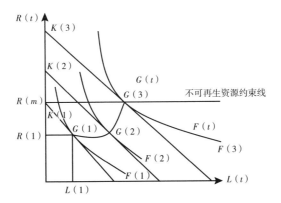

图 3-3 资源有限供给条件下的区域经济增长过程

资源有限供给条件下的区域经济增长进程 $G(t)$ 可以用方程表示如下：

$$\begin{cases} R(t) = \sqrt[\alpha+\beta-1]{\dfrac{\lambda a^{\beta} \alpha^{\beta-1}}{A\beta^{\beta}}} \\ R(t) \leqslant R(m) \end{cases} \quad\quad (3-14)$$

（3）资源无限供给条件下的区域经济增长。自然资源的无限供给是相对于其他影响区域经济增长的因素，例如投入生产中推动经济增长的资本供给，它的无限性体现在自然资源具有相对丰富的存量，即资源的可利用量不受其他外在因素的影响。由于现实社会的经济体中，资本和劳动力供给也都具有比较丰富的储备，因而经济从时间序列上来看也是在不断增长的。在自然资源无限供给的条件下，区域经济增长呈现"半抛物线"形特征，即区域经济增长进程一直上升，且上升速度越来越快。在图 3-4 中，当自然资源占有量和劳动力数量的预算约束线为 $K(1)$ 时，区域经济增长水平为 $F(1)$，此刻两者相切于点 $G(1)$。在 $F(1)$ 的区域经济增长水平下，自然资源占有量为 $R(1)$，劳动力数量为 $L(1)$。随着自然资源的不断利用与开发，自然资源占有量和劳动力数量的约束线推进为 $K(2)$，区域经济持续增长能达到 $F(2)$，两者相切于点 $G(2)$，以此类推。由于此处假设自然资源的供给是无限的，自然资源占有量和劳动力数量都无限增加，区域经济增长水平趋于无限可能性。

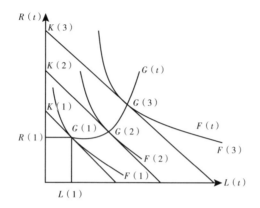

图 3-4　资源无限供给条件下的区域经济增长过程

资源无限供给条件下的区域经济增长进程 $G(t)$ 可以用方程表示如下：

$$\begin{cases} R(t) = \sqrt[\alpha+\beta-1]{\dfrac{\lambda a^{\beta}\alpha^{\beta-1}}{A\beta^{\beta}}} \\ R(t) \to +\infty \\ L(t) \to +\infty \end{cases} \qquad (3-15)$$

（4）资源级差供给条件下的区域经济增长。任何自然资源的存量都是有限的且开发与利用成本与日俱增，因而也表现出越来越明显的稀缺性。由于其生产成本和环境成本的提高，对于不同的自然资源，人们利用的代价自然也不一样。在自然资源级差供给条件下，区域经济增长呈现"S"形特征，总体而言向前发展，在一开始上升速度非常快，但在过了一个拐点之后，上升速度逐渐减慢，区域经济增长过程趋于缓慢。在图 3-5 中，当自然资源占有量和劳动力数量的预算约束线为 $K(1)$ 时，区域经济增长水平为 $F(1)$，此刻两者相切于点 $G(1)$。在 $F(1)$ 的区域经济增长水平下，自然资源占有量为 $R(1)$、劳动力数量为 $L(1)$。随着自然资源的不断利用与开发，自然资源占有量和劳动力数量的约束线推进为 $K(2)$，经济持续增长能达到区域经济增长水平 $F(2)$，两者相切于点 $G(2)$，以此类推。但是，当自然资源投入一定数量以后，由于其利用成本的改变，人们可能用更多的劳动力投入去替代它，在 $F(3)$ 之后，区域经济增长水平逐渐进入平稳阶段。

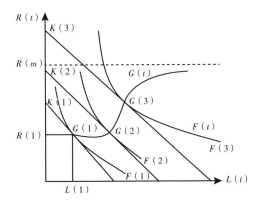

图 3-5 资源级差供给条件下的区域经济增长过程

资源级差供给条件下的区域经济增长进程 $G(t)$ 可以用方程表示如下：

$$
\begin{cases}
R(t) = \sqrt[\alpha+\beta-1]{\dfrac{\lambda a^{\beta}\alpha^{\beta-1}}{A\beta^{\beta}}} \\
R(t) < R(m) \\
L(t) \to +\infty
\end{cases}
\tag{3-16}
$$

三 资源约束下的区域经济增长规律

1. 资源约束下的区域经济非线性增长曲线

区域经济增长系统可以简单定义为相互作用的各个生产要素所构成的综合体。本节利用贝塔兰菲描述一般系统的方式，选取一组联立方程式进行表述（孟晓军，2008）。令 Q_i 表示要素群的某个测度，对于有限数目的要素，当处于极简单的情况下，有如下形式：

$$
\begin{cases}
\dfrac{\partial Q_1}{\partial t} = f_1(Q_1, Q_2, \cdots, Q_n) \\
\dfrac{\partial Q_2}{\partial t} = f_2(Q_1, Q_2, \cdots, Q_n) \\
\vdots \\
\dfrac{\partial Q_n}{\partial t} = f_n(Q_1, Q_2, \cdots, Q_n)
\end{cases}
\tag{3-17}
$$

式（3-17）表明，任何一个 Q_i 的变化都是从 Q_1 到 Q_n 之间所有的 Q 函数，任何一个的变化都会引起 Q_j 的变化（$j \neq i$，j，$i = 1$，2，$\cdots$，n），从而使整个系统发生变化。令 $n = 1$，即系统只有一种类型的元素，则简化为：

$$\frac{\mathrm{d}Q}{\mathrm{d}t} = f(Q) \tag{3-18}$$

式（3-18）可以展开为如下泰勒级数：

$$\frac{\mathrm{d}Q}{\mathrm{d}t} = a_1 Q + a_{11} Q^2 \tag{3-19}$$

当 a_{11} 很小时，可以只考虑级数的第一项，此时有：

$$\frac{\mathrm{d}Q}{\mathrm{d}t} = a_1 Q \tag{3-20}$$

式（3-20）的解为：

$$Q = Q_0 e^{a_1 t} \tag{3-21}$$

式（3-21）表明，经济系统在没有约束条件下会呈指数形式增长。但是，经济增长不可能无限制地以指数的形式增长，无论是新古典增长理论，还是新近兴起的内生增长理论都认为每个经济体各自有一个均衡增长路径。考虑到自然资源约束与环境容量限制，可以将区域经济增长过程看成两种增长过程的复合：①区域经济内在增长过程，当环境容量很大时，这种增长可以近乎指数形式增长（相当于资源无限供应条件下的经济增长）；②在自然资源约束和环境承载力限制下的区域经济增长过程。当人类影响资源环境的能力较小时，区域经济增长过程主要取决于其自然资源可获得的程度 R，它随着时间呈双曲线递减：

$$\begin{cases} Q = Q_0 e^{r(t-t_0)} \\ R = -\dfrac{1}{J_t} \end{cases} \tag{3-22}$$

其中，Q 是区域经济系统发展规模的测度指标，而 R 则为承载力 K 中可以利用的部分。其增长率分别为：

$$\begin{cases} \alpha = \dfrac{\mathrm{d}Q}{\mathrm{d}t} = rQ \\ \beta = \dfrac{\mathrm{d}R}{\mathrm{d}t} = -JR^2 \end{cases} \tag{3-23}$$

假设区域经济增长规模 X 与 Q、R 成正比，则有：

$$\frac{\mathrm{d}X}{\mathrm{d}t} = \frac{\mathrm{d}Q}{\mathrm{d}t} + \frac{\mathrm{d}R}{\mathrm{d}t} = rQ - JR^2 = rX\left(1 - \frac{X}{K}\right) \tag{3-24}$$

式（3-24）就是经典的 Verhulst Logistic 方程。其中，$J = \dfrac{r}{K}$ 为复合生态参数，它与内禀增长率 r 成正比，与资源环境承载力 K 成反比。同时 K 也是在资源约束下的区域经济增长最高发展水平，有 $\max X = K$。

为研究自然资源对区域经济增长过程和增长速度的影响，下面分别给出 X 和 $\dfrac{\mathrm{d}X}{\mathrm{d}t}$ 的曲线（见图3-6）。利用 Logistic 方程二阶导数和三阶导数为零的三个点 A_0、A_1 和 A_2，可将 Logistic 方程曲线划分为四个阶段，分别为起步期、成长期、成熟期和衰退期。

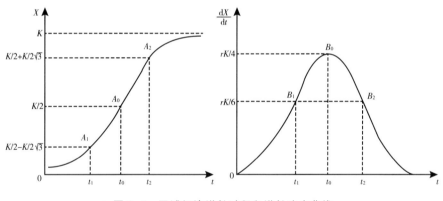

图3-6 区域经济增长过程和增长速度曲线

在起步期，区域经济增长的速度比较慢，逐渐上升到 $\dfrac{rK}{6}$；在成长期，区域经济处于迅速发展阶段，具有较高的增长速度，由 $\dfrac{rK}{6}$ 逐渐上升至 $\dfrac{rK}{4}$；在成熟期，区域经济增长速度虽然下降，但仍然保持着较高的速度（$\dfrac{\mathrm{d}X}{\mathrm{d}t} > \dfrac{rK}{6}$）；在衰退期，区域经济增长速度逐渐下降并趋于零，区域经济增长基本稳定。在起步期和衰退期区域经济增长水平 X 增长较小，在成长期和成熟期区域经济增长水平 X 增长较大，这两个时期可以看作资源约束作用下的区域经济快速增长阶段（见表3-2）。

表 3-2　资源约束下的区域经济 Logistic 发展曲线

t	X	dX/dt	发展时期	进程特征
$[0,t_1)$	缓慢上升	上升	起步期	进程缓慢
t_1	$K/2 - K/2\sqrt{3}$	$rK/6$ 拐点	转折	进程发生变化
(t_1,t_0)	迅速上升	上升	成长期	进程持续
t_0	$K/2$ 拐点	$rK/4$ 极大	转折	进程持续
(t_0,t_2)	继续上升	下降	成熟期	进程持续
t_2	$K/2 + K/2\sqrt{3}$	$rK/6$ 拐点	转折	进程持续
$(t_2,+\infty)$	趋于平稳	下降	衰退期	进程稳定

资料来源：笔者总结得到。

在每一轮经济增长过程中，应使区域发展尽可能较快地通过起步期和衰退期。通过调整区域内部结构、提高技术水平和改善外部环境，克服旧的限制因子。在如何消除"资源瓶颈"而继续推动生产的扩张理论上，存在两条突破本地"资源瓶颈"的路径。①外部扩张。致力于向外开拓后起地区的自然资源，通过产业转移将本地的闲置资本、失业劳动力与外地的自然资源结合起来投入生产。②内部扩张。致力于通过技术进步节约原有资源或发现新资源，从而扩大本地的自然资源存量，使本地经济摆脱原有的平衡增长路径。由此使区域发展从较低阶段跃升到较高层次，即形成发展的组合曲线。由式（3-25）可知，当 $X \to K$ 时，$dX/dt \to 0$。此时，区域经济增长基本稳定。而社会要求区域经济增长规模 X 不断增加，即要求区域系统要克服发展中的限制因素，改善外部条件，从而保证 $dX/dt > 0$：

$$\frac{dX}{dt} = \frac{dQ}{dt} + \frac{dR}{dt} = r_i(Q - K_{i-1})\frac{K_i - Q}{K_i} \quad i = 1,2,\cdots,m \qquad (3-25)$$

式中：$K_i = \sum_{j=1}^{i} K_j$，r_i 为对应于各个发展阶段的内禀增长率，K_i 为相应的资源环境容量。数学上，Logistic "S" 形曲线是收敛且趋于稳定的，但由多个 "S" 形曲线构成的复合 "S" 形曲线是发散的。可见，在资源有限约束和级差约束条件下的区域经济增长应该是一条组合 Logistic 曲线，尽管它在长时间尺度上看似平稳的发展过程，在短时间尺度上则存在波动（见图 3-7）。

从曲线形式看，它符合人类社会螺旋式前进的一般发展规律。该曲线

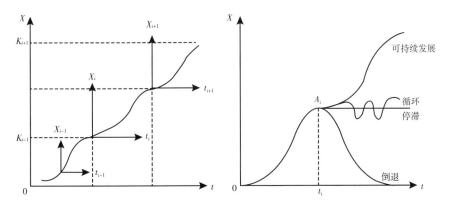

图 3-7　区域经济可持续发展和其他三种模式曲线

对应的方程就是资源约束下的区域经济增长规律，当然，由于受到自然资源约束及其因素影响，每一个区域的经济增长并不都是沿着可持续发展路径，在不同情况组合作用下可能出现可持续发展、循环、停滞、倒退四种类型。①当区域经济增长进入衰退期后，在资源约束下，就达到了演化模式的分叉点 A_i，城市化系统在 A_i 点的行为决定了它的命运是循环、停滞、倒退，还是可持续发展。②当区域经济增长进入成熟期后，限制因子（如资源短缺、污染加剧、体制束缚等）逐渐突出，使经济增长速度下降，到衰退期发展速度趋近于零。这时，要使区域经济继续增长就必须克服限制因子，使区域经济增长从较低质量层次跃迁到较高质量层次，进入下一轮发展。可见，自然资源在区域经济增长过程中既可以起着限制因子的作用，也可以作为利导因子，其持续、健康发展的关键在于协调好二者的关系。

2. 资源环境容量对区域经济持续发展的影响

继续对复合"S"形区域经济增长曲线进行分析，以便找到资源环境变化对区域经济持续发展的影响过程和方向。当然本书分析的前提是区域经济系统是完全自组织的过程，在这一增长过程中，成熟期（0，t_1）可认为区域经济增长是持续的，为此应尽量延长这一时期，而停滞和倒退两种类型的衰退期（t_1，$+\infty$）不可随意延长。因此，可以定义区域经济增长的持续性就是指区域经济增长水平和质量能够维持正常运转和继续增长至无限的将来，而不会因为资源环境压力和扰动而被迫衰退的性能（见图 3-8）。可见，可以通过对模型本身的参数进行分析，即通过延长区间（0，

t_1）使曲线进一步拓展，同时使区域经济增长尽量避免进入衰退期；或对区域经济系统自组织过程进行系统调控，使系统发展过程呈螺旋式上升，即步入良性循环轨道。

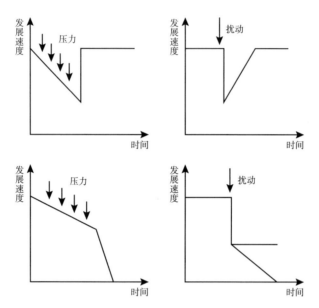

图 3-8　区域经济可持续发展和不可持续发展模式比较

第三节　"资源尾效"和"资源诅咒"的约束模型表达

一　"资源尾效"的约束模型表达

1. 建模思路

自然资源是区域经济增长过程中的基础和必要因素，从可持续发展的角度上讲，自然资源、环境等因素对长期经济增长至关重要。然而，现实世界中，自然资源数量有限，环境容量有度，任何试图进行一味地消耗资源和破坏环境来永久性增加产出的路径都是行不通的，注定最终将资源耗尽。所以资源有限性所施加的限制以及环境污染等问题都有可能构成可持续发展的约束。大量学者将可耗竭资源纳入新古典增长模型，考察在有限的资源存量的约束下能否保持经济增长无限地持续下去。新古典增长理论将经济增长的动力归为无法解释的外在技术进步。在 20 世纪 80 年代中期，以罗默、卢卡斯等一批经济学家为代表，掀起了以内生技术变动为核心的新经济增长理论的研究热潮，克服了新古典技术外生的不足，将技术进步内生化，很好地刻画了经济增长的动力机制。本书试图将资源和环境纳入人力资本积累的内生经济增长模型，研究资源约束下的内生经济增长。试图通过动态优化方法，求出考虑资源和环境约束下模型的均衡解。再用同样的思路，求出不考虑资源约束下模型的另一个均衡解，并将两个均衡解进行求差就得出资源对区域经济增长的"资源尾效"的大小。

卢卡斯在其增长模型中引入了人力资本因素。他认为，人力资本不同于劳动力，人力资本是可以积累的，而劳动力是不可积累。人力资本表现为新一代比老一代更聪明。他在模型中讨论了经济持续增长的条件和平衡增长率等结论，但模型中并没有考虑到资源环境的利用。本书在借鉴已有学者研究成果的基础上，将自然资源利用纳入内生增长理论中去，构建出自然资源约束下的内生经济增长模型，进而通过最优化理论函数求出均衡解，得到经济增长的"资源尾效"模型。

2. 模型假设

（1）假设经济体是封闭的，并且规模报酬不变。

（2）假设经济产出的高低直接影响社会公民的福利，对于个人就是追求效用最大化；而对于整个社会计划者，各个效用函数可以累加，该问题就成了追求社会效用最大化。

（3）资源是经济生产所必需的和基本的要素，即经济学中所谓的"没有免费的午餐"。资源生产要素与经济产出之间满足经济学关于生产要素的基本假设，即 y 是关于 r 的增函数且边际生产力递减。

（4）在经济生产过程中只有一种产品，且只有一类资源，环境污染物也只有一类，这里不考虑消费产生的污染，仅考虑生产过程中资源消耗产生的污染。将生产过程中产生的环境污染物视为生产中资源消耗产生的副产品，从而纳入生产函数成为经济增长函数的内生变量，对经济产出产生负效应。

（5）长期发展过程中人均资源存量非负增长，意味着人均资源存量随时间推进保持不变（不可再生资源）或随时间推进而增加（可再生资源）。

3. 模型结构

（1）"资源尾效"的模型求解。为了使问题简化，本书假定劳动力为常数，并标准化为 1，每个生产者都将以一定的比例 u 的时间来从事生产，如果该生产者从事生产、学习及培训等的时间为一个单位，则每个生产者都将以 $1-u$ 的比例的时间从事人力资本建设（如接受教育、培训等），则人力资本变动的方程可以表示为：

$$\dot{h} = B(1 - u)h \qquad (3 - 26)$$

式中：$\dot{h}$ 为人力资本的变化率，B 为正常数，表示"学习生产率"参数。将资源和环境纳入生产函数并假设为 C-D 生产函数，这样人均产出可以表示为（吴巧生、成金华，2009）：

$$y = Ak^{\alpha} (uh)^{\beta}r^{\gamma}p^{-\eta} \qquad (3 - 27)$$

式中：A 为技术参数，k 是人均物质资本，r 为人均资源投入，p 为人均污染物。$0<\alpha$、β、γ、$\eta<1$，这里的环境污染对人均产出是负效应，所以其弹性系数 η 前面加上负号。

为计算方便，假定规模报酬不变，所以：

$$\alpha + \beta + \gamma - \eta = 1 \qquad (3 - 28)$$

假定人均物质资本满足如下变化方程：

$$\dot{k} = Ak^{\alpha} (uh)^{\beta}r^{\gamma}p^{-\eta} - c - \delta k \qquad (3 - 29)$$

式中：c 为人均消费，δ 为资本折旧率，$\dot{k}$ 为人均物质资本变化率。

根据假设，资源是经济生产所必需和基本的要素，即 $r=0$ 时，$y=0$；若 $y>0$，则 $r>0$。这一假设的合理性从经济学角度来看是明显的，即经济学中所谓的"没有免费的午餐"。由于假定经济产出即 y 是关于资源生产要素 r 的增函数且边际生产力递减。在保证经济可持续增长的前提下，由于本书定义长期发展过程中人均资源存量 s 非负增长，人均资源存量非负增长意味着人均资源存量随时间推进保持不变（不可再生资源）或随时间推进而增加（可再生资源）。所以人均资源存量的变动方程可以表示为：

$$\dot{s} = vs - r \qquad (3 - 30)$$

式中：s 表示人均资源存量变化率，v 为资源再生率，r 为当期的人均资源投入量。当资源为不可再生资源时，资源再生率 $v=0$；当资源为可再生资源时，资源再生率 $v>0$。

对于环境约束，由于本书只考虑生产过程中自然资源开发利用产生的污染，因此对消费产生的污染暂时不考虑。将生产过程中产生的环境污染物视为资源消耗产生的副产品，其被纳入生产函数成为城市化水平函数的内生变量，对经济产出产生负效应，因此，产出函数是关于环境污染的减函数。

假定环境污染流量方程可以表示为：

$$p = \sigma r^\lambda \sigma, \lambda > 0 \tag{3-31}$$

式中：p 指环境污染流量，r 指当期人均资源投入消耗量，λ 指资源消耗带来的污染弹性。人均资源消耗得越多，带来的人均污染物也随之相应增多。

由于假设经济产出的高低直接影响社会公民的福利，对于社会计划者，该问题就变为求解效用最大化，在一般的增长模式中，社会福利只是消费效用的函数，社会福利最大化也就是消费效用最大化。因此，该问题就变成求解效用最大化：

$$\max u = \max \int_0^\infty \frac{c^{1-\varepsilon}-1}{1-\varepsilon} e^{-\rho t} \mathrm{d}t, \varepsilon, \rho > 0, \varepsilon \neq 1 \tag{3-32}$$

式中：u 为效用，c 为人均消费，ρ 为效用贴现率，为正数，ε 为跨时替代弹性系数。

式（3-32）的约束条件为式（3-29）、式（3-30）、式（3-31）。

根据最优控制理论，构造现值 Hamilton 函数：

$$H = \frac{c^{1-\varepsilon}-1}{1-\varepsilon} + \theta_1 [Ak^\alpha (uh)^\beta r^\gamma p^{-\eta} - c - \delta k] + \theta_2(vs - r) + \theta_3(1-u)Bh \tag{3-33}$$

其中，p 可以被 σr^λ 替代，则 Hamilton 函数变为：

$$H = \frac{c^{1-\varepsilon}-1}{1-\varepsilon} + \theta_1 [Ak^\alpha (uh)^\beta r^\gamma \sigma^{-\eta} r^{-\lambda \eta} - c - \delta k] + \\ \theta_2(vs - r) + \theta_3(1-u)Bh \tag{3-34}$$

控制变量 $c \geqslant 0$、$u \in [0, 1]$、$r \geqslant 0$ 与状态变量 k、s、h 的一阶条件分别为：

$$\frac{\partial H}{\partial c} = c^{-\varepsilon} - \theta_1 = 0 \qquad (3-35)$$

$$\frac{\partial H}{\partial u} = \beta \theta_1 A k^{\alpha} u^{\beta-1} h^{\gamma-\lambda\eta} r^{-\eta} \sigma^{-\eta} - \theta_3 Bh = 0 \qquad (3-36)$$

$$\frac{\partial H}{\partial r} = (\gamma - \lambda\eta) \theta_1 A k^{\alpha} (uh)^{\beta} r^{\gamma-\lambda\eta-1} \sigma^{-\eta} - \theta_2 = 0 \qquad (3-37)$$

$$\dot{\theta}_1 = \rho\theta_1 - \frac{\partial H}{\partial k} = \rho\theta_1 - \theta_1 [\alpha A k^{\alpha-1} (uh)^{\beta} r^{\gamma-\lambda\eta} \sigma^{-\eta} - \delta] \qquad (3-38)$$

$$\dot{\theta}_2 = \rho\theta_2 - \frac{\partial H}{\partial s} = \rho\theta_2 - v\theta_2 \qquad (3-39)$$

$$\dot{\theta}_3 = \rho\theta_3 - \frac{\partial H}{\partial h} = \rho\theta_3 - \beta\theta_1 A k^{\alpha} u^{\beta} h^{\beta-1} r^{\gamma-\lambda\eta} \sigma^{-\eta} + \theta_3 B(1-u) \qquad (3-40)$$

式中：θ_1、θ_2、θ_3 分别是人均物质资本、人均资源投入和人均人力资本的影子价格，其横截性条件为：

$$\begin{cases} k(t) \geqslant 0, s(t) \geqslant 0, h(t) \geqslant 0 \\ \lim_{t \to \infty} u_1(t) k(t) e^{-\rho t} = 0 \\ \lim_{t \to \infty} u_2(t) s(t) e^{-\rho t} = 0 \\ \lim_{t \to \infty} u_3(t) h(t) e^{-\rho t} = 0 \end{cases} \qquad (3-41)$$

为方便求出均衡解和运算，本书令 g_I 为各个变量的增长率，即 $g_I = \dfrac{\dot{I}}{I}$，则有：

$$g_h = \frac{\dot{h}}{h}, g_s = \frac{\dot{s}}{s}, g_k = \frac{\dot{k}}{k}, g_{\theta_1} = \frac{\dot{\theta}_1}{\theta_1}, g_{\theta_2} = \frac{\dot{\theta}_2}{\theta_2}, g_{\theta_3} = \frac{\dot{\theta}_3}{\theta_3} \qquad (3-42)$$

根据动态优化理论，经济社会最优增长路径下，各个变量的增长速度呈现均衡的特性。显然根据各个变量的约束方程可以求得各个变量在稳态中的增长率，进而分析各种参数如何影响这些增长率，可以发现怎样才能实现资源环境和城市的可持续发展。

由式（3-26）、式（3-29）、式（3-30）分别可以得到人均人力资本增长率 g_h、人均物质资本增长率 g_k 和人均资源投入增长率 g_s：

$$g_h = \frac{\dot{h}}{h} = B(1-u) \qquad (3-43)$$

$$g_k = \frac{\dot{k}}{k} = Ak^{\alpha-1}(uh)^\beta r^{\gamma-\lambda\eta}\sigma^{-\eta} - \frac{c}{k} - \delta = \frac{y}{k} - \frac{c}{k} - \delta \qquad (3-44)$$

$$g_s = \frac{\dot{s}}{s} = v - \frac{r}{s} \qquad (3-45)$$

由于稳态下各变量的增长率为常量，y/k 为常数，c/k 为常数，r/s 为常数，即：

$$g_y = g_k = g_c \qquad (3-46)$$

$$g_r = g_s \qquad (3-47)$$

再将 $y = Ak^\alpha(uh)^\beta r^\gamma p^{-\eta}$ 两边同时对时间求导得：

$$g_y = \alpha g_k + \beta g_h + (\gamma - \lambda\eta)g_r \qquad (3-48)$$

由式（3-46）、式（3-48）可继续推出 $(1-\alpha)g_y = \beta g_h + (\gamma-\lambda\eta)g_r$，则：

$$g_y = \frac{\beta g_h + (\gamma - \lambda\eta)g_r}{1-\alpha} \qquad (3-49)$$

由式（3-35）~式（3-40）可求得：

$$g_{\theta_1} = \frac{\dot{\theta_1}}{\theta_1} = -\varepsilon\frac{\dot{c}}{c} = -\varepsilon g_c \qquad (3-50)$$

$$g_{\theta_1} + \alpha g_k + (\beta - 1)g_h + (\gamma - \lambda\eta)g_r = g_{\theta_3} \qquad (3-51)$$

$$g_{\theta_1} + \alpha g_k + \beta g_h + (\gamma - \lambda\eta - 1)g_r = g_{\theta_2} \qquad (3-52)$$

$$g_{\theta_3} = \frac{\dot{\theta_3}}{\theta_3} = \rho + B(1-u) - \frac{\theta_1\beta y}{h\theta_3} \qquad (3-53)$$

$\frac{\theta_1 y}{h\theta_3}$ 为常数，对其求导整理可得：

$$g_{\theta_1} + g_y = g_h + g_{\theta_3} \qquad (3-54)$$

$$g_{\theta_2} = \frac{\dot{\theta_2}}{\theta_2} = \rho - v \qquad (3-55)$$

由式（3-47）~式（3-52）可求得：

$$g_y = \frac{(\gamma - \lambda\eta)(v - \rho) + \beta g_h}{(1 - \alpha) - (1 - \varepsilon)(\gamma - \lambda\eta)} \qquad (3-56)$$

从式（3-56）可知纳入人力资本的内生增长模型存在均衡解，模型在长期内趋于稳定，故探讨该模型在长期内的增长"尾效"有意义。为了进一步探讨内生经济增长下的"尾效"，考虑平衡增长路径，由式（3-56）得到：

$$g_y = \frac{\beta g_h + \gamma g_r - \eta g_p}{1 - \alpha} \qquad (3-57)$$

从式（3-57）可以看出：人均产出的增长率与物质资本弹性系数 α、资源消耗弹性系数 γ、人力资本弹性系数 β 和人力资本增长率 g_h 成正比，与环境污染弹性系数 η 成反比。

（2）"资源尾效"的经济学含义。作为一种简化，假定经济增长中总的"资源尾效"等于自然资源和环境污染对经济增长"尾效"之和。如果考察区域经济增长中资源环境要素包括能源、土地资源、水资源和环境污染，相应的资源 r 的弹性系数 γ 可以分别表述为 γ_e、γ_t、γ_w、η。根据经济学分析方法，这种简化当然包括两种情形：①从长期看，假设单位劳动力拥有的土地资源和水资源始终保持不变，总的能源数量不变，得到能源对经济增长的"尾效"，即能源不受限制与能源受到限制情形下的单位劳动力产出增长率之差，有 $Drag_e^g = \frac{\beta g_h + \beta g_L + \gamma_e n}{1 - \alpha} - \frac{\beta g_h + \beta g_L}{1 - \alpha} = \frac{\gamma_e n}{1 - \alpha}$，同理可得土地资源的"尾效"为 $Drag_t^g = \frac{\beta g_h + \beta g_L + \gamma_t n}{1 - \alpha} - \frac{\beta g_h + \beta g_L}{1 - \alpha} = \frac{\gamma_t n}{1 - \alpha}$，水资源的"尾效"为 $Drag_w^g = \frac{\beta g_h + \beta g_L + \gamma_w n}{1 - \alpha} - \frac{\beta g_h + \beta g_L}{1 - \alpha} = \frac{\gamma_w n}{1 - \alpha}$；②假设人均劳动力环境污染量增长与人均劳动力环境污染量不变的情况下，得到污染不受限制与受到限制情形下的单位劳动力产出增长率之差，有 $Drag_p^g = $

$$- \left(\frac{\beta g_h + \beta g_L + \eta n}{1-\alpha} - \frac{\beta g_h + \beta g_L}{1-\alpha} \right) = -\frac{\eta n}{1-\alpha}$$。由此可得能源、土地资源、水资源、

环境污染对经济增长的"尾效"之和为：

$$Drag_{etwp}^{g} = \frac{(\gamma_e + \gamma_t + \gamma_w - \eta)n}{1-\alpha} \tag{3-58}$$

从式（3-58）可知：资源环境对经济增长的"尾效"大小不仅与物质资本弹性系数 α、劳动力增长率 n 密切相关，还与能源、土地资源、水资源的生产弹性系数大小成正比，与环境污染的产出弹性系数大小成反比。

二　"资源诅咒"的约束模型表达

1. 建模思路

在一国内部的区域层面，一些学者也通过实证考察发现了"资源诅咒"效应的存在。Papyrakis 和 Gerlagh（2006）的截面数据实证检验结果表明，"资源诅咒"效应同样存在于美国这样一个经济高度发达的国家。徐康宁和王剑（2006）、胡援成和肖德勇（2007）均使用省际面板数据得出了我国各地区的资源禀赋水平与经济增长之间呈显著的负相关、"资源诅咒"效应在我国区域层面同样存在的结论。学者们从不同角度对"资源诅咒"现象提出了各种理论解释。Gylfason（2001）认为由于自然资源提供了一种持续性的财富源泉而使人们减少了对现有资本转移到未来的需求，所以丰富的自然资源会降低储蓄和投资的需要。Gylfason 和 Zoega（2006）认为在资源繁荣的条件下，资源丰裕地区的政府或家庭过分自信而没有形成对高水平教育的需求，他们相信自然资源是最重要的资产，是一种安全的保障，而忽略了人力资本的积累。然而，相比之下，学者们较少基于内生增长理论对其进行实证和解释。显然，内生增长理论将人力资本差异性视为增长的关键因素之一，因此资源开发对人力资本的挤出效应更应得到充分重视。Sachs 和 Warner（2001）较早地对此给予了关注，认为开发自然资源会吸引潜在创新者和企业家从事初级产品生产而挤出企业家行为和创新行为，可惜的是他们并没有对这一思想进行进一步的经济理论分析。Papyrakis 和 Gerlagh（2004b）从内生增长理论的视角，给出了资源开发对 R&D 行为挤出效应的一种解释，但他们并没有考虑资源丰裕地区自身对自然

资源的利用以及开采成本问题。邵帅和齐中英（2009）以 Romer（1990）的 R&D 内生增长模型为基本框架，将能源作为基本生产要素加入最终产品部门生产函数，并引入一个纯资本密集型的能源开发部门，建立了一个能源输出型城市的四部门内生增长模型，对能源开发与 R&D 行为之间的关系进行了动态均衡分析和比较静态分析，并利用来自 36 个中国典型的能源输出型城市的面板数据对理论推断进行了实证考察，从"资源诅咒"学说的视角为目前我国能源输出型城市普遍存在的经济衰退等问题提出一种机理解释，进而为该类城市的经济发展提供一定的理论支持。

为了深入全面理解自然资源与城市化的关系，本书在借鉴以上文献的基础上，通过构建一个两部门的内生增长模型，利用均衡分析，寻找制约自然资源"诅咒"的因素，进而从理论上对自然资源与区域经济增长之间的悖论关系进行初步分析，并为实证分析奠定理论基础。

2. 模型假设

（1）市场处于一个封闭但自由竞争的经济环境中。

（2）消费者具有同质性且具有无限的时间观念，无弹性地提供劳动。

（3）消费者普遍为风险厌恶者。

（4）整个经济社会是理性的，生产者追求利润最大化，消费者追求效用最大化。

（5）环境要素不变，仅考虑自然资源的约束。

（6）经济生产规模报酬不变。

3. 模型结构

（1）生产函数。经济体规模报酬不变的生产函数为：

$$y = Ak^{\alpha} l^{\beta} r^{\gamma} h^{1-\alpha-\beta-\gamma} \tag{3-59}$$

式中：生产投入的要素有既定的社会技术存量 A、人均物质资本 k、人均劳动力 l、人均资源投入 r 和人均人力资本 h。其中，k、l、r 和 h 为区域主体拥有的四种要素，其输入量分布状况取决于要素成本 w_k、w_l、w_r、w_h 的大小。

（2）社会偏好。所有消费者都是理性的，且其决策是相同的，其标准的固定弹性效用函数为：

$$U(c) = \int_0^\infty \frac{c^{1-\sigma} - 1}{1 - \sigma} e^{-\rho t} dt \qquad (3-60)$$

式中：c 表示个人的瞬时消费；$\rho > 0$，为消费者的主观时间偏好率；$\sigma \geq 0$，为边际效用弹性，是跨期替代弹性的倒数。通过构建 Hamilton 函数求最大值的方法可以得到 Ramsey 规则，即：

$$g_c = \frac{\dot{c}}{c} = \frac{w - \rho}{\sigma} \qquad (3-61)$$

其中，w 为市场利率。

（3）均衡分析。生产部门追求利润最大化的行为满足：

$$\max_{k,l,r,h} \pi = \max_{k,l,r,h} [y - w_k k - w_l l - w_r r - w_h h] \qquad (3-62)$$

其一阶条件分别为：

$$w_k = \alpha A k^{\alpha-1} l^\beta r^\gamma h^{1-\alpha-\beta-\gamma} \qquad (3-63)$$

$$w_l = \beta A k^\alpha l^{\beta-1} r^\gamma h^{1-\alpha-\beta-\gamma} \qquad (3-64)$$

$$w_r = \gamma A k^\alpha l^\beta r^{\gamma-1} h^{1-\alpha-\beta-\gamma} \qquad (3-65)$$

$$w_h = (1 - \alpha - \beta - \gamma) A k^\alpha l^\beta r^\gamma h^{-(\alpha+\beta+\gamma)} \qquad (3-66)$$

在均衡情况下，各要素成本是一致的。结合式（3-63）与式（3-65）有：

$$\frac{k}{r} = \frac{\alpha}{\gamma} \qquad (3-67)$$

$\frac{k}{r}$ 表示每单位人均自然资源的资本配置效率，而 γ 表示资源的依赖度，式（3-67）说明在其他因素不变的情况下，经济发展对资源的依赖度越高时，其资本配置效率反而越低，这暗示"资源诅咒"可能存在。

结合式（3-65）与式（3-66）得：

$$\frac{h}{r} = \frac{1 - \alpha - \beta - \gamma}{\gamma} = \frac{1 - \alpha - \beta}{\gamma} - 1 \qquad (3-68)$$

$\frac{h}{r}$ 表示每单位人均自然资源的人力资本配置效率，式（3-68）说明在其他因素不变的情况下，经济发展对资源的依赖度越高时，其人力资本配置效率反而越低，这也暗示"资源诅咒"可能存在。

结合式（3-63）与式（3-64）、式（3-64）与式（3-65）分别得：

$$\frac{k}{l} = \frac{\alpha}{\beta} \qquad (3-69)$$

$$\frac{l}{r} = \frac{\beta}{\gamma} \qquad (3-70)$$

经济主体决策的结果是使各要素收益趋于一致，因此可以推出均衡条件下的资本收益满足：

$$w = \frac{w_k + w_l + w_r + w_h}{4} \qquad (3-71)$$

结合式（3-63）、式（3-64）、式（3-65）、式（3-66）和式（3-71）可得：

$$w = \frac{y}{4}\left(\frac{\alpha}{k} + \frac{\beta}{l} + \frac{\gamma}{r} + \frac{1-\alpha-\beta-\gamma}{h}\right) \qquad (3-72)$$

结合式（3-61）与式（3-72）可得：

$$g_c = \frac{1}{\sigma}\left[\frac{y}{4}\left(\frac{\alpha}{k} + \frac{\beta}{l} + \frac{\gamma}{r} + \frac{1-\alpha-\beta-\gamma}{h}\right) - \rho\right] \qquad (3-73)$$

居民消费水平是衡量经济增长的重要指标。因此，可以通过考察居民人均消费水平与自然资源之间的关系来探究经济增长与自然资源之间的关系问题。人均消费增长对自然资源求偏导，可得：

$$\frac{\partial g_c}{\partial r} = \frac{y}{4\sigma}\left[\frac{\alpha\gamma}{kr} + \frac{\beta\gamma}{lr} + \frac{\gamma(\gamma-1)}{r^2} + \frac{\gamma(1-\alpha-\beta-\gamma)}{hr}\right] \qquad (3-74)$$

人均消费增长对自然资源求二次偏导，可得：

$$\frac{\partial^2 g_c}{\partial r^2} = \frac{\gamma(\gamma-1)y}{4\sigma}\left[\frac{\alpha}{kr^2} + \frac{\beta}{lr^2} + \frac{\gamma-2}{r^3} + \frac{(1-\alpha-\beta-\gamma)}{hr^2}\right] \qquad (3-75)$$

也即：

$$\frac{\partial^2 g_c}{\partial r^2} = \frac{\gamma(\gamma-1)y}{4\sigma r^3}\left[\frac{\alpha r}{k} + \frac{\beta r}{l} + (\gamma-2) + \frac{(1-\alpha-\beta-\gamma)r}{h}\right] \qquad (3-76)$$

结合式（3-67）、式（3-68）、式（3-70）和式（3-76）可得：

$$\frac{\partial^2 g_c}{\partial r^2} = \frac{\gamma(\gamma - 1)(4\gamma - 2)y}{4\sigma r^3} \tag{3-77}$$

4. "诅咒"讨论

依据式（3-67）和式（3-68）所隐含"资源诅咒"可能存在的结论，以下分别从物质资本和人力资本两个方面考虑区域经济增长中的资源约束问题。

（1）如果自然资源影响区域经济增长进程受制于物质资本这一门槛，以 h 为不变量，令式（3-74）等于0，可得：

$$k^* = \frac{\gamma(\alpha + \beta + \gamma - 1)h}{(1 - \alpha - \beta - \gamma)(3\gamma - 1)} \tag{3-78}$$

$$k^* = \frac{\gamma h}{(1 - 3\gamma)} \tag{3-79}$$

要使 $k^* > 0$，则必须满足 $0 < \gamma < \frac{1}{3}$，此时式（3-77）恒等于0。由此可知，存在且唯一的 k^*，使生产部门关于自然资源函数取得最小值，进一步说明在这一临界值两边，经济增长与自然资源之间的关系是不一致的，即当 $0 < k < k^*$ 时，"资源诅咒"是存在的。据此，本书可以得到命题1。

命题1：如果区域经济增长进程对资源依赖度越高，其物质资本配置效率反而越低。而当人均物质资本投入不足之时，资源禀赋水平越高，其区域经济增长速度越慢。

从命题1可知，在自然资源禀赋优越的区域，由于区域经济增长对资源过于依赖，以固定资产为主的物质资本投资在一定程度上被挤出了，致使人均物质资本不足，引起区域经济增长进程在人均资源增加投入的条件下其速度反而放缓，即"资源诅咒"。

（2）如果自然资源影响区域经济增长进程受制于人力资本这一门槛，以 k 为不变量，令式（3-74）等于0，可得：

$$h^* = \frac{\gamma(\alpha + \beta + \gamma - 1)k}{\alpha\gamma + \frac{\beta\gamma k}{l} + \frac{\gamma(\gamma - 1)k}{r}} \tag{3-80}$$

结合式（3-67）、式（3-69）和式（3-80）可得：

$$h^{*} = \frac{\gamma(\alpha + \beta + \gamma - 1)k}{\alpha(3\gamma - 1)} \qquad (3-81)$$

式中：$\alpha + \beta + \gamma - 1 < 0$，要使 $h^{*} > 0$，则必须满足 $0 < \gamma < \frac{1}{3}$，此时式（3-77）恒等于 0。由此可知，存在且唯一的 h^{*}，使生产部门关于自然资源函数取得最小值，进一步说明在这一临界值两边，经济增长与自然资源之间的关系是不一致的，即当 $0 < h < h^{*}$ 时，"资源诅咒"是存在的。据此，本书可以得到命题 2。

命题 2：如果区域经济增长进程对资源依赖度越高，其人力资本配置效率反而越低。而当人均人力资本投入不足之时，资源禀赋水平越高，其区域经济增长速度越慢。

从命题 2 可知，在自然资源禀赋优越的区域，由于区域经济增长对资源过于依赖，人力资本在一定程度上被挤出了，致使人均人力资本不足，引起区域经济增长进程在人均自然资源增加投入的条件下其速度反而放缓，即"资源诅咒"。

第四节 "资源尾效"和"资源诅咒"的
动态转换模型表达

一 建模思路

从前面对不同自然资源的特征和不同资源约束对区域经济增长的约束情况分析来看，自然资源对区域经济增长的约束作用产生的机制是不相同的。在对区域经济增长中的自然资源约束作用分析中，主要研究的是水土资源和矿产资源对经济增长的约束作用，而这两类资源的特征以及对经济增长的约束产生的机制是不相同的。显然，针对这两类资源的理论和实证分析是存在差异的。①水土资源在一定程度上是不可或缺的资源，一个区域或者经济体在经济增长中水资源和土地资源是不可或缺的，只是不同区域或经济体水土资源的丰裕度不同，有的地区水土资源充足，有的地区水土资源稀缺，可以将水土资源定义为分散型自然资源。此外，水资源有一定的循环性,土地资源属于不可再生资源,并且土地资源不能在区域之间转移,所以在一定区域水土资源总量的变化是不会太大的。②矿产资源主要集中在几个省份,而其他省份的矿产资源的储量都非常少,可以将之定义为集中型自然资源。而一般矿产资源较为丰裕的地区会形成资源型城市,资源型城市的生命周期会随着资源的不断开采而缩短,而资源丰裕度的不断变化会使得其对该地区经济增长产生不同的约束作用,而且矿产资源属于不可再生资源,随着矿产资源的不断开采其必定会走向枯竭。显然,矿产资源对经济增长的约束作用主要表现在资源量上的变化。

为了深入全面理解两类自然资源约束所产生的"资源尾效"和"资源诅咒"及其动态转换关系,本书在借鉴以上理论分析的基础上,通过宏观生产理论将"资源尾效"和"资源诅咒"置于一个系统内部考虑,讨论"资源尾效"和"资源诅咒"的动态转换机制,并为实证分析奠定模型基础。

二 "资源尾效"和"资源诅咒"的系统界定

学者们将"资源尾效"定义为由于资源的约束而使得经济增长速度相比较于无资源约束下经济增长速度降低的程度,其大小为两种情况下经济增长速度之差,对"资源尾效"的研究一般是利用经济增长理论模型推导并计算出"资源尾效"的大小。而"资源诅咒"的定义则是认为丰裕的自然资源反而限制了经济增长,对"资源诅咒"的研究都是通过分析资源依赖度与经济增长之间的相关关系。"资源尾效"和"资源诅咒"可以认为是资源的相对不足和相对过剩阻碍了经济的增长。由于对"资源尾效"和"资源诅咒"的研究方法并不相同,所以为了研究"资源尾效"和"资源诅咒"之间的转换机制,首先要统一二者的研究方法,不管是自然资源不足还是自然资源丰裕,只有通过影响生产才能制约区域经济增长,所以本书利用宏观生产理论对"资源尾效"和"资源诅咒"给出新的解释。

假定一个经济社会在一定技术条件下使用总量意义下的劳动力、资本和自然资源三种要素进行生产,那么宏观生产函数可以表示为:

$$Y = AF(K, L, R) \qquad (3-82)$$

式中:Y 代表总产出,K 代表资本存量,L 代表劳动力投入量,R 代表资源投入量，A 代表技术水平。

一般情况下，宏观生产函数可以分为短期和长期生产函数。假定在短期内，资本存量、劳动力投入量和技术水平均为不变的常数，我们用 $\bar{K}$ 和 $\bar{L}$ 来表示不变的资本存量和劳动力投入量，那么就有：

$$Y = AF(\bar{K}, \bar{L}, R) \qquad\qquad (3-83)$$

该短期宏观生产函数式（3-83）表明，在一定技术水平、资本存量和劳动力投入量的条件下，经济社会的产出是资源投入量的函数，随资源投入量的变化而变化。

宏观生产函数有两条重要的性质：一是总产出随着资源投入量的增加而增加；二是在技术水平、资本存量和劳动力投入量不变的情况下，资源投入量呈现边际报酬先递增后递减的规律，也就是说随着资源投入量的增加，总产出以先递增再递减的速度增加。那么，短期宏观生产函数可以用总生产曲线表示（见图3-9）。在图3-9中，横轴代表资源投入量 R，纵轴代表总产出 Y，曲线表示总产出是资源投入量的函数。从图中可以看出，总生产曲线先是越来越陡峭，然后变得越来越平缓，表示总产出随着资源投入量的增加，先以递增的速度增加再以递减的速度增加。为了清晰表达该经济含义，我们用总产出函数 Y 对资源投入量 R 求偏导，即总生产曲线上切线的斜率。可以发现，其斜率是先增大后减小。可见，随着资源投入量的增加，总产出增加的速度先增大再减小，其大小如边际生产曲线所示（见图3-10）。

从图3-10中我们可以得到以下方面。①在 A 点左侧，$\frac{\partial Y}{\partial R} > 0$；$\frac{\partial^2 Y}{\partial R^2} > 0$。此时，随着资源投入量的增加，总产出不断增加且增长速度（用 g_y 代替 $\frac{\partial Y}{\partial R}$）越来越快，但资源投入量并未达到最佳水平。②在 A 点处，$\frac{\partial Y}{\partial R} > 0$；$\frac{\partial^2 Y}{\partial R^2} = 0$。此时，总产出的增长速度达到最大值，资源投入量达到最佳水平。③在 A 点右侧，$\frac{\partial Y}{\partial R} > 0$；$\frac{\partial^2 Y}{\partial R^2} < 0$。此时，随着资源投入量的增加，总产出不断增加但增长速度开始减缓，资源投入量高于最佳水平。简单地说，就

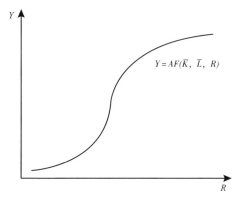

图 3-9　总生产曲线

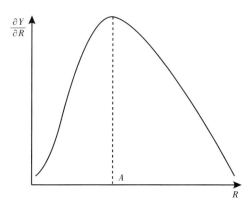

图 3-10　边际生产曲线

是在 A 点左侧，总产出增长速度受资源投入不足的限制，也就是"资源尾效"；而在 A 点右侧，总产出增长速度受资源投入过量的约束，也就是"资源诅咒"。基于此，我们将"资源尾效"定义为资源投入不足相对资源投入最佳时，经济增长速度相差的程度；同样，将"资源诅咒"定义为资源投入过剩而使经济增长速度相对资源投入最佳情况下减小的程度，其大小为资源投入最佳情况下与资源投入过剩情况下的经济增长速度之差。当然，随着产业结构变化和技术变迁等因素，自然资源对区域经济增长的约束作用可能会在"资源尾效"和"资源诅咒"之间进行转换。

三 水土资源约束的动态转换模型

1. 模型假设

第一，假设市场处于一个封闭但自由竞争的经济环境中。第二，假设消费者具有同质性且具有无限时间观念，无弹性地提供劳动力。第三，假设消费者普遍为风险厌恶者。第四，假设整个经济社会是理性的，生产者追求利润最大化，消费者追求效用最大化。第五，假设经济生产规模报酬不变。

2. 模型分析

所有消费者都是理性的，且决策条件是相同的，其标准的固定弹性效用函数为：

$$U(c) = \int_0^\infty \frac{c^{1-\sigma} - 1}{1 - \sigma} \mathrm{e}^{-\rho t} \mathrm{d}t \qquad (3 - 84)$$

式中：c 表示个人的瞬时消费；$\rho > 0$，表示消费者的主观时间偏好率；$\sigma \geq 0$，表示边际效用弹性，是跨期替代弹性的倒数。假设消费者的消费决策受他自己的预算约束。消费者有两项收入：资本收入 ω_k 与工资收入 ω_l。这里的资本收入我们只假定为物质资本收入，不包含人力资本，ω_r 为资源租金收入。那么消费者的预算动态约束方程为：

$$\dot{k} = \omega_k K + \omega_r R + \omega_l - c \qquad (3 - 85)$$

消费者最优规划为：

$$\max \int_0^\infty \frac{c^{1-\sigma} - 1}{1 - \sigma} \mathrm{e}^{-\rho t} \mathrm{d}t \qquad (3 - 86)$$

根据最优控制理论，构建现值 Hamilton 函数：

$$H = \frac{c^{1-\sigma} - 1}{1 - \sigma} + \lambda(\omega_k K + \omega_r R + \omega_l - c) \qquad (3 - 87)$$

式中 c 和 K 的一阶线性条件分别为：

$$c^{-\sigma} = \lambda, \quad -\dot{\lambda} + \rho\lambda = \lambda\omega_k \qquad (3 - 88)$$

那么可以导出 Ramsey 法则，也就是人均消费的增长率为：

$$g_c = \frac{\omega_k - \rho}{\sigma} \tag{3-89}$$

假设厂商通过资本、劳动力、自然资源的投入来实现产出，经济体规模报酬不变的生产函数为：

$$Y = AK^\alpha L^\beta R^\gamma \tag{3-90}$$

式中：A 表示技术水平，K 代表资本存量，L 代表劳动力投入量，R 代表资源投入量。其输入量的分布状况取决于要素成本 ω_k、ω_l、ω_r 的大小。

生产部门追求利润最大化的行为满足：

$$\max F = \max[Y - \omega_k K - \omega_l L - \omega_r R] \tag{3-91}$$

在竞争性市场中厂商追求利润最大化的条件为：

$$\omega_k = \alpha AK^{\alpha-1} L^\beta R^\gamma = \frac{\alpha Y}{K} \tag{3-92}$$

$$\omega_l = \beta AK^\alpha L^{\beta-1} R^\gamma = \frac{\beta Y}{L} \tag{3-93}$$

$$\omega_r = \gamma AK^\alpha L^\beta R^{\gamma-1} = \frac{\gamma Y}{R} \tag{3-94}$$

在均衡情况下，各要素的成本是一致的，结合式（3-92）和式（3-94）有：

$$\frac{K}{R} = \frac{\alpha}{\gamma} \tag{3-95}$$

$\dfrac{K}{R}$ 表示每单位自然资源的资本配置效率，而 γ 表示对资源的依赖度，从式（3-95）可以看出在其他因素不变的情况下，经济发展对资源的依赖度越高，其资本配置效率反而越低，这暗示"资源诅咒"可能存在。

结合式（3-92）~式（3-94），可得：

$$\frac{K}{L} = \frac{\alpha}{\beta} \tag{3-96}$$

$$\frac{L}{R} = \frac{\beta}{\gamma} \tag{3-97}$$

经济主体决策的结果是使各要素的收益基本一致,因此可以推导出均衡条件下的资本收入满足:

$$\omega_l = \omega_r = \omega_k = \frac{\omega_l + \omega_r + \omega_k}{3} \qquad (3-98)$$

将式(3-92)、式(3-93)、式(3-94)代入式(3-98)中,可得:

$$\omega_k = \frac{1}{3}Y(\frac{\alpha}{K} + \frac{\beta}{L} + \frac{\gamma}{R}) \qquad (3-99)$$

结合式(3-89)和式(3-99),可得:

$$g_c = \frac{1}{\sigma}[\frac{1}{3}Y(\frac{\alpha}{K} + \frac{\beta}{L} + \frac{\gamma}{R}) - \rho] \qquad (3-100)$$

在均衡情况下,人均消费增长速度等于产出增长速度,那么可以通过考察人均消费增长速度与自然资源之间的关系来探讨产出增长速度与自然资源之间的关系,人均消费增长对自然资源求偏导,可得:

$$\frac{\partial g_c}{\partial R} = \frac{1}{3\sigma}Y[\frac{\alpha\gamma}{KR} + \frac{\beta\gamma}{LR} + \frac{\gamma(\gamma-1)}{R^2}] \qquad (3-101)$$

人均消费增长对自然资源求二次偏导,可得:

$$\frac{\partial^2 g_c}{\partial R^2} = \frac{Y}{3\sigma}\frac{\gamma(\gamma-1)}{R^3}[\frac{R\alpha}{K} + \frac{R\beta}{L} + \gamma - 2] \qquad (3-102)$$

结合式(3-95)、式(3-96)、式(3-97)和式(3-102),可得:

$$\frac{\partial^2 g_c}{\partial R^2} = \frac{Y\gamma(\gamma-1)(3\gamma-2)}{3\sigma R^3} \qquad (3-103)$$

3. 结果讨论

在均衡状态下,产出增长速度等于人均消费增长速度,即 $g_Y = g_c$,那么 $g_Y = g_c > 0$ 成立,也就是 $\frac{1}{3}Y(\frac{\alpha}{K} + \frac{\beta}{L} + \frac{\gamma}{R}) > \rho$ 成立。根据式(3-103)可以看出:①当 $\gamma = \frac{2}{3}$ 时,$\frac{\partial^2 g_c}{\partial R^2} = 0$,也就是 $\frac{\partial g_c}{\partial R} > 0$ 且为常数,g_c 随 R 线性增长;当 $\gamma > \frac{2}{3}$ 时,$\frac{\partial^2 g_c}{\partial R^2} > 0$,$g_c$ 与 R 呈"U"形关系;②当 $0 < \gamma < \frac{2}{3}$ 时,$\frac{\partial^2 g_c}{\partial R^2} <$

0，g_c 与 R 呈倒"U"形关系。也就是当 $\gamma \neq \dfrac{2}{3}$ 时，经济增长与资源投入之间为非线性关系，并且在两侧分别表现为"资源尾效"和"资源诅咒"状态，也就是两者之间存在动态转换关系。

四 矿产资源约束的动态转换模型

1. 模型假设

假设一国内部的小型区域经济体内包含制造业部门和资源开采部门。制造业部门只生产一种最终产品，该产品既可用于消费也可进行物质资本积累，但仅用于满足本区域内部消费者需求和物质资本投资；而资源开采部门仅生产自然资源，其生产的资源除了用于本地区制造业部门生产外，剩余部分资源用于对外输出换回最终产品。假设整个经济社会是理性的，生产者追求利润最大化，而消费者追求效用最大化。不考虑区域间劳动力和物质资本的流动，技术进步保持不变，劳动力在制造业部门和资源开采部门间可以无成本地自由流动。

2. 模型分析

（1）制造业部门。假定制造业部门通过资本、劳动力和资源的投入进行生产，其规模报酬不变的生产函数为：

$$Y_1 = A_1 K^{\alpha} L_1^{\beta} R_1^{1-\alpha-\beta} \qquad (3-104)$$

其中 $0<\alpha<1$，$0<\beta<1$。Y_1、A_1、K、L_1 和 R_1 分别表示制造业部门中的最终产品产量、技术水平、物质资本存量、劳动力投入量和自然资源投入量。

（2）资源开采部门。假定资源开采部门为纯劳动密集型部门，其产出主要取决于资源开采部门的劳动力投入量和技术水平，为了简化分析，我们忽略资源开采部门物质资本的投入。那么资源开采部门的生产函数可以表示为：

$$R = A_2 L_2^{\varepsilon} \qquad (3-105)$$

其中，R、A_2 和 L_2 分别表示资源开采部门中的资源产量、技术水平和劳动力投入量，ε 表示资源开采部门劳动力的规模报酬。

进一步，我们假定经济体内劳动力总量为 L，且 $L = L_1 + L_2$，那么当 $L_2 = \mu L$ 时，$L_1 = (1 - \mu) L$，由于资源开采部门为纯劳动密集型部门，那么 μ 就可以代表经济体对资源的依赖度；另外，由于假定经济体仅消耗部分资源，那么设 $R_1 = \eta R$，这样式（3-104）和式（3-105）可化为：

$$Y_1 = A_1 K^{\alpha} [(1 - \mu) L]^{\beta} (\eta R)^{1-\alpha-\beta} \tag{3-106}$$

$$R = A_2 (\mu L)^{\varepsilon} \tag{3-107}$$

（3）消费者偏好。假设经济体中由 L 个同质且有无限时间概念的消费者，每个消费者都能提供一单位的劳动力，且其供给弹性和人口增长率为 0，即所有消费者都是理性的，且其决策是相同的，那么其标准的固定弹性效用函数为：

$$U(c) = \int_0^{\infty} \frac{c^{1-\sigma} - 1}{1 - \sigma} e^{-\rho t} dt \tag{3-108}$$

其中 $c = C/L$ 表示个人的瞬时消费，C 表示瞬时总消费；$\rho > 0$，表示消费者的主观时间偏好率；$\sigma \geq 0$，表示边际效用弹性，是跨期替代弹性的倒数。通过构建 Hamilton 函数求最大值的方法可以得到 Ramsey 法则，即：

$$g_c = \frac{r - \rho}{\sigma} \tag{3-109}$$

其中，r 表示资本 K 的价格。

将最终产品单位化为 1，制造业部门劳动力工资为 ω_1，资源开采部门劳动力工资为 ω_2，自然资源的价格为 P_R，不考虑资源向外输出的成本。假设最终产品市场、劳动力市场和资本市场是完全竞争的，那么在平衡增长路径上，应满足以下条件：①制造业部门利润最大化；②资源开采部门利润最大化；③消费者效用最大化；④所有市场出清。

制造业部门通过选择物质资本投入水平、劳动力投入量和自然资源投入量来使利润最大化，即：

$$\max_{K,(1-\mu)L,\eta R} A_1 K^{\alpha} [(1 - \mu) L]^{\beta} (\eta R)^{1-\alpha-\beta} - rK - \omega_1 (1 - \mu) L - P_R \eta R \tag{3-110}$$

其一阶条件分别为：

$$r = \alpha A_1 K^{\alpha-1} [(1 - \mu) L]^{\beta} (\eta R)^{1-\alpha-\beta} \tag{3-111}$$

$$\omega_1 = \beta A_1 K^\alpha [(1-\mu)L]^{\beta-1} (\eta R)^{1-\alpha-\beta} \qquad (3-112)$$

$$P_R = (1-\alpha-\beta) A_1 K^\alpha [(1-\mu)L]^\beta (\eta R)^{-\alpha-\beta} \qquad (3-113)$$

由于忽略自然资源对外输出的成本，那么资源开采部门的资源对内给制造业部门和对外输出的价格应该相同，那么资源开采部门利润最大化的决策应满足：

$$\max_{\mu L} P_R A_2 (\mu L)^\varepsilon - \omega_2 \mu L \qquad (3-114)$$

其一阶条件为：

$$\omega_2 = \varepsilon P_R A_2 (\mu L)^{\varepsilon-1} \qquad (3-115)$$

制造业部门和资源开采部门之间的劳动力套利使得两部门劳动力工资相同，即 $\omega_1 = \omega_2$，结合式（3-112）和式（3-115）得到：

$$\beta A_1 K^\alpha [(1-\mu)L]^{\beta-1} (\eta R)^{1-\alpha-\beta} = \varepsilon P_R A_2 (\mu L)^{\varepsilon-1} \qquad (3-116)$$

结合式（3-106）和式（3-107）可以将式（3-116）化简为：

$$P_R R = \frac{\mu \beta Y_1}{(1-\mu)\varepsilon} \qquad (3-117)$$

而该区域经济体总产出应该是制造业部门和资源开采部门产出之和，即：

$$Y = Y_1 + (1-\eta) P_R R \qquad (3-118)$$

结合式（3-117）可以得到：

$$Y = \left[\frac{\mu(1-\eta)\beta}{(1-\mu)\varepsilon} + 1 \right] Y_1 \qquad (3-119)$$

式（3-119）说明该区域经济体总产出可以用制造业部门的产出表示，那么 $g_Y = g_{Y_1}$。同时，平衡增长路径上资源开采部门的所有产出资源的价格应与制造业部门购买资源开采部门的资源的价格相同。那么将式（3-113）代入式（3-116）得到：

$$\beta A_1 K^\alpha [(1-\mu)L]^{\beta-1} (\eta R)^{1-\alpha-\beta} = \varepsilon (1-\alpha-\beta) A_1 K^\alpha [(1-\mu)L]^\beta (\eta R)^{-\alpha-\beta} A_2 (\mu L)^{\varepsilon-1}$$
$$(3-120)$$

化简得到制造业部门使用资源的比重：

$$\eta = \frac{(1-\alpha-\beta)(1-\mu)\varepsilon}{\mu\beta} \tag{3-121}$$

将式（3-121）和式（3-107）代入式（3-111）得到：

$$r = \alpha A_1 K^{\alpha-1}\left[(1-\mu)L\right]^\beta \left[\frac{(1-\alpha-\beta)(1-\mu)\varepsilon}{\mu\beta}\right]^{1-\alpha-\beta}\left[A_2(\mu L)^\varepsilon\right]^{1-\alpha-\beta} \tag{3-122}$$

化简得到：

$$r = Q(1-\mu)^{1-\alpha}\mu^{(\varepsilon-1)(1-\alpha-\beta)} \tag{3-123}$$

式中 $Q = \alpha A_1 A_2^{1-\alpha-\beta} K^{\alpha-1} L^{\varepsilon(1-\alpha-\beta)+\beta}\left[\frac{(1-\alpha-\beta)\varepsilon}{\beta}\right]^{1-\alpha-\beta}$，在平衡增长路径上资本 K、消费 C 和总产出 Y 应具有相同的增长率，另外 $g_c = g_{\frac{C}{L}} = g_C$，$g_Y = g_{Y_1}$，那么就有：

$$g_c = g_C = g_Y = g_{Y_1} = g_K \tag{3-124}$$

那么：

$$g_Y = g_c = \frac{r-\rho}{\sigma} = \frac{Q(1-\mu)^{1-\alpha}\mu^{(\varepsilon-1)(1-\alpha-\beta)}-\rho}{\sigma} \tag{3-125}$$

通过式（3-125）可以推导出该区域经济体总产出增长率 g_Y 与资源依赖度 μ 之间的关系：

$$\frac{\partial g_Y}{\partial\mu} = \frac{Q\left[(\varepsilon-1)(1-\alpha-\beta)(1-\mu)^{1-\alpha}\mu^{(\varepsilon-1)(1-\alpha-\beta)-1}-(1-\alpha)(1-\mu)^{-\alpha}\mu^{(\varepsilon-1)(1-\alpha-\beta)}\right]}{\sigma} \tag{3-126}$$

$$\frac{\partial^2 g_Y}{\partial\mu^2} = \frac{Q\left[(\varepsilon-1)(1-\alpha-\beta)\right]\left[(1-\mu)^{1-\alpha}(\varepsilon-1)(1-\alpha-\beta)-1\right]\mu^{(\varepsilon-1)(1-\alpha-\beta)-2}-(1-\alpha)(1-\mu)^{-\alpha}\mu^{(\varepsilon-1)(1-\alpha-\beta)-1}}{\sigma}-$$
$$\frac{Q\left[-\alpha(1-\alpha)(1-\mu)^{-\alpha-1}\mu^{(\varepsilon-1)(1-\alpha-\beta)}+(\varepsilon-1)(1-\alpha-\beta)(1-\alpha)(1-\mu)^{-\alpha}\mu^{(\varepsilon-1)(1-\alpha-\beta)-1}\right]}{\sigma} \tag{3-127}$$

3. 结果分析

由式（3-126）和式（3-127）可分析得到以下方面。①当 $0<\varepsilon\leqslant1$，也就是在资源开采部门劳动力规模报酬不变或递减的情况下，$\frac{\partial g_Y}{\partial\mu}<0$ 恒成

立，其含义就是资源依赖度与经济增长速度之间呈负相关关系，资源开采部门劳动力投入比例越高，经济增长速度越慢，资源对区域经济增长表现为"资源诅咒"作用。②当 $1<\varepsilon\leqslant2$，资源开采部门规模报酬递增，则 $0<(\varepsilon-1)(1-\alpha-\beta)<1$ 恒成立，那么 $\frac{\partial g_Y}{\partial\mu}$ 的正负并不确定，$\frac{\partial^2 g_Y}{\partial\mu^2}<0$ 恒成立，资源依赖度与经济增长速度表现为倒"U"形关系；当 $\mu=\frac{(\varepsilon-1)(1-\alpha-\beta)}{(1-\alpha)+(\varepsilon-1)(1-\alpha-\beta)}$ 时，经济增长速度达到最大值，此时资源依赖度也可以说是资源产出处于最佳的状态，当 $\mu<\frac{(\varepsilon-1)(1-\alpha-\beta)}{(1-\alpha)+(\varepsilon-1)(1-\alpha-\beta)}$ 时，资源依赖度与经济增长速度之间呈正相关关系，资源的相对不足阻碍了经济的增长，表现为"资源尾效"；当 $\mu>\frac{(\varepsilon-1)(1-\alpha-\beta)}{(1-\alpha)+(\varepsilon-1)(1-\alpha-\beta)}$ 时，资源依赖度与经济增长速度之间呈负相关关系，资源依赖度过高或者说资源相对过剩阻碍了经济的增长，表现为"资源诅咒"。③当 $\varepsilon>2$ 时，$\frac{\partial g_Y}{\partial\mu}$ 和 $\frac{\partial^2 g_Y}{\partial\mu^2}$ 的正负都不确定，但是显然当 ε 超过一定值时，$\frac{\partial g_Y}{\partial\mu}>0$ 恒成立的情况也是会发生的，也就是资源依赖度与经济增长速度之间呈正相关关系，资源的相对不足阻碍了经济的增长，表现为"资源尾效"。

第四章
经济增长中"资源尾效"和"资源诅咒"的转换及空间异质性检验

——以长江经济带省域水土资源为例

第一节 研究对象和数据来源

一 研究对象

从前文理论分析结果来看，水土资源和矿产资源是对经济增长产生影响的要素，是约束经济增长的主要资源，而且水土资源和矿产资源对经济增长的约束机制和约束条件都是不相同的，所以这些资源对经济增长的约束作用在一定程度上是需要分开来研究的。对于水土资源来说，我们选择长江经济带作为研究对象。长江经济带是中央重点实施的"三大战略"之一，是具有全球影响力的内河经济带、东中西互动合作的协调发展带、沿海沿江沿边全面推进的对内对外开放带，也是生态文明建设的先行示范带。长江经济带依托长江发展，长江作为货运量位居全球内河第一的黄金水道，在长江经济带发展中起着重要的作用。长江是中国第一大河、世界第三大河，发源于青海省唐古拉山，注入东海，干流全长 6300 余公里。长江支流众多，其中，8 万平方公里以上的一级支流有雅砻江、岷江、嘉陵江、乌江、湘江、沅江、汉江、赣江等 8 条，重要的湖泊有太湖、巢湖、洞庭湖、鄱阳湖等。长江流域是指长江干流和支流流经的广大区域，共涉及 19 个省区市，其流域面积约 180 万平方公里，占全国的 18.8%。长江丰富的水土资源为长江经济带经济的增长提供了重要的自然资源基础。

长江经济带横跨东部、中部、西部三大地带，覆盖上海、江苏、浙江、安徽、江西、湖北、湖南、重庆、四川、云南、贵州等 11 个省市，其中东部包括上海、江苏、浙江，中部包括江西、湖北、湖南、安徽，西部包括重庆、四川、贵州、云南；土地面积约 205 万平方公里，约占全国的 21.4%；人口数量和生产总值占比均超过全国的 40%。长江经济带位于我国四大地理分区中的南方地区，以亚热带季风气候为主，夏季高温多雨，冬季温和少雨，地势东西差异大，主要位于第二、第三级阶梯，东部平原、丘陵面积广大，长江中下游平原是我国地势最低的平原，河汊纵横交错，湖泊星罗棋布。长江经济带交通便捷，资源丰富，具有产业优势和人力资源优势，城市密集，市场广阔。长江经济带是整个长江流域经济最发达的地区，也是全国除沿海开放地区以外，经济密度最大的经济地带，它对我国经济发展的战略意义是其他经济带所无可比拟的。与沿海开放地区和其他经济带相比，长江经济带拥有最广阔的腹地和发展空间，是近年我国经济增长潜力最大的地区，可能成为世界上开发规模最大、影响范围最广的内河经济带。长江经济带可以分为上游、中游、下游区域，上游区域包括重庆、四川、贵州、云南四省市；中游区域包括江西、湖北、湖南三省；下游区域包括上海、江苏、浙江、安徽四省市。然而，不同区域自然资源丰裕度和经济社会发展水平均存在明显差异，其中，上游区域土地资源相对充足而可利用的水资源相对不足；下游区域水资源相对充足而可利用的土地资源相对不足。在经济社会发展水平方面，下游区域大部分省市属于发达地区，而上游区域大部分省市属于欠发达地区，呈现明显的"下强上弱"的经济发展特征。可见，长江经济带水土资源的分布具有明显的梯度，且呈现与经济发展水平不匹配的状态。那么在长江经济带的各个省市中，自然资源在经济增长中到底起着什么样的约束作用？随着不同自然资源的投入，它们在经济增长中的约束作用是否会转换？这种约束作用的转换表现出怎样的空间异质性？

二　数据来源

为了研究长江经济带经济增长中水土资源的约束作用，本书主要使用宏观层面数据进行回归，鉴于数据的可获取性，本章数据跨度是 2003~2018 年，全部数据来源于《中国统计年鉴》（2004~2019 年）、11 个省市的统计年鉴（2004~2019 年）、11 个省市的国民经济和社会发展统计公报

（2004~2019 年）。同时，本书利用中国工业企业数据库的数据进行稳健性检验，使用的数据包含长江经济带 11 个省市 2003~2011 年的样本。参考赵奎等（2021）的做法，从收入和资产两个方面分别度量经济发展水平，收入方面选择企业主营业务收入作为替代指标，资产方面选择企业资产总额作为替代指标。这两个变量在历年的中国工业企业数据库中都有详细的数据，可以构造出 2003~2011 年的连续样本。本书使用中国工业企业数据库的省份和行政区划代码将长江经济带各省市的所有企业数据加总，得到长江经济带 11 个省市 2003~2011 年的面板数据。

第二节 长江经济带经济增长的现状与演变过程

一 经济增长的现状

长江经济带横跨东部、中部、西部三大区域，覆盖了东部发达地区和西部欠发达地区，经济发展水平存在较大的差异。从长江经济带各省市人均 GDP 的情况来看（见表 4-1），长江经济带东部三省市人均 GDP 明显高于中部和西部，中部人均 GDP 大体上高于西部地区，但是也存在特殊的区域，西部的重庆的人均 GDP 高于中部的安徽、江西和湖南三省，且长江经济带各省市经济发展水平差异非常大，其中人均 GDP 最高的是上海，达到了 134982 元，是人均 GDP 最低的云南的 3.6 倍，经济发展水平差异较大。从长江经济带各省市经济增长速度来看（见表 4-1），西部和中部省市的经济增长速度基本上高于东部省市，但这并不能说明西部和中部的经济发展水平要高于东部，只是中部、西部仍处于经济发展的高速增长阶段，经济发展速度还没有慢下来，经济增长还不够稳定。

表 4-1 2018 年长江经济带各省市人均 GDP 和经济增长速度

指标	上海	江苏	浙江	安徽	江西	湖北	湖南	重庆	四川	贵州	云南
人均 GDP（元）	134982	115168	98643	47712	47434	66616	52949	65933	48883	41244	37136
经济增长速度(%)	6.6	6.7	7.1	8.0	8.7	7.8	7.8	6.0	8.0	9.1	6.6

二 经济增长的演变过程

1. 整体人均 GDP 增长变化

从长江经济带整个区域的人均 GDP 来看（见图 4-1），长江经济带人均 GDP 呈直线上升的状态；从长江经济带整个区域的经济增长速度来看（见图 4-2），在 2010 年之前，长江经济带经济增长速度波动较大，而在 2010 年之后，经济增长速度开始慢慢减小，趋于一个更加稳定的状态。

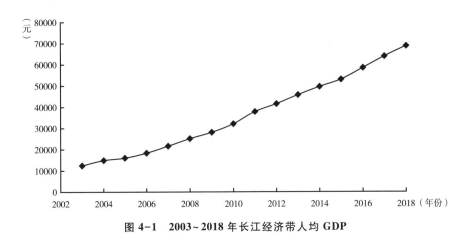

图 4-1　2003~2018 年长江经济带人均 GDP

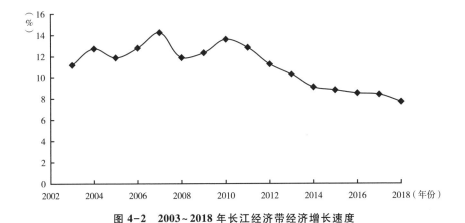

图 4-2　2003~2018 年长江经济带经济增长速度

2. 区域内人均 GDP 增长变化

仅仅对长江经济带区域总体上的经济发展情况进行分析并不能看出长江经济带区域内的经济发展差异，所以分别选取长江经济带东部、中部、西部三个区域中的上海市、江西省和重庆市作为研究对象来分析长江经济带区域内经济发展差异。从上海市、江西省和重庆市人均 GDP 变化情况来看（见图 4-3），东部上海市的人均 GDP 每年都高于中部的江西省和西部的重庆市，而江西省和重庆市的人均 GDP 比较接近，也就是两省市的经济发展水平基本相同。但是从变化的情况来看，三个省市的人均 GDP 都接近于线性变化，其中上海市 2018 年人均 GDP 相对于 2003 年增加了约 1.9倍，江西省是 6.1 倍，重庆市是 7.1 倍，也就是说长江经济带西部地区人均 GDP 的平均增长率最大，中部次之，而东部地区最小。总的来说是东部地区经济发展水平相对较好，但经济增长速度相对较慢；而西部地区经济发展水平相对较差，但经济增长速度相对较快。为了更加清楚地看出长江经济带不同区域经济增长速度的差异，同样分别选取长江经济带东部、中部、西部三个区域中的上海市、江西省和重庆市作为研究对象描绘出其经济增长速度的变化情况。从三个省市总体的变化趋势上来看（见图 4-4），三个省市经济增长速度在 2011 年之前都有比较大的波动，而在 2011 年之后，经济增长速度都呈现缓慢下降的趋势。从三个省市之间经济增长速度的比较来看，2004 年东部地区的上海市的经济增长速度最高，中部地区的

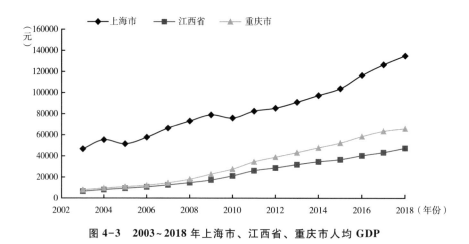

图 4-3　2003~2018 年上海市、江西省、重庆市人均 GDP

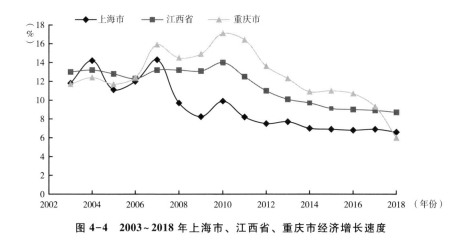

图 4-4 2003~2018 年上海市、江西省、重庆市经济增长速度

江西省次之,西部地区的重庆市最低;而 2005~2007 年,总体上江西省的经济增长速度最快,重庆市次之,上海市最慢;而 2008~2018 年,总体上重庆市的经济增长速度最快,江西省次之,上海市最慢。总的来说,东部地区的经济增长速度由高速低质量增长向低速高质量增长转变,而中部地区和西部地区的经济增长速度则刚开始转向经济高速增长阶段。

第三节 长江经济带水土资源的现状与演变过程

一 水土资源的现状

1. 水资源现状

长江经济带 11 个省市水资源总量为 12130.1 亿立方米,占全国水资源总量的 44.2%,拥有丰富的水资源,但是水资源在长江经济带上的分布却存在较大的差异(见表 4-2)。从水资源总量来看,长江经济带水资源主要分布在长江经济带的中部和西部,它们分别占长江经济带水资源总量的 34.5% 和 54.9%,而东部水资源总量仅占长江经济带水资源总量的 10.6%;水资源在长江经济带东部、中部、西部三个区域之内也存在较大差异,东部地区水资源主要分布在江苏和浙江两省,中部地区水资源分布较均等,而西部地区重庆的水资源分布相对较少。长江经济带人均水资源量的分布也存在较大的差异，与水资源量的分布基本相似，中西部地区的人均水资源量显著高于东部地区，人均水资源量最高的省份是云南省，达到了 4582 立方米，是人均水资源量最少的上海市的 28 倍还多。

表 4-2   2018 年长江经济带 11 个省市水资源量和人均水资源量

指标	上海	江苏	浙江	安徽	江西	湖北	湖南	重庆	四川	贵州	云南
水资源量 （亿立方米）	38.7	378.4	866.2	835.8	1149.1	857.0	1342.9	524.2	2952.6	978.7	2206.5
人均水资源量 （立方米）	160	471	1520	1329	2479	1450	1952	1697	3548	2726	4582

2. 土地资源现状

长江经济带覆盖了 11 个省市，土地面积约 205 万平方公里，约占全国的 21.4%，拥有丰富的土地资源，但是土地资源在长江经济带上的分布也存在较大的差异。从各省市的土地面积来看，长江经济带土地资源主要分布在西部四省市，中部四省次之，东部三省市的土地面积最少；从人均土地面积来看，我国人均土地面积为 0.007 平方公里，长江经济带土地面积虽大，但人口众多，长江经济带大部分省市的人均土地面积小于全国平均水平，仅云南省高于全国平均水平，也就是说长江经济带人口密度相对较高，并且不同区域的人均土地面积在分布上存在一定的梯度，西部地区人均土地面积相对较高，人口相对稀疏，中部地区人均土地面积次之，东部地区人均土地面积最少，相对而言人口更加密集（见表 4-3）。但是土地面积并不能代表土地资源数量，许多土地在一定程度上是不能利用的或者还没有条件开发，土地资源总量大致包括建成区面积、耕地面积、林业用地面积和可利用草地面积。从 2018 年长江经济带 11 个省市土地资源总量来看（见表 4-4），土地资源的分布与土地面积的分布基本相似，长江经济带西部地区土地资源相对而言最丰富，中部次之，而东部地区的土地资源最匮乏。

表 4-3　2018 年长江经济带 11 个省市土地面积比较

指标	上海	江苏	浙江	安徽	江西	湖北	湖南	重庆	四川	贵州	云南
总人口（万人）	2475	8446	6273	6076	4513	5917	6635	3163	8321	3822	4703
土地面积（万平方公里）	0.63	10.26	10.18	13.96	16.69	18.59	21.18	8.24	48.50	17.60	39.40
人均土地面积（平方公里/10000）	2.55	12.15	16.23	22.98	36.98	31.42	31.92	26.05	58.29	46.05	83.78

从各省市土地资源结构来看，东部地区土地资源中建成区面积占土地资源总量的比重相对中部和西部要高；中部地区和西部地区占比较高的则是耕地面积和林业用地面积，中部地区耕地面积占土地资源总量的比重相对西部地区高一些，而西部地区林业用地面积占土地资源总量的比重相对中部地区要高；可利用草地面积相对其他土地资源要更少，而且主要分布在西部地区（见表 4-4）。

表 4-4　2018 年长江经济带 11 个省市土地资源结构

单位：平方公里

省市	建成区面积	耕地面积	林业用地面积	可利用草地面积
上海	1237.7	1916	1019	0.03
江苏	4558.5	45733	17498	1
浙江	2919.1	19770	65977	3
安徽	2109.9	58668	44933	5
江西	1546.3	30860	107990	7
湖北	2509.7	52359	87609	20
湖南	1837.1	41510	125759	136
重庆	1496.7	23698	42171	455
四川	2982.3	67252	245452	109566
贵州	1053.2	45188	92796	722
云南	1164.0	62133	259944	1470

二　水土资源的演变过程

1. 水资源演变过程

从长江经济带整个区域的水资源结构及其变化情况来看（见表4-5），地表水资源一直是长江经济带水资源的主体，占据着水资源总量的绝大部分，并且水资源总量和地表水资源量波动较大，2004~2018年，二者都有增加和减少较大幅度的资源量，但2018年相较于2004年，水资源总量和地表水资源量都增加了，其中水资源总量由11098.0亿立方米增长到12130.1亿立方米，地表水资源量由10915.6亿立方米增加到11875.1亿立方米；而地下水资源量的变动幅度并不大，但是总体上呈上升的趋势，地下水资源量由2004年的3043.2亿立方米增加到2018年的3201.2亿立方米；虽然人均水资源量的变化幅度并不大，但是2018年相比于2004年人均水资源量有所增加，由1901.68立方米增加到2133.60立方米。

表4-5　2004~2018年长江经济带水资源结构及其变化情况

年份	水资源总量（亿立方米）	地表水资源量（亿立方米）	地下水资源量（亿立方米）	地表水与地下水资源重复量（亿立方米）	人均水资源量（立方米）
2004	11098.0	10915.6	3043.2	2860.8	1901.68
2005	12453.7	12232.7	3193.6	2972.5	2147.91
2006	10728.5	10518.0	2943.9	2733.5	1890.89
2007	11962.3	11735.1	3179.0	2952.0	2124.43
2008	10167.1	9941.1	2487.8	2262.0	1732.13
2009	9192.3	8969.7	2352.0	2129.3	1529.01
2010	12193.4	11973.2	2746.9	2526.8	2057.40
2011	8162.8	7936.6	2190.3	1964.2	1345.26
2012	11873.5	11637.2	2661.7	2425.6	1972.50
2013	10231.8	10001.3	2607.6	2377.3	1677.39
2014	11115.9	10870.5	2675.3	2430.0	1878.21
2015	11733.9	11469.8	2764.1	2500.0	1957.02
2016	13298.8	13016.1	2897.9	2615.2	2187.00
2017	13300.8	13061.4	3410.7	3171.2	2327.80
2018	12130.1	11875.1	3201.2	2946.2	2133.60

为了更清楚地看出水资源总量、地表水资源量、地下水资源量和人均水资源量的变化情况，我们绘制出了长江经济带水资源结构及其变化情况

图。从图 4-5 中可以看出，水资源总量和地表水资源量的波动幅度较大，并且二者的波动情况基本一样；而地下水资源量和人均水资源量的波动幅度不大，二者的波动情况基本一致。

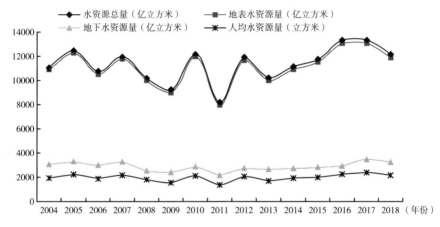

图 4-5　2004~2018 年长江经济带水资源结构及其变化情况

　　长江经济带水资源的分布并不均匀，单单分析长江经济带总的水资源量的变化情况并不能完全反映长江经济带区域水资源的变化情况，为了简化分析，我们分别从长江经济带东部、中部、西部三个区域中选出上海市、江西省和重庆市作为研究对象，分析它们的水资源结构及其变化情况。

　　从长江经济带东部地区代表上海市来看（见图 4-6），上海市水资源总量、地表水资源量和人均水资源量的波动情况基本一致，但地下水资源量的波动非常小，基本没有什么变化。总的来说四个指标的水资源量在一定程度上增加了，尽管上海市地表水资源量是水资源总量的主要组成部分，但二者之间还是存在一定差距的。

　　从长江经济带中部地区代表江西省来看（见图 4-7），江西省的水资源总量、地表水资源量和人均水资源量的波动非常大，并且波动情况基本一致，但地下水资源量的波动非常小，基本没有什么变化，主要是江西省的地表水资源量与水资源总量基本相同，二者差距非常小，而且影响水资源总量变化的指标主要是地表水资源量，与地下水资源量的关系不大。但总的来说四个指标的水资源量在一定程度上增加了。

　　从长江经济带西部地区代表重庆市来看（见图 4-8），重庆市的水资

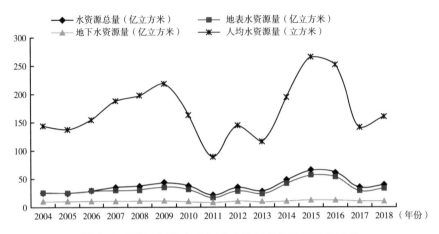

图 4-6 2004~2018 年上海市水资源结构及其变化情况

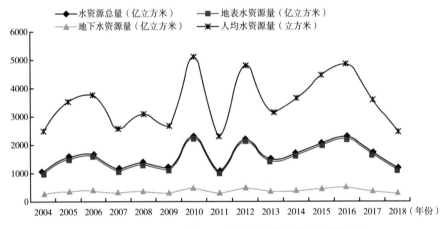

图 4-7 2004~2018 年江西省水资源结构及其变化情况

源总量、地表水资源量和人均水资源量的波动非常大，并且波动情况基本一致，但地下水资源量的波动非常小，基本没有什么变化，主要是重庆市的地表水资源量与水资源总量基本相同，二者差距非常小，而且影响水资源总量变化的指标主要是地表水资源量，与地下水资源量的关系不大。基本情况与江西省相似，但是重庆市四个指标的水资源量 2018 年相对 2004 年基本没变化，甚至出现了下降的情况。

水资源总量和人均水资源量等指标只能表示水资源丰裕度，并不能表示一个城市或地区对水资源的依赖情况，所以本书通过分析长江经济带各

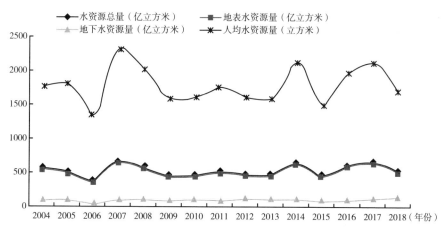

图 4-8　2004~2018 年重庆市水资源结构及其变化情况

省市人均用水量的变化来分析其对水资源的依赖度（见表 4-6）。从人均用水量的情况来看，长江经济带东部地区人均用水量基本高于中部地区，而中部地区人均用水量均高于西部地区，也就是长江经济带东部地区对水资源的依赖度相对于中部地区更高，而西部地区对水资源的依赖度最小。而从长江经济带各省市人均用水量的变化情况来看，长江经济带东部地区人均用水量总体呈下降趋势，也就是对水资源的依赖度在下降；而中部和西部地区人均用水量总体呈上升趋势，也就是对水资源的依赖度在提升。

表 4-6　2004~2018 年长江经济带 11 个省市人均用水量变化情况

单位：立方米

年份	上海	江苏	浙江	安徽	江西	湖北	湖南	重庆	四川	贵州	云南
2004	678.2	707.1	440.2	324.6	475.1	403.4	483.2	216.1	241.1	241.6	332.8
2005	684.2	697.4	429.8	340.9	484.0	445.1	520.7	255.1	259.3	261.4	330.9
2006	660.0	727.3	421.7	395.5	475.6	453.9	517.4	261.2	262.7	267.1	324.1
2007	654.5	735.9	420.3	379.5	539.5	454.2	510.8	275.3	262.6	260.7	333.5
2008	639.5	729.7	425.6	434.8	534.2	442.2	474.5	292.7	255.3	269.7	338.2
2009	657.4	713.2	384.0	475.9	546.3	492.4	504.2	299.4	273.8	264.5	335.0
2010	559.7	704.4	378.7	485.0	539.1	503.1	501.2	300.8	283.8	289.2	321.6

续表

年份	上海	江苏	浙江	安徽	江西	湖北	湖南	重庆	四川	贵州	云南
2011	559.7	704.4	378.7	485.0	539.1	503.1	501.2	300.8	283.8	289.2	321.6
2012	490.6	698.2	362.2	489.5	539.4	518.9	496.9	282.9	305.0	290.0	326.9
2013	513.9	727.3	361.4	492.6	586.8	504.1	498.9	283.7	299.7	263.4	320.4
2014	437.6	743.8	397.0	449.3	572.2	496.5	495.1	270.0	291.6	271.9	317.9
2015	428.8	721.0	336.9	472.3	539.8	516.5	488.7	263.0	324.9	277.1	317.5
2016	433.5	722.9	325.5	471.2	535.9	480.5	485.7	255.6	324.7	283.1	315.8
2017	423.6	759.6	310.5	471.2	504.0	508.3	482.8	227.7	324.7	299.3	324.3
2018	427.3	755.0	316.8	461.1	494.9	493.9	466.3	227.4	309.9	288.5	323.7

2. 土地资源演变过程

由于土地面积的变化基本不大，所以对长江经济带各省市土地面积的变化在此不做分析。本节仅对土地资源结构和总量上的演变情况进行分析。从长江经济带土地资源结构及其变化情况来看（见表4-7），长江经济带建成区面积处于一个不断增加的状态，由2004年的11401.1平方公里增加到2018年的23414.5平方公里；而耕地面积的变化情况则表现为先减少再增加又减少的状态；林业用地面积则处于一个分层次增加的状态，土地资源的增加也主要来自林业用地面积的增加；而可利用草地面积则在2004~2012年处于一个平稳的状态，在2013年锐减后又处于一个平稳的状态。

表4-7　2004~2018年长江经济带土地资源结构及其变化情况

单位：平方公里

年份	建成区面积	耕地面积	林业用地面积	可利用草地面积
2004	11401.1	448390	997080	165679
2005	12122.1	448390	997080	165300
2006	12267.7	448390	997080	165150
2007	12833.7	426973	997080	165100
2008	13750.12	426800.66	997080	165099.68
2009	14474.6	426800.66	1038379	165099.68
2010	15561.3	426802	1038379	165100

年份	建成区面积	耕地面积	林业用地面积	可利用草地面积
2011	16686.3	426802	1038379	165100
2012	18231.9	426802	1038379	165100
2013	18452.2	451083	1055944	112464
2014	19310.9	450435	1055944	112464.03
2015	20230.6	450119	1055944	112464.03
2016	21360.3	449330	1055883	112393.03
2017	21795.7	449087	1091148	112385.03
2018	23414.5	449087	1091148	112385.03

　　长江经济带土地资源的区域分布并不均匀，对长江经济带土地资源总量的分析并不能完全反映长江经济带土地资源的区域变化情况，所以本节分别选取长江经济带东部、中部、西部三个地区中的上海市、江西省和重庆市作为研究对象进行分析。从长江经济带东部地区上海市的土地资源结构及其变化情况来看（见表4-8），上海市建成区面积和林业用地面积均有所增加；耕地面积由2004年的3151平方公里减小到2018年的1916平方公里；可利用草地面积非常小，基本处于一个稳定的状态。

表4-8　2004~2018年上海市土地资源结构及其变化情况

单位：平方公里

年份	建成区面积	耕地面积	林业用地面积	可利用草地面积
2004	781	3151	225	0
2005	819.9	3151	225	0
2006	860.2	3151	225	0
2007	885.7	2596	225	0
2008	885.7	2439.6	225	0
2009	885.7	2439.6	746	0
2010	998.8	2440	746	0
2011	998.8	2440	746	0
2012	998.8	2440	746	0
2013	998.8	1880	773	0

续表

年份	建成区面积	耕地面积	林业用地面积	可利用草地面积
2014	998.8	1882	773	0.03
2015	998.8	1898	773	0.03
2016	998.3	1907	773	0.03
2017	999.0	1916	1019	0.03
2018	1237.7	1916	1019	0.03

从长江经济带中部地区江西省的土地资源结构及其变化情况来看（见表4-9），江西省建成区面积由2004年的631.6平方公里增加到2018年的1546.3平方公里；耕地面积由2004年的29934平方公里增加到2018年的30860平方公里；林业用地面积由2004年的104469平方公里增加到2018年的107990平方公里；可利用草地面积总体上表现为减小的趋势，但是由于数量比较小，对土地资源的变化影响并不大。

表4-9　2004~2018年江西省土地资源结构及其变化情况

单位：平方公里

年份	建成区面积	耕地面积	林业用地面积	可利用草地面积
2004	631.6	29934	104469	38
2005	663.6	29934	104469	40
2006	758	29934	104469	40
2007	800.7	28267	104469	40
2008	819.09	28270.86	104469	37.85
2009	856.9	28270.86	105492	37.85
2010	933.8	28271	105492	40
2011	1019.9	28271	105492	40
2012	1077.6	28271	105492	40
2013	1151.4	30873	106966	10
2014	1201.3	30854	106966	10
2015	1295.7	30827	106966	10
2016	1371	30822	106966	7
2017	1134	30860	107990	7
2018	1546.3	30860	107990	7

从长江经济带西部地区重庆市的土地资源结构及其变化情况来看（见表4-10），重庆市建成区面积由2004年的514.3平方公里增加到2018年的1496.7平方公里；耕地面积由2004年的22391平方公里增加到2018年的23698平方公里；林业用地面积由2004年的36684平方公里增加到2018年的42171平方公里；而可利用草地面积表现为减少的状态，并且变化幅度比较大，由2004年的2381平方公里减少到2018年的455平方公里。

表4-10 2004~2018年重庆市土地资源结构及其变化情况

单位：平方公里

年份	建成区面积	耕地面积	林业用地面积	可利用草地面积
2004	514.3	22391	36684	2381
2005	582.5	22391	36684	2380
2006	631.4	22391	36684	2370
2007	667.5	22391	36684	2370
2008	708.37	22359.32	36684	2372.1
2009	783.29	22359.32	40018	2372.1
2010	870.2	22359	40018	2370
2011	1034.9	22359	40018	2370
2012	1051.7	22359	40018	2370
2013	1114.9	24558	40628	460
2014	1231.4	24546	40628	460
2015	1329.5	24305	40628	460
2016	1350.7	23825	40628	455
2017	1423	23698	42171	455
2018	1496.7	23698	42171	455

第四节 长江经济带经济增长的"资源尾效"和"资源诅咒"检验

一 "资源尾效"检验

1. 模型与指标

根据第三章对"资源尾效"的理论模型分析，对式（3-90）进行对数化处理，由于是研究长江经济带水土资源的"尾效"，本节建立以下实证模型：

$$\ln Y = \alpha \ln K + \alpha \ln L + \alpha \ln W + \alpha \ln T + \mu \qquad (4-1)$$

式（4-1）中：Y 为总产出，K 为资本存量，L 为劳动力投入量，W 为水资源投入量，T 为土地资源投入量，式中分别用地区生产总值、年末从业人口数和用水总量来表示总产出（Y）、劳动力投入量（L）和水资源投入量（W），使用耕地面积、林业用地面积、可利用草地面积与建成区面积之和表示土地资源投入量（T），其中地区生产总值是以 2003 年为基期折算的不变价，而由于相关统计年鉴中并没有历年资本存量（K）的数据，所以要对资本存量 K 进行估计。一般使用永续盘存法对资本存量进行估计，其公式如下所示：

$$K_{it} = K_{it-1}(1-\delta) + I_{it} \qquad (4-2)$$

式中：K 表示资本存量，I 表示当年投资，δ 表示折旧率。由于不同的学者具体核算时采取的方法是不同的，为了简便计算，本书采用张军等（2004）使用的核算方法，当年投资 I 用固定资产投资代替，并通过固定资产价格指数将固定资产投资折算成 2003 年的不变价，折旧率采用他们在文中使用的 9.6%，并使用他们以当前价格计算的 2000 年的资本存量，计算得到 2003~2018 年 11 个省市的资本存量〔由于张军等（2004）在计算时并未将四川和重庆分开计算〕。本书根据近几年两地区固定资产投资量所占的比重乘以 2000 年的固定资本存量计算出两地区各自的初始资本存量。由于数据过多，本书就不一一列出。

2. 探索性描述

由于长江经济带不同区域经济发展存在较大的差异，那么水土资源与经济增长速度之间的关系是否也存在差异？水土资源对经济增长约束作用的具体表现是什么？

（1）经济增长与水资源的相关性分析。本节通过分析东部、中部、西部三个区域人均用水量与经济增长速度之间的关系来分析水资源对经济增长的约束作用。

从东部地区人均用水量与经济增长速度之间的关系来看（见图 4-9），二者大致表现为正相关关系，经济增长速度受到资源投入不足的约束，阻碍了经济增长,随着水资源投入量的增加,经济增长速度加快,可以通过增加水资源投入量来提高经济增长速度。

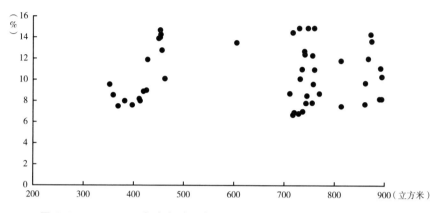

图 4-9 2003~2018 年东部地区人均用水量与经济增长速度之间的关系

中部地区与西部地区的人均用水量与经济增长速度之间大致呈负相关关系(见图 4-10、图 4-11),随着水资源投入量的增加,经济增长速度反而降低,经济增长受到水资源投入过剩的约束,可以通过减少水资源投入量来加快经济增长速度。

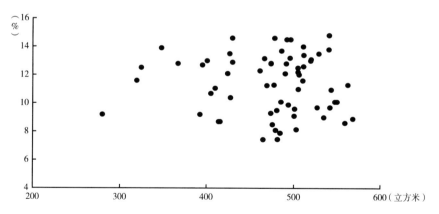

图 4-10 2003~2018 年中部地区人均用水量与经济增长速度之间的关系

总的来看,长江经济带不同区域之间水资源对经济增长的约束作用有较大的差异。

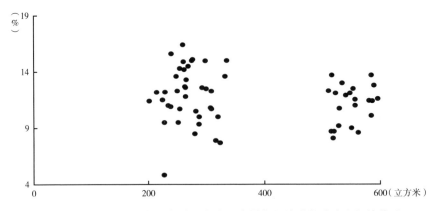

图 4-11　2003~2018 年西部地区人均用水量与经济增长速度之间的关系

（2）经济增长与土地资源的相关性分析。土地资源在长江经济带每个省市的分布都存在较大的差异，所以通过选取长江经济带东部、中部、西部三个区域中的上海市、江西省和重庆市作为研究对象进行分析。

从上海市土地资源与经济增长速度之间的关系来看（见图 4-12），二者之间大致表现为正相关关系，随着土地资源投入量的增加，经济增长速度加快，但是由于土地资源的变化存在阶段性，二者之间的相关关系并不明显。

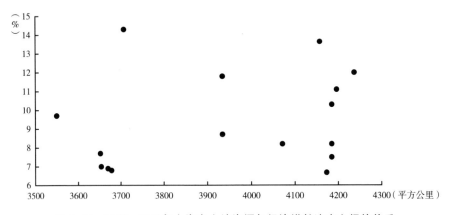

图 4-12　2003~2018 年上海市土地资源与经济增长速度之间的关系

从江西省和重庆市的土地资源与经济增长速度之间的相关关系来看（见图 4-13、图 4-14），二者之间大致呈负相关关系，随着土地资源投入量的增加，经济增长速度反而减小，太过于依赖土地资源反而阻碍了经济增长，但是由于不同地区间的土地资源变动存在阶段性，所以二者的相关关系并不明显。

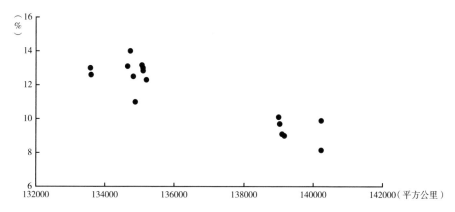

图 4-13 2003~2018 年江西省土地资源与经济增长速度之间的关系

可见在长江经济带的不同区域中，土地资源对经济增长的约束作用存在较大的差异。

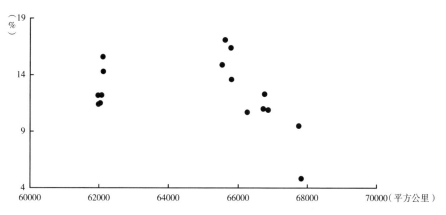

图 4-14 2003~2018 年重庆市土地资源与经济增长速度之间的关系

3. 实证分析

（1）单位根检验。对面板数据回归之前，一般要对面板数据各序列变量进行平稳性检验，防止出现伪回归现象。因此，对取对数后的总产出、资本存量、劳动力投入量、水资源投入量和土地资源投入量进行单位根检验，即对 lnY、lnK、lnL、lnW、lnT 进行单位根检验，检验方法选取 LLC 检验（见表 4-11）。由表可知，变量 lnY、lnK、lnW、lnT 的检验都是水平序列平稳，仅 lnL 水平序列不平稳，但是其一阶差分序列平稳。因此，可以对该面板数据进行回归分析。

表 4-11　面板数据单位根检验结果

变量	趋势类型(C, T, n)	LLC 检验	结论
lnY	(C,0,0)	−12.3922*** （0.0000）	平稳
lnK	(C,0,0)	−49.6646*** （0.0000）	平稳
lnL	(C,0,1)	−7.3873*** （0.0000）	平稳
lnW	(C,0,0)	−5.3628*** （0.0000）	平稳
lnT	(C,0,0)	−2.4719*** （0.0067）	平稳

注：在趋势类型中 C 代表常数项；T 代表趋势项，其中 0 代表不含有该趋势项；n 代表滞后阶数，其中 0 代表 0 阶，1 代表 1 阶。*** 表示在 1% 的水平下显著，括号内为 P 值。

（2）面板数据模型选择。由于不同省市的地区生产总值、资本存量、劳动力投入量、水资源投入量和土地资源投入量的统计特征不相同，同一地区不同年份的数据特征也不相同，故需要检验是使用固定效应模型还是面板混合回归模型，还需要检验是使用固定效应模型还是使用随机效应模型（见表 4-12）。根据表 4-12，我们最后选择固定效应模型。

表 4-12　面板数据模型选择的检验

F 检验			结论
原假设:面板混合回归模型	F	P 值	拒绝原假设
备择假设:固定效应模型	113.2700	0.0000	
Hausman 检验			结论
原假设:随机效应模型	χ^2	P 值	拒绝原假设
备择假设:固定效应模型	84.50000	0.0000	

（3）结果分析。通过 EViews 7.2 对式（4-1）进行回归，得到的生产方程如下所示：

$$\ln Y_{it} = -11.6858 + 0.6442\ln K_{it} + 0.1761\ln L_{it} - 0.0404\ln W_{it} + 0.3605\ln T_{it}$$
$$R^2 = 0.9776 \quad F = 1759.6100 \tag{4-3}$$

从式（4-3）中可以得到资本生产弹性为 0.6442、水资源生产弹性为 -0.0404、土地资源生产弹性为 0.3605，利用公式 $n = \sqrt[15]{\dfrac{L_{2018}}{L_{2003}}} - 1$ 求得 11 个省市的平均劳动力增长率，$n = 0.0487$，再参考式（3-58）分别计算得到水资源和土地资源的"尾效"值，为 -0.0055、0.0493，表明长江经济带总体上来看并不存在水资源"尾效"问题，水资源是相对充足的，而土地资源"尾效"问题是非常明显的；水资源和土地资源总的"尾效"值为 0.0438。

同时，计算结果表明，水资源生产弹性和土地资源生产弹性之和为 0.3201，小于 2/3。可见，随着资源投入的增加，经济增长速度将表现为先增大后减小的情况，且增大的速度越来越慢，而减小的速度越来越快，这证实了"资源尾效"和"资源诅咒"同时存在并且可以有条件地转换。

4. 稳健性检验

本书使用基于中国工业企业数据库数据构建的主营业务收入和企业资产总额的长江经济带 11 个省市 2003~2011 年的面板数据作为经济增长的替代指标，分别对式（4-1）进行回归。其中，当使用主营业务收入作为经济增长的替代指标时，通过回归分别得到资本生产弹性、水资源生产弹性和土地资源生产弹性，同时参考式（3-58）分别计算得到水资源和土地资源的"尾效"值，为 -0.0263 和 0.01384，同样也表明长江经济带整体上来看并不存在水资源"尾效"问题，但土地资源"尾效"问题非常明显。当使用企业资产总额作为经济增长的替代指标时，通过回归分别得到资本生产弹性、水资源生产弹性和土地资源生产弹性，同时参考式（3-58）分别计算得到水资源和土地资源的"尾效"值，为 -0.0901 和 0.0726，发现长江经济带整体上不存在水资源"尾效"问题，而存在明显的土地资源"尾效"问题。总体来看，通过使用中国工业企业数据库数据代替经济增长进行稳健性检验，发现结论基本相似，表明该结论是稳健的。

二 "资源诅咒"检验

1. 模型与指标

由于长江经济带不同省市水土资源丰裕度存在较大的差异，水土资源对经济增长的约束作用也存在差异，根据第三章对"资源诅咒"的理论模型分析，为了研究长江经济带经济增长中水土资源的"诅咒"问题，本节建立以下实证模型：

$$G_{it} = \alpha_0 + \alpha_1 NR_{it} + \alpha_2 Z_{it} + \varepsilon_{it} \qquad (4-4)$$

式（4-4）中，i 表示截面单位；t 表示时间单位；G 表示经济增长速度；NR 表示自然资源；Z 表示控制变量集。

结合第三章的理论模型，引入物质资本投入和劳动力投入两个控制变量，并且为了分别研究水土资源的"诅咒"作用，本节建立下面两个实证模型：

$$G_{it} = \alpha_0 + \alpha_1 W_{it} + \alpha_2 Inv_{it} + \alpha_3 Lab_{it} + \varepsilon_{it} \qquad (4-5)$$

$$G_{it} = \alpha_4 + \alpha_5 T_{it} + \alpha_6 Inv_{it} + \alpha_7 Lab_{it} + \varepsilon_{it} \qquad (4-6)$$

式（4-5）和式（4-6）中，G 表示经济增长速度，用地区生产总值增长率表示；W 表示水资源依赖度，用全社会用水总量占地区生产总值比重表示；T 表示土地资源依赖度，用土地资源总量占地区生产总值比重表示；Inv 表示物质资本投入，用全社会固定资产投资占地区生产总值比重表示；Lab 表示劳动力投入，用年末从业人口数占年末总人口数比重表示。

2. 检验与结果分析

（1）单位根检验。对面板数据回归之前，一般要对面板数据各序列变量进行平稳性检验，防止出现伪回归现象。对经济增长速度、水资源依赖度、土地资源依赖度、物质资本投入和劳动力投入进行单位根检验，即对 G、W、T、Inv 和 Lab 进行单位根检验，检验方法包括 LLC 检验、ADF 检验和 PP 检验（见表4-13）。表4-13显示，三种检验方法 W 和 T 变量水平序列都平稳，G 和 Lab 变量水平序列都不平稳，但是其一阶差分序列都平稳，Inv 变量 LLC 检验为水平序列平稳，但 ADF 检验和 PP 检验都是一阶差分序列平稳，因此，可以用该面板数据进行回归分析。

表 4-13　面板数据单位根检验结果

变量	LLC 检验		ADF 检验		PP 检验	
	水平序列	一阶差分	水平序列	一阶差分	水平序列	一阶差分
G	-0.9538 (0.2193)	-10.0484 *** (0.0000)	21.5932 (0.4844)	106.3900 *** (0.0000)	21.7640 (0.4740)	140.4650 *** (0.0000)
W	-14.3299 *** (0.0000)	—	114.5480 *** (0.0000)	—	119.1280 *** (0.0000)	—
T	-39.0536 *** (0.0000)	—	225.0350 *** (0.0000)	—	222.4110 *** (0.0000)	—
Inv	-2.8958 *** (0.0019)		17.6047 (0.7292)	75.2427 *** (0.0000)	17.4203 (0.7398)	68.3455 *** (0.0000)
Lab	-0.6254 (0.2658)	-9.6815 *** (0.0000)	10.1631 (0.9848)	104.9380 *** (0.0000)	10.1364 (0.9850)	124.6940 *** (0.0000)

注：*** 表示在1%的水平下显著，采用 Schwarz 准则来确定滞后阶数，括号内为相应的 P 值。

（2）面板数据模型选择。由于要研究长江经济带不同省市水土资源与经济增长之间的关系，所以我们采取变系数模型，另外由于使用面板数据进行回归，因此还要确定是使用固定效应模型还是随机效应模型，检验的方法是 Hausman 检验（见表 4-14）。如表 4-14 所示，两个模型的检验结果均表明在1%的显著性水平下拒绝随机效应模型的原假设，所以应选择固定效应模型，最终选择变系数固定效应模型来进行实证分析。

表 4-14　面板数据模型选择的检验

Hausman 检验				结论
水资源依赖度	原假设:随机效应模型	χ^2	P 值	拒绝原假设
	备择假设:固定效应模型	20.2300	0.0002	
土地资源依赖度	原假设:随机效应模型	χ^2	P 值	拒绝原假设
	备择假设:固定效应模型	18.9400	0.0003	

（3）结果分析。通过使用 EViews 7.2 对式（4-5）和式（4-6）分别进行回归，得到水资源依赖度和土地资源依赖度的系数 α_1 和 α_5，当 $\alpha_1 < 0$ 和

$\alpha_5<0$ 时，表明水资源依赖度和土地资源依赖度与经济增长速度之间呈负相关关系，水土资源的投入越多反而制约了经济增长，水土资源表现为"资源诅咒"效应。式（4-5）和式（4-6）估计结果中水资源依赖度和土地资源依赖度的系数如表 4-15 所示。表 4-15 表明，①水资源依赖度系数 $\alpha_1<0$ 的省市有浙江、江西、湖北、湖南、贵州和云南，长江经济带下游地区仅浙江的水资源表现为"资源诅咒"效应，中游地区江西、湖北和湖南的水资源均表现为"资源诅咒"效应，上游地区贵州和云南的水资源都表现为"资源诅咒"效应。总的来说，长江经济带大部分省市拥有非常丰裕的水资源，但并没有有效地带动经济增长，反而阻碍了经济增长，表现出了水资源"诅咒"现象。②长江经济带中绝大部分省份土地资源的系数 α_5 小于 0，仅下游上海和江苏、上游重庆的土地资源依赖度系数为正，也就是长江经济带绝大部分省份土地资源表现为"资源诅咒"效应，土地资源的过度开发和利用反而阻碍了经济的增长。但是土地资源表现为"资源诅咒"的省份的系数绝对值相对上海和江苏的正向作用的系数而言要小很多，也就是尽管这些省份土地资源总体上对其经济增长有负向作用，但是这种负向作用更小些，土地资源的"诅咒"现象并不明显。

表 4-15　估计结果中水资源依赖度与土地资源依赖度的系数

省市	系数		省市	系数	
	水资源 α_1	土地资源 α_5		水资源 α_1	土地资源 α_5
上海	0.3861	0.0134	湖南	−1.7742	−0.0034
江苏	2.5262	0.0180	重庆	4.6348	0.0024
浙江	−1.7878	−0.0046	四川	0.1861	$−6×10^{-5}$
安徽	1.0820	−0.0045	贵州	−0.1690	−0.0001
江西	−0.0272	−0.0001	云南	−0.6738	−0.0003
湖北	−4.1845	−0.0072			

3. 稳健性检验

本书利用基于中国工业企业数据库数据构建的主营业务收入和企业资产总额的长江经济带 11 个省市 2003～2011 年的面板数据，并将之进行对数化处理，作为经济增长的替代指标，利用微观层面数据代替宏观层面数据，分别对式（4-5）和式（4-6）进行回归，结果如表 4-16 所示。从表

4-16可以看出,无论是使用主营业务收入还是企业资产总额作为替代变量,长江经济带大部分省市水资源的系数大于0,表明长江经济带各省市水资源比较充足,并且很好地带动了企业发展,推动了经济增长,但也有部分省份水资源的系数为负,表明部分省份水资源存在明显的"资源诅咒"现象,对水资源的高度依赖反而阻碍了企业发展。长江经济带各省市土地资源的系数均为负,表明长江经济带各省市土地资源存在明显的"资源诅咒"现象,对土地资源的过度依赖反而阻碍了企业发展,不利于经济增长。该结论与使用宏观数据的基准回归结果基本一致,表明基准回归结果是稳健的。

表 4-16 稳健性检验结果

省市	主营业务收入		企业资产总额	
	水资源 α_1	土地资源 α_5	水资源 α_1	土地资源 α_5
上海	0.7662	−2.8223	0.1752	−1.2146
江苏	0.0887	−0.6128	−0.1472	−0.5983
浙江	0.1243	−0.0046	−0.4369	−0.1794
安徽	−0.1776	−0.2297	−0.2881	−0.2056
江西	−0.1114	−0.0899	−0.0817	−0.0897
湖北	0.1423	−0.1168	0.0167	−0.1379
湖南	0.0107	−0.0990	−0.0092	−0.0935
重庆	0.1910	−0.1063	0.5902	−0.0624
四川	−0.0115	−0.0420	0.2539	−0.0313
贵州	0.1811	−0.0251	0.2896	−0.0136
云南	0.1211	−0.0240	0.2266	−0.0238

第五节 长江经济带经济增长中的"资源尾效"和"资源诅咒"转换

一 模型方法与数据指标

1. 模型方法

(1) PSTR 模型。为了进一步证实"资源尾效"如何向"资源诅咒"

转换或"资源诅咒"如何向"资源尾效"转换，首先要测度出资源生产弹性的大小，再利用 PSTR 模型来实证经济增长与资源投入之间的转换机制。面板平滑转换回归（PSTR）模型是由 González 等（2005）根据 Hansen（1999）提出的面板门槛回归（PTR）模型的进一步拓展，也可以说面板平滑转换回归（PSTR）模型是面板门槛回归（PTR）模型的一般形式。包含两机制的基本面板平滑转换回归（PSTR）模型一般如下所示：

$$y_{it} = \mu_i + \beta_0 x_{it} + \beta_1 x_{it} g(q_{it}; \gamma, c) + u_{it}$$

$$g(q_{it}; \gamma, c) = \{1 + \exp[-\gamma \prod_{k=1}^{m}(q_{it} - c_k)]\} - 1, \gamma > 0, c_1 \leq c_2 \leq \cdots \leq c_m \tag{4-7}$$

其中：y_{it} 为被解释变量，x_{it} 为解释变量向量，μ_i 表示个体固定效应，u_{it} 为误差项。转换函数 $g(q_{it}; \gamma, c)$ 是一个 Logistic 函数，该函数是关于转换变量 q_{it} 且值域介于 0 和 1 之间的连续平滑的有界函数。转换函数中的 q_{it} 为转换变量（即门槛变量），斜率参数（平滑参数）γ 决定转换函数的转换速度，$c = (c_1, c_2, \cdots, c_m)'$ 为位置参数 m 维向量，决定转换发生的阈值。当 $\gamma > 0$，$c_1 \leq c_2 \leq \cdots \leq c_m$ 时，模型能够被识别，一般只需要考虑 $m = 1$ 和 $m = 2$ 就足够了。而当 $m = 1$ 时，x_{it} 的系数随着转换变量 q_{it} 的增加在 β_0 和 $\beta_0 + \beta_1$ 之间单调变换，该模型描述了从一种区制到另一种区制的平滑转换过程，这也就是一般意义上的两区制面板平滑转换回归模型。当 $m = 2$ 时，该模型就成了三区制的面板平滑转换回归模型，转换函数关于（$c_1 + c_2$）/2 对称，并取得最小值，处于中间区制状态，当 q_{it} 较低或较高时，处于两个相同的外区制状态。

根据式（3-90）的生产方程，用水资源和土地资源代替该式的资源投入量，并对两边取对数得到式（4-8），用于测度水土资源的生产弹性。

$$\ln Y_{it} = \alpha_0 + \alpha_1 \ln K_{it} + \alpha_2 \ln L_{it} + \alpha_3 \ln W_{it} + \alpha_4 \ln T_{it} + \varepsilon_{it} \tag{4-8}$$

其中：Y 为总产出，K 为资本存量，L 为劳动力投入量，W 为水资源投入量，T 为土地资源投入量。在测度出水土资源生产弹性之后，通过建立以下面板平滑转换回归（PSTR）模型来检验经济增长与水土资源投入之间的非线性关系。

$$GY_{it} = \beta_0 + \beta_1 W_{it} + \beta_2 W_{it} g(W_{it}; \gamma, c) + \varepsilon_{it} \tag{4-9}$$

$$GY_{it} = \beta_0 + \beta_1 T_{it} + \beta_2 T_{it} g(T_{it}; \gamma, c) + \varepsilon_{it} \tag{4-10}$$

式中：GY 表示经济增长速度，β_1 表示水土资源投入量对经济增长速度影响的线性部分系数，$\beta_2 g$（W_{it}；γ，c）和 $\beta_2 g$（T_{it}；γ，c）分别表示水土资源对经济增长速度影响的非线性部分系数。当线性部分与非线性部分系数之和大于零时，则表示经济增长速度随资源投入的增加而增加，也就是资源投入并未达到最优状态，表现为"资源尾效"；当线性部分与非线性部分系数之和小于零时，则表示经济增长速度随资源投入的增加而减缓，资源投入高于最优资源投入，经济增长速度反而变缓，表现为"资源诅咒"。

（2）趋势面分析。趋势面分析是利用数学曲面模拟地理系统要素在空间上的分布及变化趋势的一种数学方法（彭山桂等，2009）。其原理是运用最小二乘法拟合一个二维非线性函数，模拟地理要素在空间上的分布规律，展示地理要素在空间上的变化趋势，本书通过运用趋势面分析方法来展示"资源尾效"和"资源诅咒"在空间上的分布规律及其变化趋势。趋势面分析的原理一般可用式（4-11）表示：

$$z_i(x_i, y_i) = \overset{\cdot}{z_i}(x_i, y_i) + \varepsilon_i \quad (i = 1, 2, \cdots, n) \tag{4-11}$$

式中：（x_i，y_i）表示地理坐标，z_i（x_i，y_i）表示包含地理要素的实际观测数据，$\overset{\cdot}{z_i}$（x_i，y_i）表示趋势面拟合值，ε_i 表示剩余值。趋势面分析就是采用回归方法拟合出趋势面使得残差平方和最小化。

2. 数据指标

为了测度出长江经济带 11 个省市的水土资源生产弹性以及水土资源投入与经济增长之间的非线性关系，考虑到数据的平稳性以及可获取性，本书以《中国统计年鉴》（2004～2017 年）和 11 个省市的 2017 年国民经济和社会发展统计公报为数据来源，采集了 2003～2016 年地区生产总值、年末从业人口数和用水总量来分别表示总产出（Y）、劳动力投入量（L）和水资源投入量（W），使用耕地面积、林业用地面积、可利用草地面积与建成区面积之和表示土地资源投入量（T）。经济增长速度 GY 通过计算得到，地区生产总值是以 2003 年为基期折算的不变价。资本存量 K 采用永续盘存法计算得到，具体计算步骤见本章第四节，此处不再赘述。

二 转换机制分析

1. 同质性和无剩余异质性检验

为了进一步探索这种转换条件及机制，本书使用 PSTR 模型来验证。其中，经济增长速度单位为%，水资源投入量单位为亿立方米，土地资源投入量单位为万公顷，为表述方便以下数据不再加单位。本书使用 Matlab 12.0 对式（4-9）、式（4-10）进行估计。在使用 PSTR 模型进行估计之前，首先要进行同质性检验，也就是检验模型是否存在非线性关系，只有当模型的截面存在异质性时，才能使用 PSTR 模型进行估计。一般的估计方法是用转换函数的一阶泰勒展开构造辅助函数进行回归分析，在确定存在异质性的情况下，进一步进行无剩余异质性检验，确定转换函数的个数。这里我们将同质性检验和无剩余异质性检验结果放在表4-17中，鉴于已有研究证明 LMF 统计量具有更好的小样本性质（Dijk et al., 2002），所以表4-17只展示了 LMF 统计量。根据表4-17可以看出，所有情况下都拒绝同质性假设。而接下来的无剩余异质性检验的结果表明当 W 为转换变量时，$m=1$，转换函数个数为1个，$m=2$，转换函数个数为2个；当 T 为转换变量时，转换函数为2个。

表 4-17　同质性和无剩余异质性的 LMF 检验

模型	模型 1		模型 2	
门槛变量	W		T	
位置参数个数	$m=1$	$m=2$	$m=1$	$m=2$
$H_0:r=0; H_1:r=1$	8.2470 *** （0.0050）	7.3670 *** （0.001）	29.2900 *** （0.0000）	18.1970 *** （0.0000）
$H_0:r=1; H_1:r=2$	3.5090 （0.0630）	8.0910 *** （0.0000）	17.5850 *** （0.0000）	6.3420 *** （0.0000）
$H_0:r=2; H_1:r=3$	—	1.6320 （0.1990）	0.5730 （0.4500）	1.9990 （0.1390）

注：括号内为单侧 P 值，*** 表示在1%的水平下显著。

2. 最优位置参数确定

在进行无剩余异质性检验之后，进一步就要确定各个模型转换函数的位置参数个数 m。我们对两个模型在 $m=1$ 和 $m=2$ 的情况分别进行 PSTR

模型估计,得到表4-18中的最优转换函数个数、残差平方和(SSR)、AIC和BIC。通过比较表4-18中AIC和BIC,根据其最小值法则,最终选择模型1($m=1$,$r=1$)和模型2($m=1$,$r=2$)两种情况。

表4-18 最优位置参数的确定

模型	模型1		模型2	
位置参数个数	$m=1$	$m=2$	$m=1$	$m=2$
最优转换函数个数 r	1	2	2	2
SSR	775.9690	687.7040	608.8660	608.1100
AIC	1.5580	1.5640	1.4610	1.4700
BIC	1.6300	1.6860	1.5870	1.7050

3. 非线性回归结果分析

继续使用非线性最小二乘法估计上述模型,得到的参数如表4-19所示。由表4-19可知,模型1和模型2的线性部分系数β_1均显著为正,而非线性部分系数β_2均显著为负,也就是随着资源投入的变化,资源投入与经济增长速度之间的关系会发生显著变化,甚至出现相反关系的变化。

表4-19 最终PSTR模型估计结果

模型	模型1	模型2
(m,r)	$(1,1)$	$(1,2)$
β_1	0.0238 *** (5.5573)	0.0147 ** (2.8108)
β_2	-0.0556 *** (-6.0764)	-0.0070 *** (-4.9639) -0.0303 *** (-4.1015)
γ	54.9968	$(0.3594,3.0092)$
c_1	203.0389	667.5192
c_2	—	1751.2000

注: ** 、 *** 分别表示在5%和1%的水平下显著,括号内为t值。

关于水资源投入量与经济增长速度之间的关系说明。表4-19中模型1的结果显示,β_1和β_2分别为0.0238和-0.0556,位置参数为203.0389,平滑参数γ为54.9968,表明模型的转换速度较快。

为了直观地看出转换速度的快慢,在图 4-15 中绘制了转换函数 g $(W_{it}; \gamma, c)$ 即 g 值与水资源投入量之间的关系。从图 4-15 可以看出,随着水资源投入量的增加,g 值由 $g = 0$ 这一低区制向 $g = 1.0$ 这一高区制转换,且转换速度很快,表明转换趋向于简单的两机制 PTR 模型。由于 β_1 和 β_2 分别为 0.0238 和 -0.0556,所以当 $W < 203.0389$ 时,水资源投入量对经济增长速度的影响为正,其大小为 0.0238;而处于 $W > 203.0389$ 时,水资源投入量对经济增长速度的影响为负,其大小为 -0.0318($\beta_1 + \beta_2$)。比较两个过程,发现存在一个门槛值 $W = 203.0389$,使得当水资源投入量跨过这一门槛值时,水资源投入量对经济增长速度的影响突然由正变成负,并且由于这两个区制转换速度较快,因此,可以认为当 $W = 203.0389$ 时,经济增长速度达到最大值;当 $W < 203.0389$ 时,水资源对经济增长的约束表现为"资源尾效"作用;而当 $W > 203.0389$ 时,水资源对经济增长的约束表现为"资源诅咒"作用。随着水资源投入量的增加,水资源对经济增长的约束作用呈现由"资源尾效"向"资源诅咒"转换。

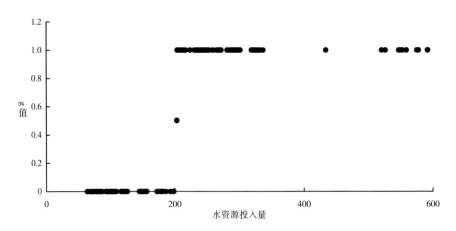

图 4-15　2003~2018 年水资源投入量与 g 值之间的关系

关于土地资源投入量与经济增长之间的关系说明。表 4-19 中模型 2 的结果显示,该模型有两个转换函数,因此存在两个平滑参数 γ 和两个位置参数 c,其中较小的位置参数 c_1 为 667.5192,对应的平滑参数 γ_1 较小,为 0.3594,表示转换速度非常慢;较大的位置参数 c_2 为 1751.2000,对应

的平滑参数 γ_2 较小，为 3.0092，表示转换速度较慢。为了更加清晰地比较其转换情况，在图 4-16 和图 4-17 分别绘制出 g_1（T_{it}；γ_1，c_1）和土地资源投入量、g_2（T_{it}；γ_2，c_2）和土地资源投入量之间的关系。从图 4-16 可以看出，对于第一个转换函数 g_1，当 $T<667.5192$ 时，模型趋向于低区制；而当 $T>667.5192$ 时，模型趋向于高区制。从图 4-17 可以看出，对于第二个转换函数 g_2，当 $T<1751.2000$ 时，模型趋向于低区制；而当 $T>1751.2000$ 时，模型趋向于高区制。从图 4-16 和图 4-17 比较可以看出，当第一个转换函数达到高区制时的土地资源投入量处于第二个转换函数的低区制，由此我们可以画出土地资源投入量与 g_1+g_2 值之间的关系。从图 4-18 可以看出，当 $T<667.5192$ 时，土地资源投入量对经济增长速度的影响为正，其大小为 0.0147；当 $667.5192<T<1751.2000$ 时，土地资源投入量对经济增长速度的影响仍为正，但大小为 0.0077；当 $T>1751.2000$ 时，土地资源投入量对经济增长速度的影响为负，其大小为 -0.0226。根据图 4-17 和图 4-18 大致估计出经济增长速度最大的土地资源投入量为 1751.2000，因此我们可以认为当 $T<1751.2000$ 时，土地资源对经济增长的约束表现为"资源尾效"作用；而当 $T>1751.2000$ 时，土地资源对经济增长的约束表现为"资源诅咒"作用。随着土地资源投入量的增加，土地资源对经济增长的约束作用呈现由"资源尾效"向"资源诅咒"转换。

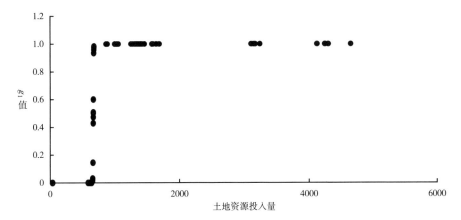

图 4-16　2003~2018 年土地资源投入量与 g_1 值之间的关系

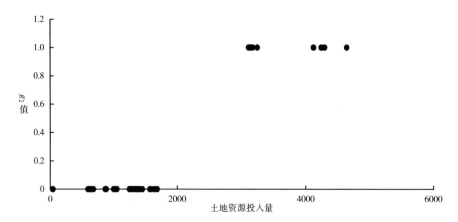

图 4-17　2003~2018 年土地资源投入量与 g_2 值之间的关系

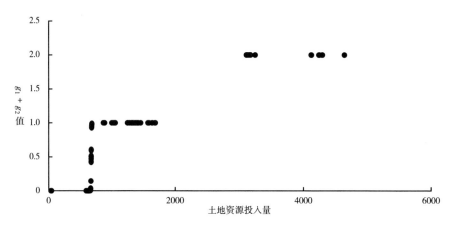

图 4-18　2003~2018 年土地资源投入量与 g_1+g_2 值之间的关系

4. 稳健性检验

本书将利用基于中国工业企业数据库数据构建的主营业务收入的长江经济带 11 个省市 2003~2011 年的面板数据进行对数化处理,作为经济增长的替代指标。经过同质性检验和无剩余异质性检验,对于水资源,同质性检验和无剩余异质性检验表明只有 1 个转换函数,同时确定最优位置参数的个数 $m=1$,最终确定 $m=1$,$r=1$;对于土地资源,同质性检验和无剩余异质性检验表明存在 3 个转换函数,同时确定最优位置参数的个数 $m=1$,最终确定 $m=1$,$r=3$。继续使用非线性最小二乘法进行回归,结果如

表4-20所示。由表4-20可知，水资源对企业发展的影响表现为先正后负，即二者呈倒"U"形曲线关系；土地资源对企业发展的影响在不同阶段呈现更为复杂的影响。但是整体上，替换变量后模型回归结果与基准回归结果基本一致，说明基准回归结果比较稳健。

表 4-20 稳健性检验结果

资源类型	W	T
替代指标	主营业务收入	主营业务收入
(m,r)	$(1,1)$	$(1,3)$
β_1	$0.2809^{**}(0.0492)$	$-0.0028(0.0018)^{***}$
β_2	$-0.2941^{*}(0.0503)$	$-0.0009^{***}(0.0002)$ $0.0017^{***}(0.0003)$ $0.0014^{***}(0.0003)$
γ	0.0298	$(29.7473,11.9975,1.4261)$
c_1	42.7092	635.5876
c_2	—	1349.6000
c_3		1636.9000

注：**、***分别表示在5%和1%的水平下显著，括号内为P值。

三 空间异质性分析

1. 均值异质性特征

为进一步分析以上水土资源约束转换过程中的空间异质性，我们首先利用 ArcGIS 10.2 对上述 PSTR 模型计量出来的均值进行总体趋势分析，分别得到图4-19和图4-20。从图4-19可以看出，水资源的约束作用表现为"东低西高"，在长江经济带内部呈现"上游高-下游低"的空间格局。鉴于"资源尾效"值用正数表示，而"资源诅咒"值用负数表示，由此可以发现：上游地区水资源对经济增长的约束趋于"资源尾效"作用，而下游地区水资源对经济增长的约束趋于"资源诅咒"作用，中游地区水资源的约束作用并不明显，水资源的总体约束作用由上游到下游地区呈现从"资源尾效"逐步变小并转换为"资源诅咒"逐步增强。从图4-20可以看出，土地资源的约束作用表现为"东低西高"，在长江经济带内部呈现"上游

139

低-下游高"的空间格局。相比而言，上游地区土地资源对经济增长的约束趋于"资源诅咒"作用，下游地区土地资源对经济增长的约束趋于"资源尾效"作用，而中部地区土地资源的约束作用并不明显，土地资源的总体约束作用呈现由上游到下游从"资源诅咒"逐步变小并转换为"资源尾效"逐步增强。由此可见，水资源和土地资源对经济增长的约束作用在长江经济带由上游到下游的变化格局刚好相反。

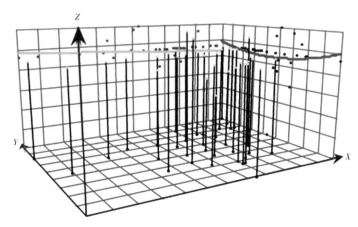

图 4-19　水资源约束的空间分异趋势

注：沿 X 轴为由西向东，沿 Y 轴为由南向北。

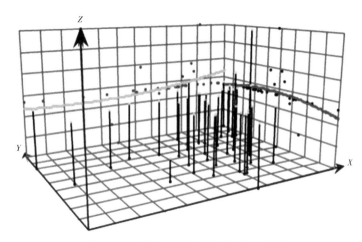

图 4-20　土地资源约束的空间分异趋势

注：沿 X 轴为由西向东，沿 Y 轴为由南向北。

2. 趋势异质性特征

为探讨不同年份异质性的趋势分布情况，利用上述计算方法分别计算出长江经济带 11 个省市 2003 年、2010 年、2018 年的"资源尾效"值和"资源诅咒"值，借助 ArcGIS 10.2 软件得到上述年份的趋势面，如图 4-21 和图 4-22 所示。从各个年份比较看，2003~2018 年长江经济带的水资源约束作用整体表现为"上游高-下游低"，而土地资源的约束作用整体表现为"上游低-下游高"，这与均值意义下的水土资源约束的空间格局基本一致，只是土地资源约束作用的趋势线更加陡峭，也就是说土地资源的约束作用明显大于水资源的约束作用。进一步比较该期间的趋势变化，发现在长江经济带内部水资源约束作用在东西方向上的空间差异在 2010 年小幅增大后在 2018 年又小幅减缓；而土地资源约束作用的空间差异在时间上的变化趋势却并不明显。

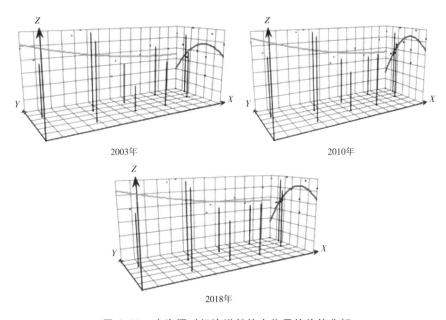

图 4-21 水资源对经济增长约束作用的趋势分析

注：沿 X 轴为由西向东，沿 Y 轴为由南向北。

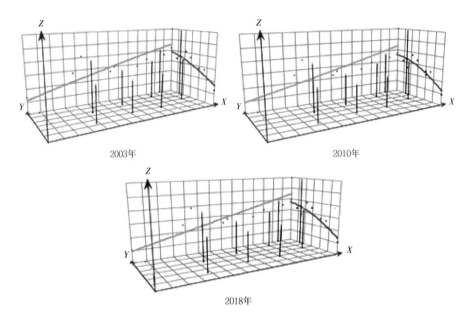

图 4-22 土地资源对经济增长约束作用的趋势分析

注：沿 X 轴为由西向东，沿 Y 轴为由南向北。

第五章
经济增长中"资源尾效"和"资源诅咒"的转换及成长异质性检验

—— 以中国煤炭城市煤炭资源为例

第一节 研究对象和数据来源

一 研究对象

能源资源是国民经济发展的原动力之一，中国虽然是资源大国，但人均资源较少，资源禀赋不佳。当前，我国对能源资源需求的增速放缓，但需求总量仍将维持高位运行。其中，煤炭资源一直是中国经济发展中的主要消耗能源，在能源消耗总量中占据了较大的比例。根据国家统计局数据，2018 年，全国原煤产量 36.8 亿吨，同比增长 4.5%；全国煤炭消费量同比增长 1%。其中，据中国煤炭工业协会测算，电力行业全年耗煤 21 亿吨左右，钢铁行业耗煤 6.2 亿吨，建材行业耗煤 5 亿吨，化工行业耗煤 2.8 亿吨，其他行业耗煤减少约 6000 万吨。根据海关数据，2018 年全国煤炭进口 2.8 亿吨，同比增长 3.9%；出口 493.4 万吨，同比下降 39%；净进口约 2.75 亿吨，同比增长 5.2%，为近四年来最高水平。《全国矿产资源规划（2016—2020 年）》数据显示，预计到 2020 年全国煤炭产量控制在 39 亿吨，煤炭资源作为不可再生能源，同样会面临着开采殆尽、供给不足等问题，所以对于煤炭资源开采和利用要给予较大的关注。对于能源资源的约束作用可以主要关注煤炭资源对其城市经济增长的约束作用，而煤炭资源主要来自煤炭城市对煤炭的开采，所以选择中国煤炭城市作为研究对象研究能源资源对经济增长的约束作用具有代表性。

煤炭城市属于资源型城市中的一类，国务院在《全国资源型城市可持续发展规划（2013—2020 年）》中将资源型城市定义为以本地区矿产、森林等自然资源开采、加工为主导产业的城市。根据资源开采与城市形成的先后顺序，资源型城市的形成有两种模式，一种为"先矿后城式"，即城市完全是因为资源开采而出现的，如大庆、金昌、攀枝花、克拉玛依等；另一种为"先城后矿式"，即在资源开发之前已有城市存在，资源的开发加快了城市的发展，如大同、邯郸等。因此，将煤炭城市定义为因煤炭资源的开采而兴起或发展，且煤炭产业在工业中处于主导产业地位的城市。对于地级资源型城市的确定，国家计委宏观经济研究院课题组（2002）提出地级市资源型产业应超过 2 亿元且占工业总产值比重在 10% 以上，资源型产业从业人员应超过 2 万人且占全部从业人员的比重在 5% 以上的原则。根据上述原则，本书确定 31 个地级煤炭城市，分别为：唐山、邢台、邯郸、大同、朔州、阳泉、长治、晋城、乌海、赤峰、鄂尔多斯、阜新、抚顺、辽源、鹤岗、双鸭山、七台河、鸡西、徐州、宿州、淮北、淮南、萍乡、枣庄、济宁、焦作、鹤壁、平顶山、六盘水、铜川、石嘴山。从上述煤炭城市所处省份可知，中国煤炭城市主要分布在西部和北部地区，呈现明显的"北富南贫，西多东少"分布特征。煤炭城市的分布特征与煤炭资源的形成所依赖的自然条件高度相关，我国煤田分布地区以干旱和半干旱气候为主，且地势比较陡，这些地区生态环境脆弱，一旦遭受破坏就很难恢复。而煤炭城市又依托煤炭资源的开采和初加工，这些产业均属于严重污染型产业，对生态环境的破坏非常严重，这对煤炭城市的经济可持续发展产生了严重影响。我国煤炭城市分布地区与自然环境比较脆弱和经济落后的地区具有一定的重叠性，经济基础薄弱，城市社会经济发展对煤炭资源高度依赖。产业结构单一，煤炭采掘业和原材料工业所占比重大，加工工业所占比重小，且大多处于产业链的前端，高科技产业发展滞后，第三产业不发达。这导致煤炭城市经济发展动力单一，随着煤炭资源的枯竭和城市生态问题的逐渐显现，煤炭城市经济发展滞后问题严重，煤炭城市的转型发展成为必然。

煤炭城市的分布并没有长江经济带省市的分布那么有层次性，但是由于煤炭资源开采存在明显的生命周期，发展时间不同的煤炭城市的煤炭资源的储量、开采量以及煤炭城市经济发展水平也不相同，因此，针对发展阶段不同的煤炭城市，需要制定不同的政策。国务院在《全国资源型城市可持续发展规划（2013—2020年）》中根据资源型城市的资源保障能力和可持续发展能力的差异，将资源型城市划分为成长型、成熟型、衰退型和再生型四种类型（见表5-1）。那么在这些不同类型煤炭城市中，煤炭资源到底起着什么约束作用？随着煤炭资源的产量或者投入量的变化，煤炭资源对其城市经济增长的约束作用到底如何变化？不同类型煤炭城市中煤炭资源对经济增长的约束作用是否有区别？

表 5-1　地级煤炭城市分类

煤炭城市类型	地级煤炭城市
成长型（3个）	朔州市、鄂尔多斯市、六盘水市
成熟型（13个）	邢台市、邯郸市、大同市、阳泉市、长治市、晋城市、赤峰市、鸡西市、宿州市、淮南市、济宁市、鹤壁市、平顶山市
衰退型（13个）	乌海市、阜新市、抚顺市、辽源市、鹤岗市、双鸭山市、七台河市、淮北市、萍乡市、枣庄市、焦作市、铜川市、石嘴山市
再生型（2个）	唐山市、徐州市

二　数据来源

为了研究煤炭城市经济增长中煤炭资源的约束作用，鉴于数据的可获取性，本章数据时间跨度是2001~2018年，截面包括30个地级煤炭城市（石嘴山市因数据不全没有），全部数据来源于《中国城市统计年鉴》（2002~2019年）、《河北统计年鉴》（2002~2019年）、《山西统计年鉴》（2002~2019年）、《内蒙古统计年鉴》（2002~2019年）、《辽宁统计年鉴》（2002~2019年）、《吉林统计年鉴》（2002~2019年）、《黑龙江统计年鉴》（2002~2019年）、《江苏统计年鉴》（2002~2019年）、《安徽统计年鉴》（2002~2019年）、《江西统计年鉴》（2002~2019年）、《山东统计年鉴》（2002~2019年）、《河南统计年鉴》（2002~2019年）、《贵州统计年鉴》（2002~2019年）、《陕西统计年鉴》（2002~2019年），以及30个煤炭城市存在的地级市统计年鉴，各煤炭城市所在省份的矿产资源总体规划（2016~2020年）以及《全国矿产资源规划（2016—2020年）》，《中国矿产资源报告》（2013~2019年）。同时，本书利用中国工业企业数据库数据进行稳健性检验，使用的数据包含30个煤炭城市2001~2011年的样本。

与长江经济带工业企业数据处理方式一样，分别选取企业主营业务收入和企业资产总额作为经济增长的替代指标。本书使用中国工业企业数据库的城市和行政区划代码将 30 个煤炭城市的所有企业数据进行加总，得到 30 个煤炭城市 2001~2011 年的面板数据。

第二节　煤炭城市经济增长的现状与演变过程

一　经济增长的现状

煤炭城市经济发展水平普遍较低，且不同煤炭城市之间的发展存在较大差异。从人均 GDP 来看（见图 5-1），2018 年全国人均 GDP 为64521 元，大部分煤炭城市低于全国平均水平，其中人均 GDP 最低的是阜新，仅 25340 元，还不到全国人均 GDP 的一半，而煤炭城市中人均GDP 超过全国平均水平的仅有唐山、乌海、鄂尔多斯、徐州、焦作五个城市，只占所有煤炭城市的 1/6 左右，约 5/6 的煤炭城市的人均 GDP 是低于全国平均水平的。而所有高于全国平均水平的煤炭城市中，人均GDP 最高的是鄂尔多斯，达到了 181486 元，是全国平均水平的约 3 倍，并且是人均 GDP 排名第二的乌海的 2 倍多，可见不同煤炭城市的经济发展水平存在较大差异。

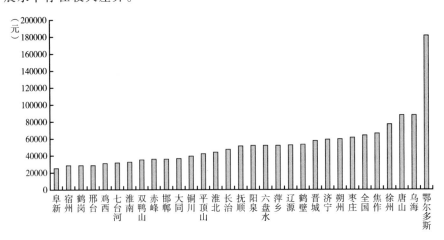

图 5-1　2018 年全国和 30 个煤炭城市人均 GDP

从全国和 30 个煤炭城市的经济增长速度来看（见图 5-2），不同煤炭城市的经济增长速度存在较大差异，其中存在 19 个煤炭城市的经济增长速度低于全国平均水平，另外有 11 个煤炭城市的经济增长速度高于全国平均水平，经济增长速度最快的是乌海，其经济增长速度达到了 13%，而经济增长速度最慢的是辽源，其经济增长速度为 0.3%；并且经济增长速度较慢的煤炭城市大多有一个共同的特点，它们基本是资源衰退型煤炭城市，其中 19 个低于全国经济增长速度的煤炭城市中有 10 个是资源衰退型城市，它们正面临资源衰退的困境，阻碍了经济的增长，而大部分成长型和成熟型城市经济增长速度比较快。

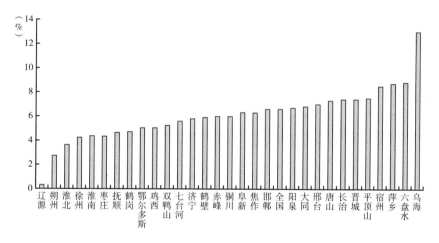

图 5-2　2018 年全国和 30 个煤炭城市经济增长速度

二　经济增长的演变过程

我国大部分煤炭城市的经济还是保持着持续增长的趋势的，但不同煤炭城市经济增长的变动趋势存在较大的差异。由于煤炭城市较多，本书就不一一列出分析，通过选取不同类型中具有代表性的煤炭城市进行分析。从人均 GDP 的演变过程来看（见图 5-3），2001~2018 年，成长型煤炭城市前期经济发展水平低于全国经济发展水平，但是经过发展逐渐拉近甚至超过全国经济发展水平；成熟型和衰退型煤炭城市由于已经依赖煤炭资源发展了一段时间，但是过度依赖煤炭资源的发展并不能保证经济的持续高速增长，所以这两种类型煤炭城市中大部分的城市在2001~2018年人均GDP低于全国平均水平，也有少部分煤炭城市经济发展水平高于全国平均水平；两个再生型煤炭城市在2001~2018年人均GDP超过了全国平均水平，并且二者之间的差距总体上越来越大，再生型煤炭城市的转型比较成功。

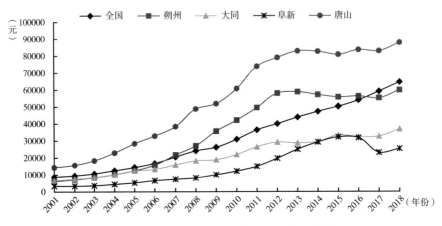

图5-3　2001~2018年全国、朔州、大同、阜新、唐山人均GDP

从经济增长速度演变情况来看（见图5-4），煤炭城市经济增长速度变化很不稳定，波动比较大。2001~2007年全国经济增长速度不断上升，而2008~2018年全国经济增长速度开始放缓，经济增长速度稳定在7%左右。成长型煤炭城市如朔州，其经济增长速度在2002~2012年都明显高于全国平均水平，2013年后经济增长速度明显下降且低于全国平均水平，由于受煤炭资源和政策影响，其经济增长速度波动较大；成熟型煤炭城市如大同，其经济增长速度波动性较大，但保持了正值，且大部分年份经济增长速度高于全国平均水平；衰退型煤炭城市如阜新，尽管其经济增长速度在2013年及之前基本高于全国平均水平，但是由于煤炭资源的枯竭，其经济增长速度基本呈下降的趋势，甚至2015~2016年出现了负增长的情况；而再生型煤炭城市如唐山，其经济增长速度变化趋势与全国经济增长速度变化趋势基本相似，也是总体上经历经济增长速度先上升再减缓。

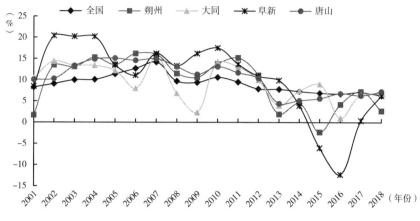

图 5-4 2001~2018 年全国、朔州、大同、阜新、唐山经济增长速度

第三节 煤炭城市煤炭资源的现状与演变过程

一 煤炭资源的现状

1. 煤炭资源分布特征

我国的煤炭资源分布区域广泛，几乎每个省份都有煤炭资源，但是煤炭资源数量上的分布呈现极不均衡的状态，主要集中在几个煤炭资源丰富的省份。根据地级煤炭城市的分布情况，煤炭资源主要分布在秦淮以北地区，秦淮以北的煤炭城市较多，并且主要分布在山西（5 个）、黑龙江（4 个）、河北（3 个）、内蒙古（3 个）、河南（3 个）等省区；而秦淮以南地区，煤炭资源较少，地级煤炭城市主要集中在安徽，总体上表现为"北富南贫，西多东少"。各省区市统计年鉴数据显示：截至 2015 年底，内蒙古自治区保有煤炭资源储量为 4110.65 亿吨，占全国的比重为 26.3%，排名第一；新疆维吾尔自治区保有煤炭资源储量为 3773.13 亿吨，占全国的比重为 24%，排名第二；山西省保有煤炭资源储量为 2709 亿吨，占全国的比重为 17.3%，排名第三；陕西省保有煤炭资源储量为 1610.4 亿吨，占全国的比重为 10.3%，排名第四。从 2015 年保有煤炭资源储量来看，煤炭资源主要分布在内蒙古、新疆、山西和陕西四省区，占比超过 70%，其他各省区市仅有少量煤炭资源，分布极不均衡，并且北方煤炭资源明显多于南

方，仅北方内蒙古、新疆和山西三省区的煤炭资源就占有六成以上。从煤炭资源查明储量来看，截至 2018 年底，我国煤炭基础储量为 17085.7 亿吨，其主要分布在山西和内蒙古两地，而其他省区市除了上海以外，都有一定的煤炭基础储量，但是煤炭基础储量均不多，分布极不均衡。

2. 煤炭资源开发和需求情况

我国煤炭资源的生产主要集中在煤炭资源储量较为丰富的地区，尽管资源丰裕的地区并不代表生产量也高。从 2019 年各省区市统计年鉴数据来看，2018 年全国原煤生产量为 36.83 亿吨，其中内蒙古和山西两省区原煤产量分别为 9.76 亿吨和 9.26 亿吨，分别占全国原煤产量的 26.5% 和 25.1%，两省区原煤产量超过全国产量的一半；陕西省原煤产量为 6.3 亿吨，占全国原煤产量的 17.1%；其他省区市的原煤产量则较低。煤炭的开采也呈现极不均衡状态，主要集中在内蒙古、山西和陕西三省区。2018 年全国煤炭消费总量为 45.04 亿吨，其中煤炭消费量较高的省区有山西、内蒙古、山东、河北和江苏，其煤炭消费总量分别为 4.89 亿吨、4.41 亿吨、4.23 亿吨、2.95 亿吨和 2.54 亿吨，分别占全国煤炭消费总量的 10.9%、9.8%、9.4%、6.5% 和 5.6%。尽管并非煤炭资源储量和生产量越多的省份，其煤炭资源的消费量也越多，但是从煤炭消费的分布来看，煤炭资源消费多的省份拥有的煤炭储量也不会少，也就是煤炭储量和生产量多的省份一般是通过自身的煤炭资源进行生产，进而推动经济的增长。煤炭资源的开发由于受煤炭资源分布极不均衡的影响，煤炭资源的产量分布也极不均衡；而由于煤炭资源的流动性，煤炭资源消费量的分布并非仅仅集中在几个省份，但是一般煤炭资源较多的城市更依赖煤炭来发展经济，其消费量也较高。

二 煤炭资源的演变过程

中国煤炭资源查明储量持续增加（见图 5-5），从 2006 年的 11597.8 亿吨上升到 2018 年的 17085.7 亿吨，为矿产资源的开发提供了资源基础，煤炭资源的潜力在不断提升。不过全国煤炭资源储量的提升，主要还是来自内蒙古、新疆、山西和陕西四省区发现的一大批中大型煤炭产地带来的煤炭资源储量提升，煤炭资源的分布一直是区域广泛但相对集中的状态。而由于煤炭基础储量是满足现行采矿和生产所需的指标要求的查明储量的一部分，受煤炭资源开采的影响较严重。全国煤炭基础储量表现为先下降再上升的趋势，其中煤炭基础储量占比较高的山西和内蒙古两省区呈现同样的趋势，都是在 2011 年下降到最低点，再保持缓慢上升的趋势，全国煤炭基础储量的变化主要来自煤炭大省区的变动。但是总体来看，2016 年的煤炭基础储量相对于 2007 年来说是下降的（见图 5-6）。也就是尽管我国煤炭资源潜力充足，但如果不适当控制对煤炭的开采，煤炭基础储量也会不断下降，使得煤炭资源出现供给不足等问题。

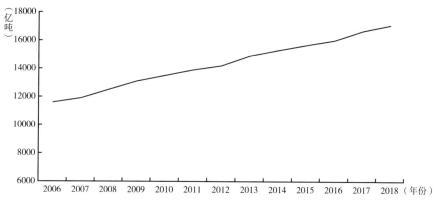

图 5-5　2006~2018 年全国煤炭资源查明储量

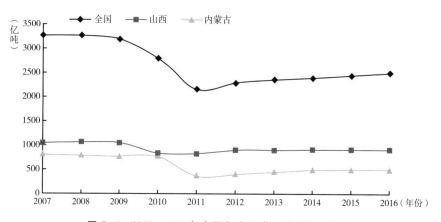

图 5-6　2007~2016 年全国与主要省区煤炭基础储量

第四节　煤炭城市经济增长的“资源尾效” 与“资源诅咒”检验

一　“资源尾效”检验

1. 模型与指标

根据第三章对“资源尾效”的理论模型分析，对式（3-104）进行对数化处理，由于是研究煤炭城市中煤炭资源的“尾效”，本节建立以下实证模型：

$$\ln Y = \alpha \ln K + \alpha \ln L + \alpha \ln Co + \mu \tag{5-1}$$

式（5-1）中：Y 为总产出，K 为资本存量，L 为劳动力投入量，Co 为煤炭资源投入量，式中分别用地区生产总值、年末从业人口数和原煤产量来表示总产出（Y）、劳动力投入量（L）和煤炭资源投入量（Co），其中地区生产总值是以 2001 年为基期折算的不变价，而由于相关统计年鉴中并没有历年资本存量（K）的数据，所以要对资本存量 K 进行估计。一般使用永续盘存法对资本存量进行估计，其公式如下所示：

$$K_{it} = K_{it-1}(1 - \delta) + I_{it} \tag{5-2}$$

式（5-2）中：K 表示资本存量，I 表示当年投资，δ 表示折旧率。由于不同的学者具体核算时采取的方法是不同的，为了简便计算，本书采用张军等（2004）使用的核算方法，当年投资 I 用固定资产投资代替，并通过固定资产价格指数将固定资产投资折算成 2001 年的不变价，折旧率采用他们在文中使用的 9.6%，并使用向娟（2011）以当前价格计算各地级市的 2000 年的资本存量，计算出 30 个煤炭城市 2001 年的资本存量作为初始资本存量，进一步计算得到 30 个煤炭城市 2002～2018 年的资本存量，由于数据过多，本章就不一一列出。

2. 探索性描述

由于不同类型的煤炭城市的划分主要是根据煤炭资源的储量和开采程度来决定的，而且不同类型的煤炭城市经济发展水平存在较大的差异，显然煤炭资源对经济增长的约束作用在不同阶段是不相同的，而煤炭城市经济的发展主要是依赖煤炭资源。我们通过分析不同类型煤炭城市煤炭产量与经济增长速度之间的关系来分析煤炭资源对煤炭城市经济增长的约束情况。从几种类型煤炭城市总体来看，煤炭资源对煤炭城市经济增长的作用并非简单的线性作用，二者之间并非一直正相关或者负相关，随着经济的发展和资源的变化约束作用也会发生变化。

成长型煤炭城市如朔州市，其经济增长速度与煤炭产量之间基本呈负相关关系（见图5-7）。随着煤炭产量的增加，经济增长速度反而减缓，而根据本章前述分析发现，成长型煤炭城市煤炭产量基本处于一个上升的趋势，也就是煤炭资源的过度开采阻碍了经济的增长。

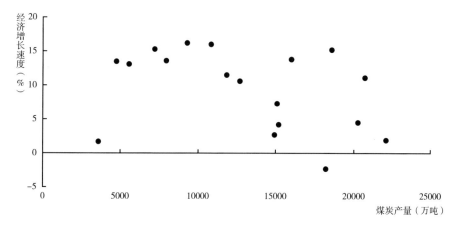

图5-7 朔州市煤炭产量与经济增长速度之间的关系

而成熟型煤炭城市如大同市，煤炭产量与经济增长速度之间大致呈现倒"U"形关系（见图5-8）。随着煤炭产量的增加，经济增长速度呈现先增大再减小的情况。当煤炭产量并未越过某一临界值时，煤炭产量与经济增长速度之间呈正相关关系，随着煤炭产量的增加经济增长速度加快；而当跨过某一临界值时，煤炭产量与经济增长速度之间反而呈负相关关系，随着煤炭产量的增加经济增长速度反而减缓。

衰退型煤炭城市如阜新市，煤炭产量与经济增长速度之间大致表现为正相关关系（见图5-9）。随着煤炭产量的增加，经济增长速度也随着提高，但是根据本章前述分析发现，衰退型煤炭城市煤炭产量处于一个下降的趋势，也就是煤炭资源的不足制约了衰退型煤炭城市的经济增长，如果煤炭资源足够多则其能够推动经济增长。

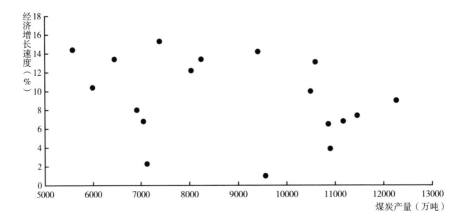

图5-8   大同市煤炭产量与经济增长速度之间的关系

再生型煤炭城市如唐山市，煤炭产量保持一个较为稳定的状态（见图5-10）。煤炭产量与经济增长速度之间大致表现为正相关关系，但由于摆脱了对煤炭资源的依赖，煤炭产量对经济增长速度并没有决定性影响。

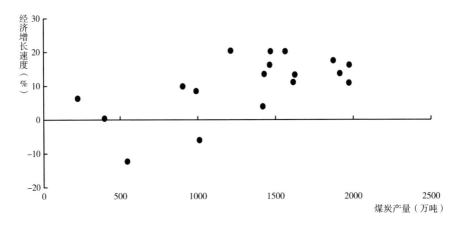

图5-9   阜新市煤炭产量与经济增长速度之间的关系

3. 实证分析

（1）单位根检验。对面板数据回归之前，一般要对面板数据各序列变量进行平稳性检验，防止出现伪回归现象。因此，对取对数后的总产出、资本存量、劳动力投入量、煤炭资源投入量进行单位根检验，即对 $\ln Y$、

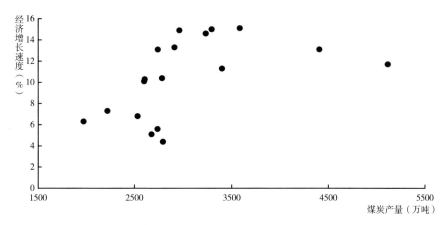

图 5-10 唐山市煤炭产量与经济增长速度之间的关系

$\ln K$、$\ln L$ 和 $\ln Co$ 进行单位根检验，检验方法包括 LLC 检验、ADF 检验和 PP 检验，结果如表 5-2 所示。三种检验方法 $\ln Y$、$\ln K$ 和 $\ln Co$ 都是水平序列平稳，仅 $\ln L$ 水平序列不平稳，但是其一阶差分序列平稳，所以可以用该面板数据进行回归分析。

表 5-2 面板数据单位根检验结果

变量	LLC 检验		ADF 检验		PP 检验	
	水平序列	一阶差分	水平序列	一阶差分	水平序列	一阶差分
$\ln Y$	-20.6894*** (0.0000)	—	247.5100*** (0.0000)	—	247.6980*** (0.0000)	—
$\ln K$	-83.8049*** (0.0000)	—	6393.5000*** (0.0000)	—	6368.7100*** (0.0000)	—
$\ln L$	-1.6416* (0.0503)	-9.6742*** (0.0000)	56.0077 (0.6223)	213.4650*** (0.0000)	36.7128 (0.9923)	246.0220*** (0.0000)
$\ln Co$	-5.6717*** (0.0000)	—	77.3412* (0.0653)	—	128.2000*** (0.0000)	—

注：*、*** 分别表示在 10%、1%的水平下显著，采用 Schwarz 准则来确定滞后阶数，括号内为相应的 P 值。

（2）面板数据模型选择。在使用面板数据进行回归时，要确定是使用固定效应模型还是随机效应模型，检验的方法是 Hausman 检验，结果如表

5-3 所示。检验结果表明在 1% 的显著性水平下拒绝随机效应模型的原假设，所以应选择固定效应模型。

表 5-3　面板数据模型选择的检验

Hausman 检验			结论
原假设:随机效应模型	χ^2	P 值	拒绝原假设
备择假设:固定效应模型	24.1793	0.0000	

（3）结果分析。通过 EViews 7.2 对式（5-1）进行回归，得到的生产方程如下所示：

$$\ln Y_{it} = -1.7092 + 1.3031 \ln K_{it} + 0.2957 \ln L_{it} - 0.0559 \ln Co_{it}$$
$$R^2 = 0.9696 \quad F = 537.4449 \tag{5-3}$$

从式（5-3）中可以得到的资本生产弹性为 1.3031、煤炭资源生产弹性为 -0.0559，利用公式 $n = \sqrt[17]{\dfrac{L_{2018}}{L_{2001}}} - 1$ 求得 30 个煤炭城市的平均劳动力增长率，$n = 0.0015$，再参考式（3-58）计算得到煤炭资源的"尾效"值，为 2.8291×10^{-4}，说明煤炭城市中煤炭资源的"尾效"问题比较小。

4. 稳健性检验

本书使用基于中国工业企业数据库数据构建的主营业务收入和企业资产总额的 2001~2011 年 30 个煤炭城市的面板数据作为经济增长的替代指标，分别对式（5-1）进行回归。当使用主营业务收入作为经济增长的替代指标时，通过回归得到的资本生产弹性和煤炭资源生产弹性分别为 0.4271 和 0.1934，进一步参考式（3-58）计算得到的煤炭资源的"尾效"值为 6.339×10^{-4}，表明煤炭资源的"尾效"问题非常小，与基准回归的结果基本一致。当使用企业资产总额作为经济增长的替代指标时，通过回归得到的资本生产弹性和煤炭资源生产弹性分别为 0.3362 和 0.1281，进一步参考式（3-58）计算得到的煤炭资源的"尾效"值为 5.33×10^{-4}，表明煤炭资源的"尾效"问题非常小，与基准回归结论基本一致。这说明基准回归结果基本是稳健的。

二 "资源诅咒"检验

1. 模型与指标

根据第三章对"资源诅咒"的理论模型分析,为了研究煤炭城市经济增长中煤炭资源的"诅咒"问题,本节建立以下实证模型:

$$G_{it} = \alpha_0 + \alpha_1 NR_{it} + \alpha_2 Z_{it} + \varepsilon_{it} \tag{5-4}$$

式(5-4)中,i 表示截面单位;t 表示时间单位;G 表示经济增长速度;NR 表示自然资源;Z 表示控制变量集。

结合第三章的理论模型,引入物质资本投入和制造业部门投入两个控制变量,为了研究煤炭资源的"诅咒"作用,本节建立下面的实证模型:

$$G_{it} = \alpha_0 + \alpha_1 Co_{it} + \alpha_2 Inv_{it} + \alpha_3 Min_{it} + \varepsilon_{it} \tag{5-5}$$

式(5-5)中,G 表示经济增长速度,用地区生产总值增长率表示;Co 表示煤炭资源依赖度,用采掘业从业人员数占从业总人口数比重表示;Inv 表示物质资本投入,用资本存量占实际地区生产总值比重表示;Min 表示制造业部门投入,用制造业部门从业人员数占从业总人口数比重表示。

2. 实证分析

(1)单位根检验。对面板数据回归之前,一般要对面板数据各序列变量进行平稳性检验,防止出现伪回归现象。对经济增长速度、煤炭资源依赖度、物质资本投入和制造业部门投入做单位根检验,即对 G、Co、Inv 和 Min 进行单位根检验,检验方法包括 LLC 检验、ADF 检验和 PP 检验,结果如表5-4所示。三种检验方法 Inv 和 Min 变量水平序列都平稳,G 和 Co 变量水平序列都不平稳,但是其一阶差分序列都平稳,所以可以用该面板数据进行回归分析。

表 5-4 面板数据单位根检验结果

变量	LLC 检验		ADF 检验		PP 检验	
	水平序列	一阶差分	水平序列	一阶差分	水平序列	一阶差分
G	2.0081 (0.9777)	-16.0925 *** (0.0000)	39.0628 (0.9835)	272.7650 *** (0.0000)	48.4457 (0.8575)	339.8210 *** (0.0000)

续表

变量	LLC 检验		ADF 检验		PP 检验	
	水平序列	一阶差分	水平序列	一阶差分	水平序列	一阶差分
Co	- 0.4282 （0.3343）	- 15.9948 *** （0.0000）	53.2113 （0.7201）	282.5340 *** （0.0000）	52.7650 （0.7348）	301.2860 *** （0.0000）
Inv	- 10.8007 *** （0.0000）	—	158.992 *** （0.0000）	—	86.5864 ** （0.0140）	—
Min	- 7.7783 *** （0.0000）	—	155.8410 *** （0.0000）	—	159.9470 *** （0.0000）	—

注：** 、*** 分别表示在 5%、1% 的水平下显著，采用 Schwarz 准则来确定滞后阶数，括号内为相应的 P 值。

（2）面板数据模型选择。在使用面板数据进行回归时，要确定是使用固定效应模型还是随机效应模型，检验的方法是 Hausman 检验，结果如表 5-5 所示。检验结果表明在 1% 的显著性水平下拒绝随机效应模型的原假设，所以应选择固定效应模型。

表 5-5 面板数据模型选择的检验

Hausman 检验			结论
原假设:随机效应模型	χ^2	P 值	拒绝原假设
备择假设:固定效应模型	42.4465	0.0000	

（3）结果分析。通过 EViews 7.2 对式（5-5）进行回归，结果如表 5-6 所示。由结果可以看出，煤炭城市中煤炭资源依赖度与经济增长速度之间呈负相关关系，随着煤炭城市对煤炭资源依赖度的提高，经济增长速度反而减缓，表现为"资源诅咒"效应。由于"资源诅咒"效应存在多种典型的作用机制，而这些传导途径可以通过相应的各个控制变量与煤炭资源依赖度变量之间的关系被反映出来。为此，我们建立如式（5-6）所示的回归方程分别考察本章中两个传导途径的变量与煤炭资源依赖度之间的关联情况，找出煤炭资源开发阻碍经济增长的间接传导途径。从表 5-7 的结果来看，物质资本投入与煤炭资源依赖度之间呈正相关关系，与制造业部门投入之间呈负相关关系，说明煤炭资源开采通过降低制造业部门投入来阻碍经济增长。

$$Z_{it} = \beta_0 + \beta_1 Co_{it} + \mu_{it} \qquad (5-6)$$

表 5-6　面板数据回归结果

变量	系数	标准误	P 值
常数项	-2.1441	1.2568	0.0886
Inv	0.1379	0.0158	0.0000
Min	-0.0008	0.0036	0.9806
Co	-0.1892	0.0463	0.0001

表 5-7　"资源诅咒"传导机制分析结果

变量	Inv	Min
Co	0.1117 *** (0.0000)	-0.0001 *** (0.0014)

注：*** 表示在1%的水平下显著，括号内为相应的 P 值。

3. 稳健性检验

本书利用基于中国工业企业数据库数据构建主营业务收入和企业资产总额的 2001~2011 年 30 个煤炭城市的面板数据，并将之进行对数化处理，作为经济增长的替代指标，分别对式（5-5）进行回归，得到的结果如表 5-8 所示。从表 5-8 可知，在替换掉经济增长以后，煤炭资源依赖度的系数仍显著为负，表明煤炭城市丰富的煤炭资源并没有推动企业发展，反而阻碍了企业发展，表现为明显的"资源诅咒"效应。这一结果与基准回归结果基本一致，表明基准回归结果基本稳健。

表 5-8　稳健性检验结果

变量	主营业务收入	企业资产总额
常数项	21.3297 *** (0.4345)	19.7139 *** (0.3324)
Inv	0.0194 * (0.0112)	0.02011 ** (0.0086)
Min	-0.1408 *** (0.0137)	-0.0803 *** (0.0024)
Co	-0.0286 *** (0.0031)	-0.0171 *** (0.0024)

注：*、**、*** 分别表示在10%、5%、1%的水平下显著，括号内为标准误。

第五节 煤炭城市经济增长中的"资源尾效" 和"资源诅咒"转换

一 模型方法与数据指标

1. 模型方法

本节建立以下面板平滑转换回归（PSTR）模型检验经济增长速度与煤炭资源依赖度之间的非线性关系。

$$G_{it} = Q_{00} + \theta_{01}Co_{it} + \theta_{02}Inv_{it} + \theta_{03}Min_{it} + $$
$$\theta_{11}Co_{it}g(Co_{it}; \gamma, c) + \varepsilon_{it} \tag{5-7}$$

式中：G 表示经济增长速度，θ_{01} 表示煤炭资源依赖度对经济增长速度影响的线性部分系数，$\theta_{11}g(Co_{it}; \gamma, c)$ 表示煤炭资源依赖度对经济增长速度影响的非线性部分系数。当线性部分与非线性部分系数之和大于零，则表示经济增长速度随煤炭资源投入的增加而增加，也就是煤炭资源投入并未达到最优状态，表现为"资源尾效"；当线性部分与非线性部分系数之和小于零，则表示经济增长速度随煤炭资源投入的增加而减缓，煤炭资源投入高于最优煤炭资源投入，经济增长速度反而变缓，表现为"资源诅咒"。

2. 数据指标

式（5-7）中，G 表示经济增长速度，用地区生产总值增长率表示；Co 表示煤炭资源依赖度，用采掘业从业人员数占从业总人口数比重表示；Inv 表示物质资本投入，用资本存量占实际地区生产总值比重表示；Min 表示制造业部门投入，用制造业部门从业人员数占从业总人口数比重表示。

二 模型设定检验

在使用面板数据进行回归时，要确定是使用固定效应模型还是随机效应模型，检验的方法是 Hausman 检验，结果如表5-9所示。检验结果表明在1%的显著性水平下拒绝随机效应模型的原假设，所以应选择固定效应模型。

表 5-9　面板数据模型选择的检验

Hausman 检验			结论
原假设:随机效应模型	χ^2	P 值	拒绝原假设
备择假设:固定效应模型	42.4465	0.0000	

三　转换机制分析

1. 同质性和无剩余异质性检验

将同质性和无剩余异质性检验结果放在表 5-10 中，鉴于已有研究证明 LMF 统计量具有更好的小样本性质（Dijk et al.，2002），所以在表 5-10 只展示了 LMF 统计量。根据表 5-10 可以看出，$m=1$ 的情况下无法拒绝同质性假设，说明在这种情况下并没有非线性；$m=2$ 的情况下拒绝同质性假设，同时接下来的无剩余异质性检验的结果表明转换函数为 1 个，那么对于最优位置参数的个数 $m=2$，最优转换函数个数 $r=1$。

表 5-10　同质性和无剩余异质性的 LMF 检验

门槛变量	Co	
位置参数个数	$m=1$	$m=2$
$H_0:r=0;H_1:r=1$	0.8910 （0.3460）	5.9750*** （0.0030）
$H_0:r=1;H_1:r=2$	—	1.4120 （0.2450）

注：括号内为单侧 P 值，*** 表示在 1%的水平下显著。

2. 非线性回归结果分析

继续使用非线性最小二乘法估计上述模型，由于主要是研究煤炭资源依赖度对经济增长速度的约束作用，所以只列出 Co 的参数即 θ_{01} 和 θ_{11} 系数，整理得到的参数结果如表 5-11 所示。根据表 5-11 的结果可知，由于位置参数是一个二维向量，也就是 $m=2$，转换函数在 $\dfrac{c_1+c_2}{2}$ 处有最小值，其中 c_1 和 c_2 是位置参数 c 中的两个参数值，且在门槛变量较低或较高时取值均为 1。由于 $r=1$，那么只有一个位置参数 c（8.6271，16.9870），则转换函数在中点值 12.8071 处取得最小值,平滑参数 γ 为 0.2703,表明模型的转换速度比较慢。

表 5-11　最终 PSTR 模型估计结果

参数	模型
(m,r)	$(2,1)$
θ_{01}	$-0.2595(-3.7693)$ ***
θ_{11}	$0.6010(8.9754)$ ***
γ	0.2703
c	$(8.6271,16.9870)$

注:*** 表示在 1% 的水平下显著,括号内为 t 值。

为了直观地看出转换的过程,在图 5-11 中绘制了转换函数 $g(Co_{it};\gamma,c)$ 即 g 值与煤炭资源依赖度之间的关系。从图 5-11 可以看出,随着煤炭资源依赖度的增加,g 值从高区制 $g=1.0$ 处缓慢转向低区制再转回高区制。具体而言,当煤炭资源依赖度小于 8.6271 时,g 值一直处于 $g=1.0$ 的高区制,那么这一阶段煤炭资源依赖度对经济增长速度的影响为正,其大小为 0.3415($\theta_{01}+\theta_{11}$);当煤炭资源依赖度处于(8.6271,12.8071)时,g 值开始从高区制转向低区制,也就是煤炭资源依赖度对经济增长速度的影响由正缓慢转向负,在煤炭资源依赖度为 12.8071 时最小,其大小为 -0.2595;当煤炭资源依赖度处于(12.8071,16.9870)时,g 值开始由低区制转向高区制,煤炭资源依赖度对经济增长速度的影响由负转回正,并在煤炭资源依赖度为 16.9870 时表现为最大,其大小为 0.3415($\theta_{01}+\theta_{11}$);当煤炭资源依赖度大于 16.9870 时,g 值也同样一直处于高区制,也就是煤炭资源依赖度对经济增长速度的影响为正,大小为 0.3415。总的来看,当煤炭资源依赖度小于 12.8071 时,煤炭资源对经济增长的影响表现为由"资源尾效"转为"资源诅咒";当煤炭资源依赖度大于 12.8071 时,煤炭资源对经济增长的影响表现为由"资源诅咒"转为"资源尾效"。

3. 稳健性检验

本书利用基于中国工业企业数据库数据构建了 30 个煤炭城市 2001~2011 年的主营业务收入的面板数据,并对其进行对数化处理,作为经济增长的替代指标。由于主要是研究煤炭资源依赖度对经济增长的约束作用,

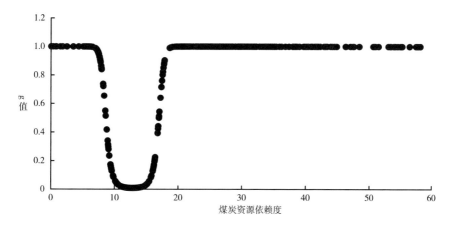

图 5-11　煤炭资源依赖度与 g 值之间的关系

注：煤炭资源依赖度的单位为%，为表述方便，相关数据不再加单位。

这里只列出 Co 的参数即 θ_{01} 和 θ_{11} 系数。首先，同质性检验和无剩余异质性检验发现存在 1 个转换函数，进一步确定最优位置参数个数为 2，即 $m=1$，$r=2$。继续使用非线性最小二乘法进行估计，结果如表 5-12 所示。由表 5-12 可知，当煤炭资源依赖度小于 8.2865 时，煤炭资源对企业发展的表现为显著的正向影响，其大小为 0.2368；当煤炭资源依赖度为（8.2865，14.2633）时，煤炭资源对企业发展也表现为明显的正向影响，但影响更小，其大小为 0.2150；当煤炭资源依赖度大于 14.2633 时，煤炭资源对企业发展的影响为负，其大小为 -0.1003。总的来看，煤炭资源对煤炭城市企业发展的影响表现为先正后负，即二者呈倒"U"形曲线关系，这一结论与基准回归结果基本一致，表明基准回归是相对稳健的。

表 5-12　稳健性检验结果

参数	模型
(m, r)	$(1, 2)$
θ_{01}	0.2368 ** (0.0206)
θ_{11}	-0.0218 *** (0.0095)
	-0.3153 ** (0.0477)
γ	(7.5577, 5.3325)
c	(8.2865, 14.2633)

注：**、*** 分别表示在 5% 和 1% 的水平下显著，括号内为 P 值。

四 成长异质性分析

由于不同煤炭城市所处的阶段并不相同，不同煤炭城市中煤炭资源对经济增长的约束情况可能并不相同，所以根据表 5-1 对地级煤炭城市的分类情况分别进行研究，由于再生型城市受煤炭资源对经济增长的约束作用并不大，所以只对成长型、成熟型和衰退型煤炭城市进行分析。

1. 成长型煤炭城市

（1）同质性和无剩余异质性检验。参照前文的做法，首先进行同质性和无剩余异质性检验，结果如表 5-13 所示。根据表 5-13 可以看出，所有情况下都拒绝同质性假设。

表 5-13　同质性和无剩余异质性的 LMF 检验

门槛变量	Co	
位置参数个数	$m=1$	$m=2$
$H_0:r=0;H_1:r=1$	19.2080*** （0.0000）	13.1480*** （0.0000）
$H_0:r=1;H_1:r=2$	0.1110 （0.7400）	0.0660 （0.9360）

注：*** 表示在 1% 的水平下显著，括号内为 P 值。

（2）最优位置参数确定。在进行无剩余异质性检验之后，进一步就要确定模型转换函数的位置参数个数 m。对模型在 $m=1$ 和 $m=2$ 的情况分别进行 PSTR 模型估计，得到表 5-14 中的最优转换函数个数、残差平方和（SSR）、AIC 和 BIC。通过比较表 5-14 中 AIC 和 BIC，根据其最小值法则，最终选择模型（$m=1$，$r=1$）。

表 5-14　最优位置参数的确定

位置参数个数	$m=1$	$m=2$
最优转换函数个数 r	1	1
SSR	693.542	882.450
AIC	3.212	3.520
BIC	3.523	3.871

（3）非线性回归结果分析。继续使用非线性最小二乘法估计上述模型，由于主要是研究煤炭资源依赖度对经济增长速度的约束作用，所以只列出 Co 的系数，整理得到的参数结果如表 5-15 所示。其中煤炭资源依赖度的线性部分和非线性部分的系数 θ_{01} 和 θ_{11} 分别为 2.1434 和 -1.4262，而转换函数的平滑参数 γ 为 2.4691，说明该模型转换速度相对较慢，煤炭资源依赖度的系数由 2.1434 较为缓慢地转换成 0.7172，也就是随着煤炭资源依赖度的增加，煤炭资源对经济增长的正向作用在逐渐减小，由一开始的 2.1434 缓慢地转为 0.7172，煤炭资源依赖度对经济增长速度的约束情况表现为由"资源尾效"转换为"资源诅咒"，但由于成长型城市比较少，自然资源依赖的逐渐增加是否会阻碍经济增长还需要进一步的考察。同时为了更清楚地看出其平滑转换情况，在图 5-12 中画出转换函数 g 值与煤炭资源依赖度之间的关系。

表 5-15 最终 PSTR 模型估计结果

参数	模型
(m, r)	$(1, 1)$
θ_{01}	2.1434^{***} (6.3365)
θ_{11}	-1.4262^{***} (-7.8903)
γ	2.4691
c	17.8200

注：*** 表示在 1% 的水平下显著，括号内为 t 值。

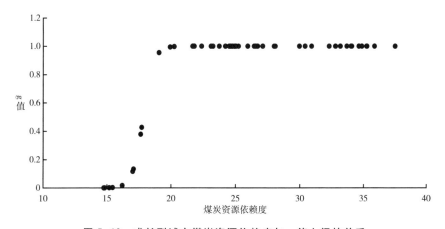

图 5-12 成长型城市煤炭资源依赖度与 g 值之间的关系

2. 成熟型煤炭城市

（1）同质性和无剩余异质性检验。同样，参照前文的做法进行同质性和无剩余异质性检验，结果如表5-16所示。根据表5-16可以看出，在 $m=1$ 和 $m=2$ 的情况下都拒绝同质性假设。

表5-16　同质性和无剩余异质性的 LMF 检验

门槛变量	Co	
位置参数个数	$m=1$	$m=2$
$H_0:r=0;H_1:r=1$	5.2250 ** （0.0230）	5.2980 *** （0.0060）
$H_0:r=1;H_1:r=2$	0.0390 （0.8430）	0.8840 （0.4150）

注：** 、*** 分别表示在5%和1%的水平下显著，括号内为 P 值。

（2）最优位置参数确定。在进行无剩余异质性检验之后，进一步就要确定模型转换函数的位置参数个数 m。对模型在 $m=1$ 和 $m=2$ 的情况分别进行 PSTR 模型估计，得到表5-17中的最优转换函数个数、残差平方和（SSR）、AIC 和 BIC。通过比较表5-17中 AIC 和 BIC，根据其最小值法则，最终选择模型（$m=2$，$r=1$）。

表5-17　最优位置参数的确定

位置参数个数	$m=1$	$m=2$
最优转换函数个数 r	1	1
SSR	3043.979	3022.573
AIC	2.516	2.494
BIC	2.660	2.622

（3）非线性回归结果分析。继续使用非线性最小二乘法估计上述模型，由于主要是研究煤炭资源依赖度对经济增长速度的约束作用，所以只列出 Co 的系数，整理得到的参数结果如表5-18所示。根据表5-18的结果可知，由于位置参数是一个二维向量，也就是 $m=2$，转换函数在 $\dfrac{c_1+c_2}{2}$

处有最小值,其中 c_1 和 c_2 是位置参数 c 中的两个参数值,且在门槛变量较低或较高时取值均为 1。由于 $r=1$,那么只有一个位置参数 c(9.5263,28.0733),则转换函数在中点值 18.7998 处取得最小值,平滑参数 γ 为54.2083,表明模型的转换速度非常快。

表 5-18   最终 PSTR 模型估计结果

参数	模型
(m,r)	$(2,1)$
θ_{01}	$-0.1579^{***}\,(-4.4262)$
θ_{11}	$0.4046^{***}\,(5.9641)$
γ	54.2083
c	$(9.5263, 28.0733)$

注: ***表示在 1%的水平下显著,括号内为 t 值。

为了直观地看出转换的过程,在图 5-13 中绘制了转换函数 $g(Co_{it};$ $\gamma,c)$ 即 g 值与煤炭资源依赖度之间的关系。从图 5-13 可以看出,随着煤炭资源依赖度的提高,g 值由高区制 $g=1.0$ 迅速转向低区制 $g=0$ 再转回高区制,由于转换速度非常快,因此不需要考虑在中间点才到达低区制。那么,当煤炭资源依赖度小于 9.5263 时,煤炭资源对经济增长的影响为正向,其大小为 0.2467;当煤炭资源依赖度处于(9.5263,28.0733)时,煤炭资源对经济增长的影响为负向,其大小为 -0.1579;当煤炭资源依赖度大于 28.0733 时,煤炭资源对经济增长的影响为正向,其大小为0.2467。总的来说,当煤炭资源依赖度小于 9.5263 或大于 28.0733 时,成熟型煤炭城市表现为"资源尾效";当煤炭资源依赖度处于(9.5263,28.0733)时,成熟型煤炭城市表现为"资源诅咒"。

3. 衰退型煤炭城市

(1)同质性和无剩余异质性检验。在使用 PSTR 模型进行估计之前,首先要进行同质性和无剩余异质性检验,结果如表 5-19 所示。根据表 5-19 可以看出,所有情况下都接受同质性假设,衰退型煤炭城市中煤炭资源依赖度与经济增长速度之间只是简单的线性关系。

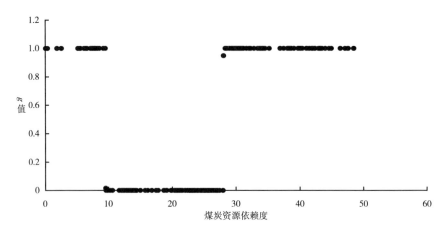

图5-13　成熟型城市煤炭资源依赖度与 g 值之间的关系

表5-19　同质性和无剩余异质性的 LMF 检验

门槛变量	Co	
位置参数个数	$m=1$	$m=2$
$H_0:r=0;H_1:r=1$	0.0990 （0.7530）	0.4950 （0.6100）

注：括号内为 P 值。

（2）线性回归结果分析。利用研究煤炭资源依赖度与经济增长速度之间关系的式（5-5）对衰退型煤炭城市进行分析。通过 EViews 7.2 对式（5-5）进行回归，得到的结果如表5-20所示。从表5-20可以看出，煤炭城市中煤炭资源依赖度与经济增长速度之间呈负相关关系，随着对煤炭资源依赖度的提高，经济增长速度反而减缓，表现为"资源诅咒"效应。

表5-20　面板数据回归结果

变量	系数	标准误	t 值	P 值
常数项	-3.7790	2.0596	-1.8348	0.0680
Inv	0.0958	0.0249	3.8449	0.0002
Min	0.0006	0.0004	0.1467	0.8835
Co	-0.3193	0.0709	-4.5014	0.0000

第六章
中国地级及以上城市经济增长中
资源约束的时空效应分析

——以矿产资源为例

第一节　研究对象与数据来源

一　研究对象

自然资源是人类社会赖以生存和发展的重要物质基础，推动着世界经济的快速发展。随着人类开采和利用自然资源的能力不断提升，自然资源的开采和消耗速度也不断提升。其中矿产资源又是国民经济发展的原动力之一，在经济发展中起着至关重要的作用。中国作为世界上最大的发展中国家，其经济的快速发展离不开矿产资源的大量消耗。尽管目前我国对矿产资源的需求增速放缓，但需求总量仍将处于高位。根据《中国矿产资源报告 2019》，一方面，中国为世界上第一大矿产资源生产和消费国，2018 年一次能源产量为 37.7 亿吨标准煤，同比增长 5.0%（见图 6-1）；消费总量为 46.4 亿吨标准煤，同比增长 3.3%。2018 年能源消费结构中煤炭占59.0%，石油占 18.9%，天然气占 7.8%，矿产资源消费仍然占据能源消费总量的较大比例（见图 6-2）。另一方面，2018 年，在金属矿产销量上，中国的粗钢、十种有色金属、黄金也均居全球首位。但中国又是人均矿产资源相对短缺的国家，比如煤炭、石油和天然气分别只占世界人均水平的 55%、11% 和 4%，矿产资源的稀缺与经济增长对矿产资源的大量需求之间产生矛盾，进而阻碍社会经济的可持续发展。同时，中国又是一个矿产资源在地理空间分布极度不均衡的国家，煤炭、石油、天然气、有色金属等矿产资源主要分布在中西部地区，东部沿海地区矿产资源则相

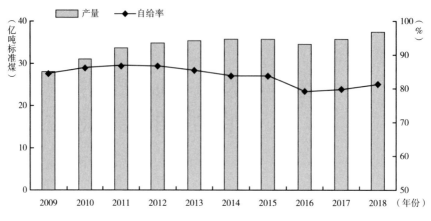

图 6-1 2009~2018 年全国一次能源产量与自给率

资料来源：《中国矿产资源报告 2019》。

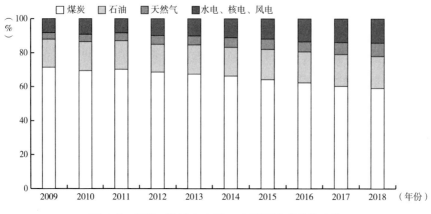

图 6-2 2009~2018 年全国一次能源消费结构变化

资料来源：《中国矿产资源报告 2019》。

对匮乏。中国经济发展在空间上也极不均衡，中西部地区经济发展水平明显低于东部地区，其中西部地区大部分省份人均 GDP 低于全国平均水平。显然，自然资源丰裕的西部地区并没有得到更好的发展，反而资源相对贫瘠的东部地区经济发展水平更高，自然资源对经济增长的影响可能存在空间差异。从省际层面研究自然资源对经济增长的影响很难完全捕捉空间溢出效应，因为省际层面空间尺度较大且内部差异较大，显然关注自然资源对城市经济增长的影响显得更有意义。截至 2018 年，中国共有 297 个地级及以上城市，其中资源型城市 116 个，约 80% 的资源型城市位于中西部地区，仅有少部分资源型城市位于东部地区，但是东部地区城市经济发展水平基本高于中西部地区，可见自然资源对城市经济增长的作用可能与城市所处的地理区位对经济增长产生的影响交织在一起。因此，本章以中国地级及以上城市矿产资源为研究对象，主要解决以下两个问题：一是在考虑城市经济增长和自然资源空间溢出效应的前提下，自然资源如何影响城市经济增长？二是在考虑城市经济增长空间溢出效应的前提下，自然资源通过溢出效应对周边其他城市的经济增长起何种作用？

二 数据来源

为了研究中国城市矿产资源对经济增长的约束的时空效应，同时考虑数据的可获取性，本章数据跨度是 2004～2018 年，全部数据来源于《中国城市统计年鉴》（2005～2019 年）、《中国统计年鉴》（2005～2019 年），以及各个省区市 2005～2019 年的统计年鉴、国民经济和社会发展统计公报。

第二节 中国城市经济增长的现状与演变过程

一 经济增长的现状

中国地域辽阔，东部、中部、西部地区经济发展水平存在明显差异。从表 6-1 可以看出，中国东部、中部、西部地区各省区市经济发展水平存在明显差异，其中东部地区人均 GDP 明显高于中西部地区。其中 2018 年人均 GDP 最高的为东部地区的北京市，达到了 140211 元；人均 GDP 最低的为西部地区的甘肃省，仅有 31336 元，不到北京市的 1/4。可见，中国不同地区经济发展水平存在明显差异。另外，从各省区市经济增长速度来看，东部地区大部分省市的经济增长速度反而不如中西部地区，这主要是由于我国正由经济高速增长阶段向高质量发展阶段转变，而经济发展水平较高的东部地区更快地推动高质量发展。

表 6-1　2018 年中国东部、中部、西部各省区市人均 GDP 与经济增长速度

单位：元，%

东部地区	北京	天津	河北	上海	江苏	辽宁	浙江	福建	山东	广东	海南
人均GDP	140211	120711	47772	134982	115168	58008	98643	91197	76267	86412	51955
经济增长速度	6.6	3.6	6.6	6.6	6.6	5.7	7.1	8.3	6.4	6.8	5.8
中部地区	山西	安徽	江西	河南	湖北	湖南	吉林	黑龙江			
人均GDP	45328	47712	47434	50152	66616	52949	55611	43274			
经济增长速度	6.7	8.0	8.7	7.6	7.8	7.8	4.5	4.7			
西部地区	内蒙古	广西	重庆	四川	贵州	云南	西藏	陕西	甘肃	青海	宁夏	新疆
人均GDP	68302	41489	65933	48883	41244	37136	43398	63477	31336	47689	54094	49475
经济增长速度	5.3	6.8	6.0	8.0	9.1	8.9	9.1	8.3	6.3	7.2	7.0	6.1

资料来源：《中国统计年鉴 2019》，东部、中部、西部的划分参见邵帅等（2013）。

　　但需要注意的是，中国经济发展水平不仅在省份之间的差异比较大，同一省份各城市之间经济发展水平的差异也非常大。本节以江苏省为例，分析该省各地级市经济发展水平的差异。从表 6-2 可以看出，江苏省各地级市经济发展水平存在明显差异，其中 2018 年人均 GDP 最高的为无锡市，达到了 174270 元；而人均 GDP 最低的为宿迁市，仅 55906 元，不到无锡市的 1/3。可见，同一省份不同城市之间经济发展水平存在显著差异。另外，从各地级市经济增长速度来看，各个城市的经济增长速度也存在明显差异。这些现象说明我国城市之间经济发展水平存在明显差异，从城市层面考察自然资源对经济增长的作用是非常必要的。

表 6-2　2018 年江苏省各地级市人均 GDP 和经济增长速度

单位：元，%

城市	南京市	无锡市	徐州市	常州市	苏州市	南通市	连云港市
人均 GDP	152886	174270	76915	149277	173765	115320	61332
经济增长速度	8	7.4	4.2	7	6.8	7.2	4.7
城市	淮安市	盐城市	扬州市	镇江市	泰州市	宿迁市	
人均 GDP	73204	75987	120944	126906	109988	55906	
经济增长速度	6.5	5.5	6.7	3.1	6.7	6.8	

二　经济增长的演变过程

我国大部分城市保持着持续的增长趋势，但是由于东部、中部、西部地区城市发展的初始条件和推动条件存在明显差异，因此各城市经济发展过程也存在明显差异。由于涉及 285 个地级及以上城市，本章就不一一展示各城市的经济发展过程。

一方面，本章分别从东部、中部、西部地区选取江苏省、江西省和四川省的省会城市南京、南昌和成都作为主要分析对象，因为这些省份基本上能够分别体现东部、中部、西部地区的平均水平，并且省会城市基本上是各省份发展最好的城市，如果这些城市的经济发展状况存在明显差异，可以从侧面反映出中国经济发展的不平衡问题。根据图 6-3，从各城市人均 GDP 来看，2004 年南京、南昌和成都的人均 GDP 非常接近，尽管 3 个城市人均 GDP 均总体呈增长的趋势，但是可以看出东部地区的南京市与中部、西部的南昌市、成都市之间的差距总体上越来越大，而中西部地区之间的差距并不大。总体上来看我国城市之间的发展还是存在东部、中部、西部上的不均衡问题。从经济增长速度来看，东部、中部、西部地区的城市经济增长速度总体上均出现了下降的趋势，2004~2014 年各城市经济增长速度波动性比较大，而 2014~2018 年经济增长速度比较平稳，这与我国正从高速增长阶段转向高质量发展阶段有关。

另一方面，从省域内来看，各城市经济发展过程也存在明显差异，本章选取江西省为例，分析省域内各城市经济发展过程的差异。由图 6-4 可知，大部分地级市 2004 年人均 GDP 非常接近，但是随着经济的不断发展，

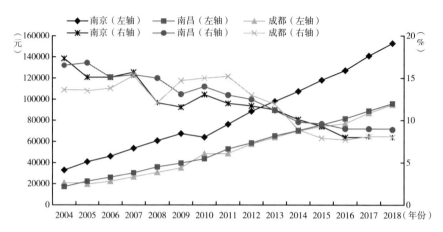

图 6-3　2004~2018 年南京、南昌和成都人均 GDP 和经济增长速度

各地级市人均 GDP 之间的差异开始显现出来。其中经济增长最快的是南昌市和新余市；经济增长速度处于第二层次的是鹰潭市；而其他地级市经济增长速度并不快，大部分地级市 2018 年人均 GDP 未达到 5 万元。这表明同一省份内各地级市的经济发展过程也存在较大差异。因此，考虑到城市之间经济增长的差异，有必要从城市层面考虑自然资源对经济增长的约束作用。

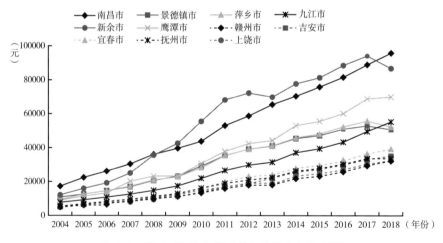

图 6-4　2004~2018 年江西省各地级市人均 GDP

第三节　中国城市矿产资源的现状和演变过程

一　矿产资源分布现状

中国矿产资源极其丰富，截至 2018 年，中国已发现矿产 173 种，其中能源矿产 8 种，金属矿产 54 种，非金属矿产 90 种，水气矿产 3 种。其中，煤炭、钢铁、十种有色金属、水泥、玻璃等主要矿产品产量跃居世界前列，成为世界最大矿产品生产国。但是从人均占有量来看，中国人均占有量仅占世界的 58%，居世界第 53 位。同时，从矿产资源在中国的分布来看，大部分城市拥有矿产资源，分布很广，只是大部分城市仅拥有少量矿产资源，剩余大量资源分布在几个主要城市。比如，铁矿主要分布在鞍山、邯郸等城市；铜矿主要分布在多宝山、红透山等地。由于矿产资源分布广，种类丰富，因此，不管是从矿产资源的储量还是开采量都很难有数据衡量矿产资源的现状。采矿业是指以大自然为劳动对象，通过开采等手段以获取自然资源的工业部门。那么采矿业从业人数占总从业人数的比重（资源依赖度）就能很好地代表该地区矿产资源的开采和利用情况，同时能够从侧面反映该地区矿产资源的现状。由于涉及 285 个地级及以上城市，本章对于其矿产资源分布情况就不一一列举。本章通过选取 2018 年采矿业从业人数占总从业人数比重最高的 10 个城市和最低的 10 个城市（有采矿业从业人员的城市）对矿产资源的分布情况，以及城市之间的差异进行分析。从表 6-3 可以看出，资源依赖度最高的 10 个城市主要分布在中西部地区，晋城市采矿业从业人数占总从业人数的 40% 以上，说明该地区经济增长非常依赖矿产资源的开采，同时也从侧面反映了该城市矿产资源禀赋相对而言更加丰富；而资源依赖度最低的 10 个城市主要分布在东部地区，这些地区采矿业从业人数占总从业人数的比重非常低，几乎可以忽略不计，说明这些城市对资源开采的依赖度低，很大程度上能够反映这些城市与中西部地区城市相比矿产资源匮乏。从总体上来看，尽管我国大部分城市拥有矿产资源，但是矿产资源丰裕度在分布上存在明显差异，大部分矿产资源还是重点分布在中西部地区，而东部地区矿产资源相对而言较为匮乏。因此，有必要从城市层面考察矿产资源对经济增长的影响。

表 6-3　2018 年资源依赖度最高和最低的 10 个城市

单位：%

城市	晋城	阳泉	七台河	克拉玛依	大同	淮北	长治	六盘水	大庆	淮南
资源依赖度	40.330	38.185	36.266	35.645	34.507	31.799	28.544	27.990	26.976	26.564
城市	上海	金华	漯河	温州	锦州	佛山	南昌	惠州	东莞	厦门
资源依赖度	0.010	0.009	0.007	0.007	0.006	0.005	0.002	0.001	0.001	0.001

二　矿产资源开发利用演变过程

尽管我国大部分城市矿产资源禀赋非常丰富，但并不是所有城市都依赖矿产资源的开发来推动经济增长，而且在发展过程中，考虑到各种因素对经济增长的影响，大部分城市会根据自身情况调整对矿产资源的依赖度。因此，有必要分析矿产资源开发利用的演变过程。由于涉及 285 个地级及以上城市，本章就不一一分析其矿产资源开发利用演变过程。本章分别从东部、中部、西部地区选取一个矿产资源相对丰裕的城市作为重点分析对象。最终选取抚顺、大同和鄂尔多斯这三个城市作为分析对象，探究其矿产资源开发利用演变过程。由图 6-5 可以看出，三个城市中仅鄂尔多斯采矿业从业人数占总从业人数的比重在 2010～2015 年出现了显著上升趋

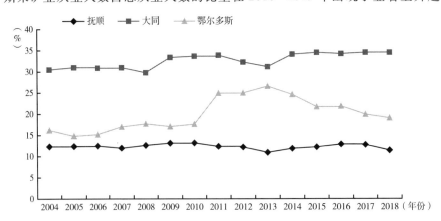

图 6-5　2004～2018 年抚顺、大同和鄂尔多斯采矿业
从业人数占总从业人数的比重

势，波动性较大，其余时间以及其他两个城市资源依赖度变化均不大，表明大部分城市资源依赖度的变化并不大，在矿产资源充足的情况下，大部分城市并不会改变其经济发展的推动因素，矿产资源在这些城市经济发展中始终起着相似的作用。总的来看，不同城市矿产资源的利用状况还是存在很大差异的，尽管城市之间的资源依赖度变化不大，但是经济发展水平存在明显变化，那么矿产资源对经济增长的约束作用在不同城市不同时间的作用如何？这是我们需要探究的问题。因此，从城市层面研究矿产资源对经济增长的作用是必要的。

第四节　中国城市经济增长中矿产资源约束的时空效应分析

一　模型方法与指标

1. 模型方法

（1）空间面板向量自回归模型形式。本节基于空间面板向量自回归（Sp P-VAR）模型来研究资源依赖度对城市经济增长的约束作用，固定效应 Sp P-VAR 模型的简化形式如式（6-1）所示，其中包括时间滞后项、空间自回归滞后项和可能的外生变量。该模型在时间和空间维度上均可推广到更高阶的自回归滞后项，但为了清晰起见，只考虑一阶时间滞后项和空间自回归滞后项：

$$Y_{i,t} = A_1 Y_{i,t-1} + S\overline{Y}_{i,t} + BX_{i,t} + u_i + e_{i,t} \qquad (6-1)$$

其中，$Y_{i,t}$ 为 n 个内生变量向量，$Y_{i,t-1}$ 为 $Y_{i,t}$ 的一阶时间滞后项；$\overline{Y}_{i,t}$ 为 $Y_{i,t}$ 的空间自回归滞后项；$X_{i,t}$ 为外生变量向量；u_i 和 $e_{i,t}$ 分别表示地区固定效应和随机扰动项，而时间固定效应则是通过在估计前从每个变量中减去其横截面平均值来嵌入模型；i 和 t 分别表示各城市和年份；A_1、S、B 为 $n \times n$ 的系数矩阵。

在本书中，$Y_{i,t}$ 只包括城市人均经济增长速度 $g_{i,t}$ 和资源依赖度 $rd_{i,t}$ 两个内生变量，即：

$$Y_{i,t} = \begin{bmatrix} g_{i,t} \\ rd_{i,t} \end{bmatrix} \qquad (6-2)$$

其中，城市人均经济增长速度 $g_{i,t}$ 用人均 GDP 增长率表示，但是相关统计年鉴并没有对各地级及以上城市人均 GDP 增长率的完整报告，只有城市 GDP 增长率数据的完整报告。因此，我们参照邵帅等（2013）的做法，利用式（6-3）进行计算：

$$城市人均 GDP 增长率_t = (城市 GDP 增长率_t + 1) \times \left(\frac{年均人口_{t-1}}{年均人口_t} \right) - 1 \qquad (6-3)$$

其中，年均人口为该城市上一年末与本年末人口的算数平均值。

资源依赖度 $rd_{i,t}$ 一般使用采矿业产值比重、投资比重和从业人数比重来表示，但由于中国城市层面的数据仅采矿业从业人数可得，因此本书与其他研究中国城市层面的文献一致，使用采矿业从业人数占总从业人数的比重来表示资源依赖度。另外，由于采矿业从业人数占总从业人数的比重在各城市间差异较大，为了保证数据的平稳性，本书使用采矿业从业人数占总从业人数的万分比，并对其进行对数化处理来表示资源依赖度以减小数据的波动。

城市 i 的空间自回归滞后项 $\overline{Y}_{i,t}$ 为其他所有城市的加权平均，即 $\overline{Y}_{i,t} = \sum_{i \neq j} w_{i,j} Y_{j,t}$，$w_{i,j}$ 为行标准化的空间权重矩阵 W 的元素。根据地理学第一定律，空间单元之间距离越近，则空间溢出效应越强，空间溢出效应随着距离的增加而衰减，因此本书选取以两城市之间距离平方的倒数为权重的反距离空间权重矩阵，并对其进行行标准化处理。另外，外生变量的空间滞后项作为工具变量能提高具有空间分量的动态模型估计的可靠性，因此外生变量的空间滞后项也用该方法构造，本书中的外生变量 $X_{i,t}$ 选择的是滞后一期人均 GDP 的自然对数。

（2）估计方法。本书的 Sp P-VAR 模型使用的是 Civelli 等（2018）对 Love（2006）Stata 包进行修改过的程序来估计的，以适应新加入的空间自回归滞后项，其估计方法是将 Arellano 和 Bond（1991）的动态面板 GMM 方法扩展到多方程情况。动态面板 GMM 方法适用于较小时间维度和较大横截面样本，并假设随机扰动项具有有限矩且要满足 $E(e_{i,t}) = 0$，

E ($\dot{e}_{i,t}\dot{e}_{i,t}$) $= \Sigma$（单位协方差矩阵）；E ($\dot{e}_{i,t}e_{i,s}$) $= 0$ ($t \neq s$)，即时间序列没有相关性，E ($\dot{e}_{i,t}e_{j,t}$) $= 0$ ($i \neq j$)，即横截面没有相关性。

在使用新程序估计时需要注意以下问题。首先，在式（6-1）中，时间固定效应是通过在估计前从每个变量中减去其横截面平均值来嵌入模型，那么转换后的内生变量与残差之间会存在相关性，因此会在估计系数矩阵时引入额外的偏差。针对这一问题，一般是在动态面板模型中使用 Y_i 的滞后项作为工具变量来处理。由于本书在估计过程中使用向前正交变换来去除固定效应，如果残差不存在自相关，那么 Y_i 的一阶滞后项会是一个合适的工具变量；但如果残差存在自相关，则需要将工具变量慢慢扩展到更高阶的滞后项。需要注意的是，这里工具变量的使用是解决由于去除固定效应而导致的估计偏差，与资源依赖的内生性问题无关，该工具变量的使用并非为了解决内生性问题。

其次，当残差的协方差按区域聚类建模并由两步 GMM 估计时，GMM 估计的模型系数对于个体内异方差和自相关的任意模式都具有鲁棒性（Roodman，2009），那么用于计算脉冲响应的残差协方差矩阵的估计最好反映这些假设。但是原始的 Love-Zicchino 程序包仅在假设同质性的情况下工作，因此新程序包在协方差的计算中引入了聚类和区域内自相关。然而，在计算模型的结构冲击时，需要保持残差截面不相关的假设，因此截面相关性问题必须得到解决。一方面，截面相关性的一个来源是空间自相关，空间滞后项的使用可以减轻这一问题，尽管这些空间滞后项并不是结构外生的，因为它们与 $Y_{i,t}$ 的当期新息相关，但是它们可以在 GMM 框架中进行处理。一套相对合适的工具变量包括空间滞后项本身的时间滞后项，以及外生变量的空间滞后项。另一方面，由于同时影响所有城市的共同因素而产生的截面相关性可以通过在估计中包含时间固定效应来加以控制。

（3）时空脉冲响应分析。在进行 Sp P-VAR 模型估计后，需要进行时空脉冲响应分析。

首先仅考虑时间脉冲响应。式（6-1）的结构方程，即城市 i 的内生变量之间的同期效应可以表示为：

$$Y_{i,t} = \Gamma_0 Y_{i,t} + \Gamma_1 Y_{i,t-1} + S_0 \overline{Y}_{i,t} + B_0 X_{i,t} + n_i + v_{i,t} \qquad (6-4)$$

其中，$v_{i,t}$ 是模型的正交结构残差向量；Γ_0、Γ_1、S_0 和 B_0 是 $n \times n$ 的结构

系数矩阵，n_i 是固定效应向量，简化的式（6-1）可以通过式（6-4）求解 $Y_{i,t}$ 得到，定义 $A_0 = (I_n - \Gamma_0)^{-1}$，则 $A_1 = A_0\Gamma_1$，$S = A_0 S_0$，$B = A_0 B_0$，$u_i = A_0 n_i$ 和 $e_{i,t} = A_0 v_{i,t}$。

显然，A_0 定义了模型的结构残差和简化形式的残差之间的关系，VAR 模型假设简化形式的残差是不可观测的正交结构新息向量的线性组合，那么尽管式（6-1）在结构上识别不足，不能完全从简化形式的残差中恢复结构新息，也可以通过残差向量的正交化来重建结构冲击。一般地，正交化是通过对估计残差的协方差矩阵 Σ 进行因子分解实现的，在实际中，考虑到 VAR 模型的线性设置，一种选择正交化方案的简便方法是对 A_0 中结构新息和简化形式的新息之间的同期关系施加一些限制，并提供经济理由支持这些限制。其中最常见的一种方法被称为 Cholesky 分解，该方法利用 Cholesky 对 Σ 进行因子分解，然后将 Cholesky 因子匹配到 A_0。Cholesky 分解所用的矩阵为下三角矩阵，需要对其施加一定限制将 A_0 唯一地标识为一个下三角分解矩阵。针对本书两个内生变量向量，那么只存在一个非对角元素，因此，也只需要一个限制，对于这一限制的讨论推迟到后文内生性问题中。

利用式（6-1）可以计算同一城市中一个变量冲击下另一个变量的脉冲响应，也就是时间脉冲响应，假定用 $n \times 1$ 的向量 $\Lambda_{j,h}$ 表示时间脉冲响应函数（IRF）：

$$\Lambda_{j,h} = A_1^h A_0 \lambda_j \tag{6-5}$$

其中，$j = 1, 2, \cdots, n$ 表示系统受冲击后的脉冲变量；λ_j 是一个 $n \times 1$ 的 0-1 向量，其中第 j 个元素为 1，其他元素为 0；h 表示响应期数。需要注意的是，尽管 A_1 和 A_0 是通过控制模型的空间结构估计得到的，但是由于并没有将空间动态嵌入对冲击的响应中，因此 $\Lambda_{j,h}$ 只能表示单纯的时间脉冲响应。

其次考虑模型的时空脉冲响应。由于空间溢出效应使得一个城市的冲击会动态影响其他城市的变量，因此在计算脉冲响应时需要考虑反弹效应。通过在横断面上堆叠式（6-1）来重写模型：

$$Y_t = \tilde{A}_1 Y_{t-1} + \tilde{S}\tilde{W}Y_t + \tilde{B}X_t + \mu + e_t \tag{6-6}$$

其中，Y_t 为由所有城市内生变量按横截面堆叠的 $nN \times 1$ 向量，X_t、μ、e_t 使用同样的方法定义。系数矩阵可以根据式（6-1）和式（6-6）得到：$\tilde{A}_1 = (I_N \otimes A_1)$，$\tilde{S} = (I_N \otimes S)$，$\tilde{W} = (W \otimes I_n)$ 和 $\tilde{B} = (I_N \otimes B)$。通过定义 $\tilde{A}_0 = (I_N \otimes A_0)$，堆叠的简化形式的残差可以表示为 $e_t = \tilde{A}_0 v$，显然，由 $\tilde{A}_0$ 的块对角结构堆叠的向量保持了结构残差与简化形式的残差之间的关系，并且堆叠的简化形式的协方差矩阵也是块对角矩阵，那么 A_0 的识别可直接应用于 $\tilde{A}_0$ 的各块的识别。因此可以通过解出式（6-6）中的 Y_t 来计算时空 IRF：

$$Y_t = \hat{A}_1 Y_{t-1} + \hat{B} X_t + \hat{\mu} + M_0 \tilde{A}_0 v_t \tag{6-7}$$

其中，$M_0 = (I_{nN} - \tilde{S}\tilde{W})^{-1}$，$\hat{A}_1 = M_0 \tilde{A}_1$，$\hat{B} = M_0 \tilde{B}$，$\hat{\mu} = M_0 \mu$，残差用结构新息 v_t 的函数形式表示。矩阵 M_0 嵌入了空间分量对模型的动态影响（用 $\hat{A}_1$ 表示），以及结构冲击对系统的影响（用 $M_0 \tilde{A}_0$ 表示）。因此，时空脉冲响应的结构识别一方面依赖对 $\tilde{A}_0$ 的 Cholesky 分解方法的同期限制，另一方面依赖模型 GMM 估计中对 S 的工具变量识别。那么，遵循 Civelli 等（2018）提出的识别策略，通过合并城市内内生变量的排序以及模型的空间结构新息，再通过对 S 的单独估计简化识别方案，保持 M_0 和 $\tilde{A}_0$ 之间独立。进一步计算时空脉冲响应，用 $nN \times 1$ 向量 $\hat{\Lambda}_{l,h}$ 表示时空 IRF：

$$\hat{\Lambda}_{l,h} = \hat{A}_1^h M_0 \tilde{A}_0 \hat{\lambda}_l \tag{6-8}$$

其中，$\hat{\lambda}_l$ 表示叠加的 0-1 向量，其 $l = 1, 2, \cdots, nN$。由于 M_0 没有块对角结构，因此任意城市的任意变量冲击原则上可以对任意城市的任意变量产生影响。同时，脉冲在城市间的传输是由包含在 $\hat{A}_1$ 中的空间效应复合而成的。因此，由于权重方案和周边城市的不同，同一变量在两个不同城市对各自城市的同一冲击的反应不会以相同的方式展开。很显然，如果横截面增加，脉冲响应的数量也会随之增加，这使得研究中国城市层面时报告所有的脉冲响应是不可能的。基于该原因，本书计算并报告了某城市变量在该城市冲击下的时空脉冲响应的横截面平均值，再与式（6-5）计算的时间脉冲响应相比较，就可以评价模型空间分量的平均效应。那么假定平均时空 IRF 用 $\bar{\Lambda}_{j,h}$ 表示，其表示与时间 IRF 中一样的脉冲变量，那么 $\bar{\Lambda}_{j,h}$ 可以表示为：

$$\bar{\Lambda}_{j,h} = \frac{1}{N} \sum_{k=1}^{N} \widehat{L}_k \, \widehat{\Lambda}_{j+n(k-1),h} \qquad\qquad (6-9)$$

其中，$\widehat{L}_k$ 为 $n×nN$ 的 0-1 向量，其中 n 个行向量为 $\widehat{\lambda}'_{1+n(k-1)}$，…，$\widehat{\lambda}'_{nk}$。

（4）资源依赖内生性问题的解决。Wright 和 Czelusta（2004）较早就指出，自然资源依赖在一定程度上内生于经济增长，自然资源依赖会对经济增长产生影响，相应的经济增长也会影响对自然资源的依赖，二者存在双向因果关系。在 VAR 模型的框架下，通过确定资源依赖的外生结构新息可以比较容易地解决内生性问题，而外生结构新息可以用来正确地衡量资源依赖对经济增长的影响。根据 Sims（1980）在宏观经济学文献中的工作，VAR 模型是最常用的实证工具之一，识别限制的选择通常是通过直观的传递机制来证明的，而不是精确的结构经济学理论。在本书的 Sp P-VAR 模型中只有两个内生变量（$n=2$），那么只有两种可能情况能够实现结构冲击的识别：要么假定资源依赖对经济增长冲击的响应有一定时间滞后，要么假定经济增长对资源依赖冲击的响应有一定时间滞后。根据梅冠群（2016）的研究结论，资源投入的变化会直接通过生产对经济增长产生影响，而经济增长的冲击短期内很难改变经济结构和影响资源依赖。假定经济增长冲击只有在一定时间后对资源依赖产生影响，而在这期间经济增长能对资源依赖冲击做出反应。这一假设对结果非常重要，因为在替代的识别方案下，结果会不相同，并且很难找到关于这一可替代传导机制的一个简单可信的经济理由。但是需要注意的是，VAR 模型存在一个重要限制，尽管结构识别能正确地揭示系统内内生变量向量的动态交互作用，但结构机制的识别仍然是基于模型规范本身，忽略其他相关的内生变量或不控制相关的混淆因素可能会影响脉冲响应函数的动态特征和脉冲响应的大小，而通过稳健性检验和使用固定效应，可以部分减轻这些问题。在 Sp P-VAR 模型中，地区固定效应消除地区水平上的时不变特征因素的影响，如政治、文化、气候和社会经济因素，这些因素在不同的地区不同，但不随时间变化。同时通过时间滞后变量将时间固定效应包括在模型中，进而控制常见的时变因素，例如国家层面的商业周期或政治趋势。另外，在模型中引入滞后一期人均 GDP 的自然对数 lny 作为控制变量，该变量能削弱经济发展惯性对经济增长的影响。

2. 指标说明

《中国城市统计年鉴 2019》报告显示，截至 2018 年中国共有地级及以上城市 297 个，但是历史上有很多地级及以上城市的行政区进行过调整，尤其在 2000~2003 年有较多的地级市进行了行政区的调整。为了避免由于行政区的调整而导致数据缺乏可比性和连续性，同时要考虑空间效应，尽量保证地级及以上城市的完整性，另外考虑到数据的可获取性，本书最终选取 285 个地级及以上城市 2004~2018 年为研究样本，该数据样本年份跨度为 15 年，截面单位 285 个，符合本书 Sp P-VAR 模型对小时间维度和大横截面样本的需要；每个变量样本观察量为 4275 个，样本量比较大，从计量经济学角度来看，大样本数据可以为实证结果的可信性提供更好的保障。

本书的数据主要来源于历年《中国城市统计年鉴》，其中少数缺失数据通过各省区市统计年鉴、国民经济和社会发展统计公报或者利用插值法予以补齐。由于《中国城市统计年鉴》对城市数据的报告分为"地区"和"市辖区"两种统计口径，但"市辖区"行政区划调整频繁且并不包含下辖县和农村数据，因此本书选用相对稳定且全面的"地区"统计口径。各变量的描述性统计如表 6-4 所示。

表 6-4　各变量的描述性统计

变量	样本量	平均值	最小值	最大值	标准差
g	4275	11.359	-19.380	37.690	4.367
rd	4275	4.544	-5.854	8.668	2.698
$\ln y$	4275	10.117	7.545	12.281	0.821

二　模型设定检验

本节使用的模型是以式（6-1）为基准的 Sp P-VAR 模型，其中包括时间和空间自回归滞后项。首先需要确定时间滞后阶数取多少合适以及是否需要空间滞后项。其中时间滞后阶数的选择采用 Andrews 和 Lu（2001）提出的三种模型选择标准，结果如表 6-5 所示。从表 6-5 可知，统计量 MAIC、MBIC 和 MQIC 均在一阶滞后达到最小值，因此本书确定最优时间滞后阶数为一阶。

表 6-5　Sp P-VAR 模型最优时间滞后阶数选择

滞后阶数	MAIC	MBIC	MQIC
1	−24.913*	−130.208*	−63.090*
2	−22.342	−102.589	−51.612
3	−13.386	−69.370	−33.945

注：＊表示根据相应的信息准则确定的最优时间滞后阶数。

此外，需要确定是否考虑空间滞后项，在单元地理位置相近的面板中，城市之间的空间经济联系是非常重要的。为了进一步检验两个变量 g 和 rd 是否存在空间相关性，本书采用空间自相关最常见的指标之一全局 Moran's I 来检验两个变量的空间相关性，表 6-6 报告了两个内生变量城市人均经济增长速度 g 和资源依赖度 rd 的全局 Moran's I 以及单侧 P 值。从表 6-6 可以看出，城市人均经济增长速度和资源依赖度的全局 Moran's I 在每一年均高度显著为正，表明我国城市层面的经济增长与资源依赖存在明显的空间相关关系且表现为空间集聚特征。可见，由于两个内生变量都表现为明显的空间正相关且两个变量内生交织在模型中，因此不应该忽视城市经济增长和资源依赖的空间效应，在模型中使用空间滞后项是可取的。根据以上检验，本书建立以式（6-1）为基准的包含一阶时间和空间自回归滞后项的 Sp P-VAR 模型。

表 6-6　内生变量全局 Moran's I

年份	2004	2005	2006	2007	2008	2009	2010	2011
g	0.129 (0.000)	0.152 (0.000)	0.139 (0.000)	0.134 (0.000)	0.205 (0.000)	0.228 (0.000)	0.200 (0.000)	0.177 (0.000)
rd	0.156 (0.000)	0.165 (0.000)	0.187 (0.000)	0.194 (0.000)	0.179 (0.000)	0.174 (0.000)	0.182 (0.000)	0.190 (0.000)
年份	2012	2013	2014	2015	2016	2017	2018	
g	0.227 (0.000)	0.120 (0.000)	0.331 (0.000)	0.290 (0.000)	0.567 (0.000)	0.370 (0.000)	0.308 (0.000)	
rd	0.208 (0.000)	0.205 (0.000)	0.227 (0.000)	0.211 (0.000)	0.229 (0.000)	0.201 (0.000)	0.180 (0.000)	

注：括号内为单侧 P 值。

正如前述估计方法中所讨论的，为了解决由于在动态面板中去除固定效应而导致的估计偏差问题，需要正确地选择工具变量的滞后阶数，其方法是检验估计残差的时间自相关。本书使用两种方法评估残差的时间自相关，首先使用相对简单的方法，通过估计只包含 Y_i 的一阶滞后项作为工具变量的 Sp P-VAR（1，1）模型，并用该模型的残差来拟合 P-VAR（1）模型，以便检验残差中的时间自相关，结果如表 6-7 所示。由表 6-7 可知，城市人均经济增长速度和资源依赖度的残差表现为显著的一阶自相关，显然在 Sp P-VAR 模型中只使用 Y_i 的一阶滞后项作为工具变量违反了 GMM 假设，因为生成了自相关残差。因此，Y_i 的一阶滞后项并非有效的工具变量，需要更高阶滞后的工具变量，但该方法在本书中只适用于检验低阶自相关，而为了正确选择工具变量的滞后阶数，需要进一步的分析。

表 6-7 模型残差自相关检验

变量	g_{res_t}	rd_{res_t}
$g_{res_{t-1}}$	0.150 *** （0.000）	−0.006 （0.615）
$rd_{res_{t-1}}$	−0.085 （0.380）	0.316 *** （0.000）

注：res_t 和 res_{t-1} 分别表示残差和残差的一阶滞后项，括号内为 P 值，*** 表示在 1%的水平下显著。

进一步，将 Sp P-VAR 模型拆分成两个方程，分别作为动态面板模型进行估计检验。尽管与完整的 VAR 模型并不完全相同，但基于每个方程的动态面板模型试图准确地复制 Sp P-VAR 模型的形式和估计方法，因此可以为工具变量滞后阶数的选择提供一个有价值的指导。动态面板模型使用 GMM 方法进行估计，采用的是 Stata 软件中提供的 xtabond2 程序，GMM 估计方法可以使用 Arellano-Bond 检验（AB 检验）来测试高阶自相关。AB 检验是在残差的一阶差分中检查自相关，由于 $\varepsilon_{i,t-1}$ 同时存在于 $\Delta\varepsilon_{i,t}$ 和 $\Delta\varepsilon_{i,t-1}$ 中，因此残差的一阶差分始终表现为一阶自相关，但是差分的二阶自相关是残差一阶自相关的证据。同时，据我们所知，在 GMM 估计中内生变量的工具变量滞后阶数选择取决于残差的序列相关性。在本节的 GMM 估计中使用城市人均经济增长速度 g 和资源依赖度 rd 的时间滞后项作为 GMM

式工具变量，各变量的空间滞后项和滞后一期人均 GDP 的自然对数 $\ln y$ 的时间滞后项作为 IV 式工具变量。同时根据上述的第一步检验，发现 Y_i 的一阶滞后项并非有效的工具变量，因此首先以 Y_i 的二阶和三阶滞后项作为工具变量进行估计［见表 6-8（a）列、（b）列］，这也为 GMM 估计提供了一个过度识别的条件。但是，由于本书数据时间跨度相对较短，过多增加 GMM 过度识别条件的数量可能会导致过度拟合的问题，这反映在过度识别条件有效性的 Hansen 检验上出现难以置信的高 P 值上，因此这里开始只使用 Y_i 的二阶和三阶滞后项作为工具变量。从表 6-8（a）列的 AB 检验结果来看，在 $g_{i,t}$ 方程中 AR（2）和 AR（4）均在 10% 的水平下拒绝原假设，表明城市人均经济增长速度 $g_{i,t}$ 的残差存在轻微的一阶和三阶自相关，同时，从 $g_{i,t}$ 方程的 Hansen 检验结果来看，均拒绝原假设，表明存在弱工具变量问题，使用二阶和三阶滞后项作为工具变量并不有效，因此根据 AB 检验结果选取二阶和四阶滞后项作为工具变量来进一步估计 Sp P-VAR 模型的每个方程［见表 6-8（c）列、（d）列］。表 6-8（c）列的 AB 检验结果同样表明城市人均经济增长速度 $g_{i,t}$ 的残差存在轻微的一阶和三阶自相关，但是 Hansen 检验并不显著，表明使用的工具变量是合理有效的。基于以上结果，最后选择 Y_i 和 $\overline{Y}_i$ 的二阶、四阶滞后项作为工具变量。

表 6-8　Sp P-VAR 模型各方程的动态面板估计

变量	$g_{i,t}$（a）	$rd_{i,t}$（b）	$g_{i,t}$（c）	$rd_{i,t}$（d）
$g_{i,t-1}$	0.446 *** (0.000)	0.0002 (0.854)	0.699 *** (0.000)	0.028 * (0.084)
$rd_{i,t-1}$	0.103 (0.614)	0.425 *** (0.006)	1.091 (0.281)	0.731 *** (0.000)
$\ln y_{i,t}$	0.264 (0.717)	0.190 (0.593)	-0.952 (0.286)	-0.067 (0.784)
$\overline{g}_{i,t}$	0.604 *** (0.000)	-0.001 (0.971)	0.114 (0.354)	-0.046 (0.102)
$\overline{rd}_{i,t}$	-0.141 (0.777)	0.573 (0.113)	-1.978 (0.222)	0.241 (0.223)
样本容量	3420	3420	3135	3135
工具变量数	10	10	10	10

续表

变量	$g_{i,t}$(a)	$rd_{i,t}$(b)	$g_{i,t}$(c)	$rd_{i,t}$(d)
AB 检验				
AR(1)	z=−6.81 (0.000)	z=−4.19 (0.000)	z=−5.73 (0.000)	z=−3.61 (0.005)
AR(2)	z=1.95 (0.051)	z=1.21 (0.226)	z=2.25 (0.025)	z=1.12 (0.263)
AR(3)	z=−0.78 (0.437)	z=−0.28 (0.777)	z=−1.12 (0.264)	z=0.01 (0.995)
AR(4)	z=1.68 (0.093)	z=−0.68 (0.499)	z=2.20 (0.028)	z=2.20 (0.028)
AR(5)	z=−0.88 (0.381)	z=−0.16 (0.872)	z=−1.46 (0.144)	z=−0.38 (0.708)
Hansen 检验				
所有工具变量	$\chi^2(5)=29.85$ (0.000)	$\chi^2(5)=8.22$ (0.144)	$\chi^2(5)=4.51$ (0.575)	$\chi^2(5)=5.90$ (0.316)
排除 Y 的工具变量	$\chi^2(1)=4.43$ (0.035)	$\chi^2(1)=2.07$ (0.150)	$\chi^2(1)=1.10$ (0.294)	$\chi^2(1)=1.98$ (0.160)
差值	$\chi^2(4)=25.42$ (0.000)	$\chi^2(4)=6.15$ (0.188)	$\chi^2(4)=3.41$ (0.492)	$\chi^2(4)=3.92$ (0.417)

注：（a）列、（b）列使用Y_i的二阶、三阶滞后项作为工具变量，（c）列、（d）列使用Y_i的二阶、四阶滞后项作为工具变量，括号内为 P 值，＊、＊＊＊分别表示在 10%、1%的水平下显著。

　　同样如前面估计方法所述，本书估计了一个带有空间自回归项的模型，该模型等价于空间自回归（SAR）模型。由于增加的空间自回归项可以通过扩展 GMM 估计中的工具变量来处理，因此在本书中使用动态面板模型的 GMM 估计是可行的。但是基于上文已确定最优滞后阶数和工具变量的 Sp P-VAR 模型，要对模型的残差进行空间自相关检验，模型残差的全局 Moran's I 如表 6-9 所示。结果表明城市人均经济增长速度 $g_{i,t}$ 方程的残差的空间自相关得到了良好的控制，并不存在空间自相关；而资源依赖度 $rd_{i,t}$ 方程的残差在大部分年份存在比较明显的空间自相关。因此，要解决这一问题需要将 Sp P-VAR 模型的误差项建模为空间相关项。然而，目前尚未建立将空间误差模型（SEM）嵌入 P-VAR 模型框架的估计技术。但是至少在一定程度上，残差的空间自相关测量可能受到跨地区共同决定因素造成的横断面依赖的影响，这些公同决定因素可以通过使用时间固定效应来控制。另外，P-VAR 模型的一个关键假设是残差没有横截面依赖性，利用 Pesaran's CD 检验（Pesaran and Smith，1995）对 Sp P-VAR 模型两组方程的残差分别进行面板数据截面相关性检验，结果表明城市人均经济增长速度 $g_{i,t}$ 和资源依赖度 $rd_{i,t}$ 残差的检验统计值分别为 85.368 和 93.599，其对应的 P 值均为 0，都显著地拒绝横截面独立的原假设，模型残差表现为非常显著的截面相关性。

表 6-9　模型残差的全局 Moran's I

年份	2008	2009	2010	2011	2012	2013	2014	2015	2016	2017
g_{res}	0.117 (0.000)	0.077 (0.000)	0.084 (0.000)	0.033 (0.023)	0.053 (0.001)	0.045 (0.004)	0.037 (0.013)	0.059 (0.000)	0.252 (0.000)	0.187 (0.000)
rd_{res}	-0.036 (0.034)	-0.016 (0.247)	-0.037 (0.035)	-0.055 (0.002)	-0.022 (0.159)	-0.024 (0.125)	-0.014 (0.268)	-0.025 (0.103)	0.006 (0.304)	-0.032 (0.059)

注：估计样本为 2004~2018 年，然而由于模型和工具变量的滞后，数据转换将观测到的残差序列缩小到 2008~2017 年，括号内为单侧 P 值。

针对上述问题，本书选择另一种可替代且相对简洁的方法。Sarafidis 等（2009）设计了一个简单的程序来测试，无论是在动态面板中包含时间伪变量，还是像本书所做的那样将数据从时间平均值的偏差中进行转换，是否足以消除动态面板模型中的任何横截面依赖关系。回到时间自相关检验时将 Sp P-VAR 模型拆分成的两个方程的动态面板模型进行估计，由于最终确定的有效工具变量是二阶和四阶滞后项，因此用于进一步进行 Sarafidis 等（2009）的测试检验的结果如表 6-8（c）列、（d）列所示，利用这一检验结果能够提供一些证据以支持在 Sp P-VAR模型中使用时间固定效应是缓解横截面依赖问题的有效方法。Sarafidis 等（2009）提出，如果总体 Hansen's J 统计量和只有被解释变量的滞后项作为工具变量的统计量之间的差异不太大，那么时间固定效应的使用足以消除动态面板模型残差中的横截面依赖关系。从表 6-8（c）列、（d）列的 Hansen 检验结果可以看出，$\chi^2（5）$ 和 $\chi^2（4）$ 统计量之间的差异并不大。因此，*Sp P-VAR* 模型所对应的动态面板模型的 *Hansen* 检验满足这个条件，证明通过对时间的滞后确实足以减轻对横截面的担忧。

进一步，为了使用估计模型计算脉冲响应函数，Sp P-VAR 模型必须满足可逆性条件。其中纯时间 IRF 的标准可逆性条件只有两个特征根，其中较大的特征根为 0.717，较小的特征根为 0.428，这两个特征根都落在单位圆内。因此，时间维度上的可逆性条件得到了很好的满足。同样，还需要确定模型在时空维度上是否可逆，以便利用空间滞后项来计算时空 IRF，时空 IRF 的可逆性条件可能包含 570 个特征根，其中最大的特征根为 0.964，显然所有的特征根都落在单位圆内。因此，时空可逆性条件也得到了满足。需要说明的是，IRF 的可逆性条件只能通过 GMM 估计的结果来验证，而 GMM 估计中 AB 估计量的有效性又需要模型的内生变量为平稳序列，因为如果内生变量接近随机游走，那么原始变量是转换变量的弱工具变量，进而差分 GMM 性能会较差，因此，需要对模型中两个内生变量进行面板数据单位根检验来评估这一点。

本书只采用两种面板数据单位根检验方法，包括允许跨面板的单位根存在异质性的 Im-Pesaran-Shin（IPS）检验和假定所有面板具有相同单位根的 Levin-Lin-Chu（LLC）检验。从表 6-10 结果可以看出，无论是使用 AIC 还是 BIC 作为滞后选择的标准，两个内生变量的 IPS 检验和 LLC 检验的统计量均为负，均显著地拒绝非平稳性的原假设。

表 6-10　面板数据单位根检验结果

指标	IPS 检验				LLC 检验			
	g		rd		g		rd	
统计量	−10.321 (0.000)	−10.062 (0.000)	−2.412 (0.008)	−2.351 (0.009)	−20.108 (0.000)	−19.335 (0.000)	−16.649 (0.000)	−16.313 (0.000)
截面数	285	285	285	285	285	285	285	285
时期数	15	15	15	15	15	15	15	15
滞后选择标准	AIC	BIC	AIC	BIC	AIC	BIC	AIC	BIC

注：其中内生变量减去了横截面平均值，括号内为 P 值。

三 模型估计结果

根据以上的检验结果，本书选择最优的滞后阶数为一阶，工具变量选择 Y_i 和 $\bar{Y}_i$ 的二阶、四阶滞后项，滞后一期人均 GDP 的自然对数及其空间滞后项，最终回归结果如表 6-11 所示。从表 6-11 的结果可以看出，Sp P-VAR 模型的 Hansen 检验表明并没有拒绝过度识别有效性的检验，因为其 P 值为 0.302。因此，结合以上的检验结果可知这一估计结果是有效的。本书重点考察的是资源依赖对城市经济增长的时空效应，因此，这里主要分析表 6-11（a）列城市人均经济增长速度 $g_{i,t}$ 方程的结果。其中，时间滞后一期的城市人均经济增长速度 $g_{i,t-1}$ 的系数显著为正，表明滞后一期城市人均经济增长速度的增加能够推动本期城市经济增长。滞后一期的资源依赖度 $rd_{i,t-1}$ 的系数显著为正，表明自然资源对经济增长在短期内有持续的促进作用。滞后一期人均 GDP 的自然对数 $\ln y_{i,t}$ 的系数为负，说明新古典增长理论中的"条件收敛"假说在我国城市层面是成立的。城市人均经济增长速度的空间滞后项 $\bar{g}_{i,t}$ 的系数显著为正，再次表明我国城市层面经济增长的空间效应显著存在，且表现为正向溢出效应，即本城市经济增长速度加快会显著惠及其周边城市，这与大部分文献结论一致。资源依赖度的空间滞后项 $\overline{rd}_{i,t}$ 的系数显著为负，表明本城市对资源依赖度的增加会阻碍周边城市经济增长。其中表 6-11（b）列结果中需要重点关注的系数有两个，一是滞后一期的城市人均经济增长速度 $g_{i,t-1}$ 的系数，该系数为正但不显著，表明滞后一期的城市人均经济增长速度对本期资源依赖度的影响并不显著，这与我们的假设相呼应，经济增长的冲击在短期内很难显著地增加资源依赖度；二是资源依赖度的空间滞后项 $\overline{rd}_{i,t}$ 的系数，该系数为正但不显著，说明本城市资源依赖度增加会增强周边城市的资源依赖度，再次证实了资源依赖在城市层面存在明显的空间效应，且表现为正向溢出效应。Sp P-VAR 模型估计结果中部分系数并不显著，尤其是资源依赖度 $rd_{i,t}$ 方程的系数，可能是由于模型引入较多变量的滞后阶数，导致参数不显著。但这并不会产生任何影响，因为 Sp P-VAR 模型的主要功能不是解释回归系数的意义，而是为了进一步分析随机扰动的一个单位标准化新息对内生变量的影响及其相对重要性，也就是进行脉冲响应和方差分解分析。

表 6-11　Sp P-VAR 模型估计结果

变量	$g_{i,t}$ （a）	$rd_{i,t}$ （b）
$g_{i,t-1}$	0.530 *** （0.000）	0.026 （0.103）
$rd_{i,t-1}$	0.725 ** （0.031）	0.615 *** （0.000）
$\ln y_{i,t}$	−0.719 （0.247）	−0.117 （0.535）
$\overline{g}_{i,t}$	0.286 ** （0.018）	−0.032 （0.325）
$\overline{rd}_{i,t}$	−1.942 *** （0.006）	0.328 （0.174）
样本容量	2850	2850
工具变量	L（2　4）$(g,rd,\overline{g},\overline{rd})$，$\ln y$，$\ln\overline{y}$	
Hansen 检验	$\chi^2(10)=11.746(0.302)$	

注：** 和 *** 分别表示在 5% 和 1% 的水平下显著，括号内为 P 值。

四　时空效应分析

图 6-6 展示了在 15 期时间跨度内，当资源依赖度出现一个标准偏差冲击时，Sp P-VAR 模型的两个内生变量的纯时间脉冲响应函数，其中灰色区域为 200 次蒙特卡罗模拟计算的 95% 置信区间。图 6-6 的左侧为资源依赖度的响应曲线，可以看出资源依赖度的一个标准偏差冲击对其自身产生较为持久的显著正向影响。资源依赖度的一个标准偏差冲击会使其自身在第 1 期提高 0.385 个单位，随后影响程度不断下降，最终趋于一个很小的稳定正向影响。这表明在不考虑空间溢出效应的情况下，资源依赖度会给其自身带来扩张效应，自然资源依赖对本地区而言是一种"惯性"问题，要调整经济体中资源产业占比需要较长时间。图 6-6 的右侧为城市人均经济增长速度的响应曲线，可以看出资源依赖度的一个标准偏差冲击对本期（第 0 期）城市人均经济增长速度产生了负向影响，大约会降低 0.105 个单位，在接下来的两期迅速转为正向影响且不断增强，在第 2 期

达到最大值，随后逐渐下降趋于一个很小的稳定正向影响。这表明在不考虑空间溢出效应的情况下，资源依赖度的变化可以在短时间内很大程度地影响经济增长，资源依赖度的增加在当期会阻碍经济增长，但长期来看会推动经济增长。

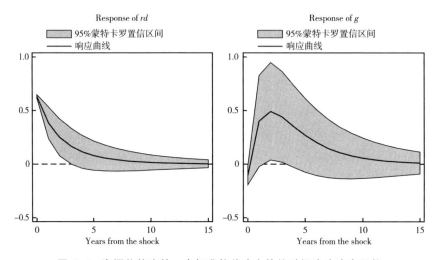

图 6-6　资源依赖度的一个标准偏差冲击的纯时间脉冲响应函数

图 6-7 展示了在 15 期时间跨度内，当资源依赖度出现一个标准偏差冲击时，城市人均经济增长速度的纯时间与时空脉冲响应函数。对比来看，空间溢出效应对冲击传导机制的影响还是比较明显的。周边地区的空间溢出效应削弱了这种响应，在不考虑空间溢出效应的情况下，资源依赖度的一个标准偏差冲击对城市人均经济增长速度的影响在第 1 期为 0.401 个单位，而考虑空间溢出效应后仅为 0.373 个单位，空间溢出效应使得这一影响削弱了 7%。并且空间溢出效应随着时间的推移不断增强，预计在冲击后的第 4 期翻倍，到第 6 期空间溢出效应使得资源依赖度的冲击对城市人均经济增长速度的影响削弱了 20%。因此，资源依赖度的冲击对城市人均经济增长速度的影响在时空脉冲响应中更小，持续时间更短。这表明本城市资源依赖度的增加不仅会对本城市人均经济增长速度产生影响，也会影响周边城市资源依赖度和人均经济增长速度，同时周边城市的反弹效应会降低本城市人均经济增长速度。总的来说，空间溢出效应使得资源依赖度的增加对本城市人均经济增长速度的推动作用减小。

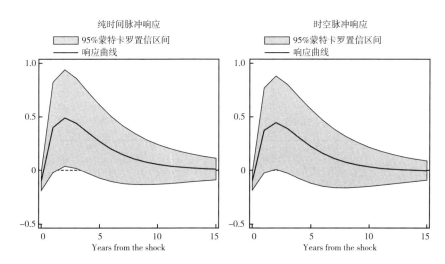

图 6-7　资源依赖度的一个标准偏差冲击下城市人均经济增长速度的纯时间
与时空脉冲响应函数

图 6-8 展示了在 15 期时间跨度内，当城市人均经济增长速度出现一个
标准偏差冲击时，模型的两个内生变量的纯时间脉冲响应函数。图 6-8 的右
侧为城市人均经济增长速度的响应曲线，可以看出城市人均经济增长速度的
一个标准偏差冲击对其自身的影响是巨大的，相比于资源依赖度的一个标准
偏差冲击对城市人均经济增长速度的影响，城市人均经济增长速度的一个标
准偏差冲击对其自身的影响更大且显著性更强，大约在前 5 期保持着非常显
著的正向影响，但是相对而言这种影响衰减得更快。这表明城市人均经济增
长速度会给其自身带来非常明显的扩张效应，这种效应在初期非常强但衰减
得非常快。图 6-8 的左侧展示的是资源依赖度在城市人均经济增长速度的一
个标准偏差冲击下的响应曲线，其基本表现为正向影响且为倒 "U" 形，这
一响应曲线对解释和证实结构冲击的识别顺序有重要意义。该响应曲线表明
城市人均经济增长速度的冲击对资源依赖度的影响需要在一定时间才能传播
到，并且在冲击后的两期达到最高强度。在这个识别方案中，本书限制了在
城市人均经济增长速度的冲击下资源依赖度的初期响应为 0，但是在此之后，
响应可以自由地遵循正向路径移动，这也与通常对资源依赖内生于经济增长
的解释是一致的，资源投入推动城市经济增长时反过来会带来更多的资源投
入，但是城市人均经济增长速度的冲击对资源依赖度的正向影响相比资源依

赖度的冲击对自身的影响非常小。这表明城市人均经济增长速度的瞬时冲击很难改变产业结构，资源依赖度的调整具有惰性，无论城市人均经济增长速度如何变化，受自身冲击的影响，资源依赖度还是会增强的。

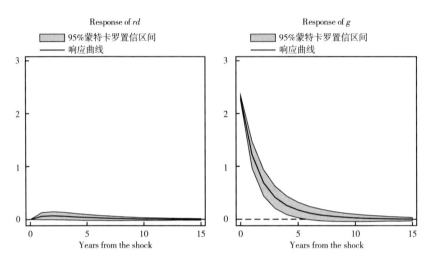

图 6-8　城市人均经济增长速度的一个标准偏差冲击的纯时间脉冲响应函数

接下来，在不同响应期限对城市人均经济增长速度和资源依赖度的预测误差进行方差分解，来评估资源依赖度冲击对城市人均经济增长速度方差的相对贡献以及城市人均经济增长速度冲击对资源依赖度方差的相对贡献。为了简单起见，表 6-12 只报告模型在时间维度上的方差分解，由于在冲击后的第 10 期系统已经基本稳定，因此这里只展示了前 10 期的方差分解结果。从表 6-12 可知，对资源依赖度进行方差分解的结果表明，在未来 1 期只有资源依赖度的冲击对其自身有影响，随后城市人均经济增长速度的冲击对其影响逐渐增大，在第 8 期时开始趋于稳定，但城市人均经济增长速度的冲击对其影响也只有 2.5%，主要还是来自资源依赖度对其自身的影响。对城市人均经济增长速度方差分解的结果表明，在未来 1 期资源依赖度的冲击对城市人均经济增长速度的影响只有 0.2%，随后这种影响不断增大，在第 9 期时开始趋于稳定，但是资源依赖度的冲击对城市人均经济增长速度受到的影响也只有 10.4%，城市人均经济增长速度受到的影响主要来自其自身。因此，无论是城市人均经济增长速度还是资源依赖度的波动都主要是受到其自身冲击的影响，但是其他因素对它们的影响也是不可忽略的。

表 6-12　城市人均经济增长速度和资源依赖度的方差分解结果

响应期限		1	2	3	4	5	6	7	8	9	10
rd 的方差分解(%)	rd	100	99.3	98.6	98.1	97.8	97.7	97.6	97.5	97.5	97.5
	g	0	0.7	1.4	1.9	2.2	2.3	2.4	2.5	2.5	2.5
g 的方差分解(%)	rd	0.2	2.5	5.4	7.6	8.9	9.6	10.1	10.3	10.4	10.4
	g	99.8	97.5	94.6	92.4	91.1	90.4	89.9	89.7	89.6	89.6

最后，通过修改模型估计的样本时间区间和替换空间权重矩阵来对时空脉冲响应的结果进行稳健性检验，由于本书重点考察资源依赖度对城市人均经济增长速度的影响，稳健性检验只报告资源依赖度的一个标准偏差冲击对城市人均经济增长速度的影响。

考虑到数据时间维度有限，本书通过删除前 3 年的观测值和后 3 年的观测值分别进行时空脉冲响应分析，以此来检验模型结果随时间变化的稳健性。其结果如图 6-9 所示，左侧为删除前 3 年观测值的时空脉冲响应函数，可以看出删除前 3 年观测值的时空脉冲响应曲线与未删除前的基本一致；右侧为删除后 3 年观测值的时空脉冲响应函数，可以看出删除后 3 年观测值的时空脉冲响应曲线与未删除前的变化趋势基本一致，但是这种响应更小且持续时间更短，而且由于估计精度更小，置信区间更大。以上结果表明，在分别删除前 3 年和后 3 年观测值的情况下，时空脉冲响应结果与未删除数据前的时空脉冲响应结果基本一致，因此，可以确定前文的基准模型具有较强的稳健性。

为了进一步增强模型分析的可靠性，本书通过替换空间权重矩阵再次进行稳健性检验。通过将反距离空间权重矩阵替换为基于地理的二进制空间权重矩阵，根据余泳泽等（2013）对地级市层面空间外溢效应的衰减边界的研究，选取 500 公里作为二进制空间权重矩阵的分界线，当两城市的距离小于 500 公里时，权重元素取值为 1，反之为 0，并对其进行行标准化处理。基于以上方法构建的空间权重矩阵重新估计并进行时空脉冲响应分析，其结果如图 6-10 所示。从图 6-10 可以看出，在替换空间权重矩阵后时空脉冲响应曲线变化趋势与基准模型的时空脉冲响应曲线基本一致，只是城市人均经济增长速度的响应在不同时期存在比较细微的差异，且置信区间变得更大一些，表明显著性相对降低了。总体上，研究再次强化了前文基准模型时空脉冲响应结果的稳健性。

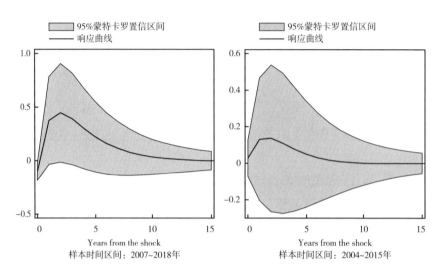

图 6-9　修改估计样本时间区间的稳健性检验结果

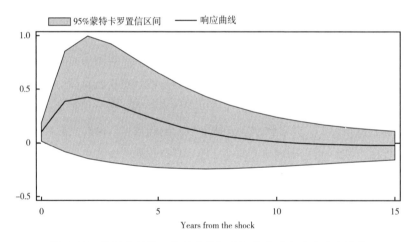

图 6-10　基于地理的二进制空间权重矩阵的时空脉冲响应函数

第七章
"资源诅咒"和"资源尾效"的国内外案例分析

第一节 国内"资源诅咒"案例分析
——以淮北市煤炭资源为例

淮北市，安徽省地级市，位于安徽省北部，南北长150公里，东西宽50公里，总面积2741平方公里，总人口218万人（2018年数据）。淮北市煤炭资源储量丰富，其工业储量约80亿吨。同时由于煤炭矿区矿产资源储量丰富、煤炭质量优良、分布范围广泛、矿床规模较大等自身优势，淮北市成为我国重点煤炭与精煤生产基地。淮北市是始建于1960年的著名煤炭型城市，累计产煤超8亿吨，为中东部的经济发展贡献较大。和其他资源型城市类似，淮北市大规模的资源开采使得资源加速枯竭、环境污染严重、接续替代产业发展滞后等诸多问题严重制约了淮北市经济社会的可持续发展。2009年，淮北市被列入我国第二批资源枯竭型城市名单。

一 淮北市经济发展状况与环境问题

1. 经济体量增长，但经济增速下降

从经济体量来看（见图7-1），淮北市经济体量呈现增长的趋势，GDP从2003年的132.5亿元增长到2018年的985.2亿元。然而，从经济增长速度来看（见图7-2），2003~2013年，淮北市GDP增长速度基本与安徽省GDP增长速度持平，且总体上高于全国GDP增长速度，然而2014~2018年淮北市GDP增长速度明显下降，不但低于安徽省平均水平，甚至低于全国平均水平。

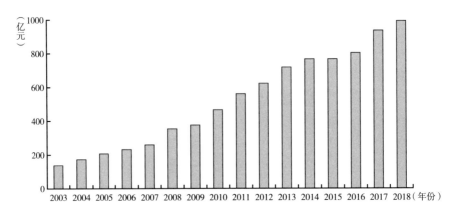

图7-1 2003~2018年淮北市GDP变化情况

资料来源：笔者整理《安徽统计年鉴》绘制得到。

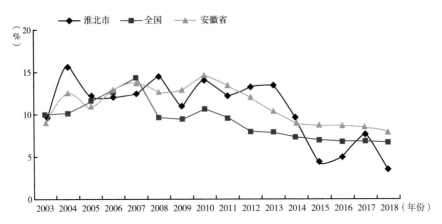

图7-2 2003~2018年全国、安徽省、淮北市GDP增长速度变化情况

资料来源：笔者整理《中国统计年鉴》和《安徽统计年鉴》绘制得到。

2. 产业结构单一，产业效益严重下滑

淮北市作为华东地区重要的能源动力城市，是典型的以煤炭资源起家的资源型城市，其长期以来的快速发展都是依托矿产资源的开采与加工，并在此基础上确立了以煤炭、电力为主导产业的经济结构，其产业结构也长期保持着"二、三、一"的格局。如图7-3所示，第二产业占比居高不下，远高于全国平均水平，而淮北市第二产业内部又主要是煤炭、电力等基础性能源产业，产业链短，深加工严重不足，这些都是限制淮北市经济发展、城市转型的重要方面。而受煤炭资源日益枯竭的不利影响，从 21 世纪初开始，作为淮北市支柱产业的煤炭产业经济效益不断下滑，市内几大煤炭集团企业的新增矿井建设也多由淮北市转向周边城镇，因此，淮北市如今的城市建设发展亟须摆脱对煤炭资源的依赖。

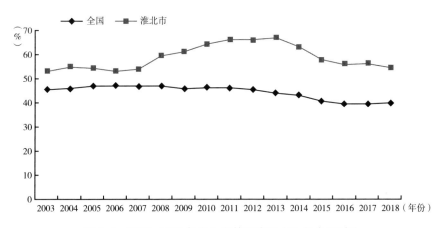

图 7-3 2003~2018 年淮北市第二产业占比与全国对比

资料来源：笔者整理《中国统计年鉴》和《安徽统计年鉴》绘制得到。

3. 环境保护压力大，生态环境污染严重

（1）土地资源破坏。在淮北市煤矿开采多属于井工开采，井工开采往往会造成地表塌陷，在采空区上方形成一个比地下采空区大得多的沉陷区域，截至 2019 年 10 月淮北市累计沉陷土地 35.3 万亩，失地农民达 30 万人。露天煤矿在开采过程中将直接造成土地破坏，煤矸石和剥离物排放压占土地。露天煤矿生产过程中排放的废水、固体废物、煤矸石在地表受降水、地表水淋滤形成的溶液污染地下水，同时造成周围土壤结构恶化、植被破坏等生态环境问题。这些土地因煤炭开采造成塌陷和占用，自然地形地貌遭到破坏，并且土地复垦难度很大或者无法复垦。

（2）水资源污染。在采煤过程中会严重破坏岩体初始应力，影响岩层结构，造成地下水位下降、区域水资源供给严重不足、地表水渗漏、河水断流及大面积疏干漏斗，进而破坏地表水资源。同时煤炭开采过程中要消耗大量水资源，又要产生大量的污水，污水没有经过处理就直接排放,渗入地下或地表河流,使得大量的洁净水被不同程度地污染。如图 7-4 所示,2003~2014 年淮北市工业废水排放量基本在 2000 万~3000 万吨,2015 年甚至破 5000 万吨,造成了极为严重的水资源污染。此外,煤矿固体废弃物中的有毒物质通过渗滤作用污染了土壤和水循环系统。

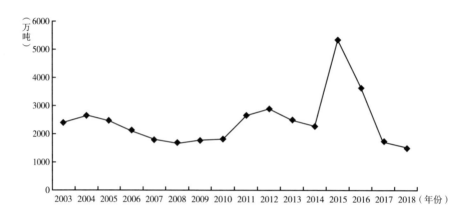

图 7-4 2003~2018 年淮北市工业废水排放量

资料来源:笔者整理《安徽统计年鉴》绘制得到。

(3) 大气污染。煤炭的开采、加工、运输及大量燃煤,造成煤烟和粉尘污染,不仅能改变当地大气成分和结构,也造成能见度降低,以及有毒有害成分偏高等不良空气状况,对当地的气温、气流、降雨等气候条件产生不同程度的影响,形成酸雨、烟雾等气象灾害。以工业二氧化硫排放为例,2003~2015 年淮北市工业二氧化硫排放量基本在 40000~70000 吨,严重污染了当地大气环境;2016~2018 年情况大为改善,但二氧化硫排放量依然超过 10000 吨 (见图 7-5)。

由于前期大规模、无规则地开采矿产资源,淮北市水资源严重受到污染,大量废水、废渣、废气排放使地区的生态环境急剧恶化,进而影响淮北市的经济与社会发展。特别是那些由于资源被开采殆尽而报废的矿井,因大面积挖掘矿产资源而坍塌的土地,水资源也被严重污染。煤炭、电力产业的发展产生的粉煤灰等废物又在一定程度上危害淮北市的生态环境,

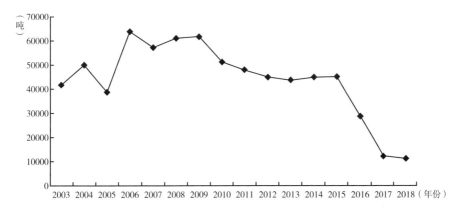

图 7-5　2003~2018 年淮北市工业二氧化硫排放量

资料来源：笔者整理《安徽统计年鉴》绘制得到。

危害人民的身体健康，从而严重危害城市的发展，是实现淮北市城市转型必须解决的又一大难题。

二　引起"资源诅咒"的原因

1. 资源充裕导致人力资本形成受阻

于乐海（2020）认为资源充裕对人才产生挤出效应，会导致受教育意愿下降和人才外流的情况。一是受教育意愿下降。由于绝大部分资源特别是矿产类能源是稀缺的并且是非可再生的，因此出售能源所获得的利润一般要高于其他行业。一个普遍的现象是，能源采掘业从业者的收入一般比其他行业的劳动者要高，但这仅仅是一个假象。因为从事能源采掘业的劳动者的高收入并不是基于工作的技术含量和智力付出，而仅仅是因为能源的稀缺性所形成的垄断获利。如果一个地区大量的人口从事能源采掘业，并且拥有较高的收入，会造成一种可怕的认知，那就是没有太高的学历也能到能源采掘业上班，从而获得较高的收入，所以深造和学习的意义并不大。依赖能源采掘业的地区会产生扭曲的择业观，父母并没有太强的意愿鼓励子女去学习和深造，因为只要拥有能源采掘的"钥匙"，即使没有文化也能坐着赚钱，也就没有必要呕心沥血地去搞发明和创造。受教育意愿的下降会阻碍这个地区人力资本的形成，这对一个地区会形成致命性的打击，成为这个地区衰落的根本性因素。二是人才外流。由于资源型地区的资源型产业会对非资源型产业产生挤出效应，随着该地区非资源型产业的逐步没落和消失，原来在非资源型产业工作的劳动者会出现三种情况，最终导致人才外流。第一，离开本地去外地就业，这也是最常见的情况，这使本地长期才积累起来的人才优势在短时间内流失。第二，不离开本地，去资源型行业工作。这种情况其实很罕见，因为资源型行业由于收入高但要求的劳动效率却不高，所以通常会形成较高的进入壁垒。常见的情况是，只有本企业职工的家属才能来企业上班。第三，不离开本地，去尚且存在的非资源型企业就业，这其实是一种隐性的失业。因为术业有专攻，每一个人喜好和擅长从事的行业不同，离开自己熟悉和喜欢的工作岗位另谋出路，会逐步丧失工作的热情和动力，劳动技能也随之渐渐退化。特别地，制造业相比能源采掘业而言，存在"干中学"效应。人才的培养除了学校教育以外，更多的是在日常的工作积累中逐渐形成的，但是能源采掘业缺乏技术含量，培养创新类人才的基础就会慢慢失去。

2. 资源充裕致使人力资本配置低效率

曾万平（2013）认为资源还可能会导致人力资本配置的低效率。资源繁荣使得资源型部门的租金上升，表现为较高的工资溢价，吸引人力资本较高的人才。但是，相比较大多数普通制造业部分能够形成显著的规模收益递增和技术溢出效应，多数资源型部门的规模收益递增的效应较弱，并且技术的专有性很强，对其他经济部门的技术溢出效应较弱，不能充分发挥人力资本对经济增长的正面效用。即使不包括前述的人力资本形成受阻，人力资本存量在一个时期内也是有限的，资源型部门和非资源型部门的此消彼长导致制造业部门人力资本的配置效率低于本应该更高的水准，从而阻碍人力资本存量长期更快速增长。此外，随着资源型部门的扩大，为了维持较高的工资等福利优势，它们倾向于提高资本密集度、游说甚至主动设置进入壁垒，阻碍市场竞争，形成仅限内部人流动的劳动力格局（内部人-外部人理论），同时寻租活动日益严重，关系而不是人力资本投资成为相关利益主体的优先选择，总体而言，这造成了经济效率的降低，形成了"资源诅咒"现象。比如说，中国石油、中国石化和五矿集团等资源型垄断央企对人才具有较大的吸引力，但存在内部人招聘等寻租现象。

三 淮北市破解"资源诅咒"的主要做法

1. 大力发展工业和非煤接续替代产业,打造经济实力之城(朱思雄、韩俊杰,2019)

淮北市大力发展工业和非煤接续替代产业,最近几年,淮北市 GDP 和财政收入均实现两位数的大幅增长,转型取得卓著成效。

第一,提高煤炭业的竞争力。充分发掘辖区内的生产潜力,整合煤炭资源,增强煤炭业对煤化工及发电产业的支撑力。加强资源勘查和储备。运用先进和绿色的采煤技术,提高回采率、减少资源浪费,提高劳动生产率和安全生产水平,最大限度延长矿井寿命,增强可持续发展能力,为转型赢得更多的财力支持和过渡时间。

第二,延伸煤炭资源产业链,提高产品附加值。由传统煤炭产业转向现代煤化工产业。2017 年以来,淮北市把新型煤化工合成材料作为支柱产业扶持发展,延长产业链、增加附加值,不断做大做强。2018 年,煤化工基地实现工业总产值 204 亿元,同比增长 20%,现已形成"煤—焦—化—电—材"循环经济模式;推动传统火力发电向更加节能环保迈进。平山电厂二期 1×135 万千瓦新型高效发电机组,代表世界最先进水平。大力发展碳基、硅基、铝基、生物基、高端装备制造、大数据等"四基一高一大"战略性新兴产业,引进相邦陶铝新材料、金龙电子、卓泰化工等先进技术企业,成为经济发展的新引擎。

第三,大力发展非煤炭产业,优化产业结构。淮北市所确定的转型目标是"把淮北建设成全国重要的煤焦化电基地、黄淮海平原食品工业高地、全省重要的承接产业转移试验区、皖北乃至黄淮海地区最宜人居的山水生态城市"。同时,制定了一批产业发展规划,明确发展方向、加强产业互补、指导产业升级。依托淮南淮北、苏北和山东等邻近地区的大型煤企,加快煤机和矿山设备等装备制造业的发展,培育一批骨干企业,打造装备制造业基地。建设煤炭等相关商贸物流项目,大力发展现代服务业。

2. 实施统筹发展战略,着力打造转型发展的品质之城

完善城乡综合功能,以人为本,提升城市的品质。注重解决塌陷区居民的生计问题,加快"三农"问题解决和小城镇建设,促进城乡一体化进程。和多数地方更注重城市发展不同,淮北市很重视农村建设,建立了较为完善的农村垃圾处理工作机制，建设了垃圾发电厂，建设了近20座垃圾中转站、3000多座垃圾收集房（池），告别垃圾处理靠简单填埋的历史，显著改善农村生活条件和村容村貌。

推动绿色创新发展，提升人民生活质量。独创"七步造林法"，为20万亩石质山披上"绿装"。2019年1月，相山公园荣获"国家级森林公园"。依托采煤沉陷区治理，重点打造南湖、东湖、绿金湖景区，整治中心湖带，修复生态环境，打造一批滨河、滨湖公园和景观带。2017年12月，南湖景区建设成为国家4A级旅游景区。采煤塌陷区中湖现已治理成为城市中央公园绿金湖。"一带双城三青山、六湖九河十八湾"的城市风貌逐渐形成。

3. 实施可持续发展战略，着力打造转型发展地宜居之城

大力加强塌陷区综合治理，偿还采煤所欠下的生态和民生历史欠账。遵照塌陷区的自身规律，因地制宜治理和开发塌陷区，实现自然生态、宜居和生产等多功能分区。采煤沉陷区环境综合治理项目获"中国人居环境范例奖"。调整产业结构，淘汰落后产能、设备和技术，推进清洁生产与节能减排工作。综合利用煤炭伴生资源，抽采井下瓦斯作为居民用燃气和用于发电，利用高岭土、石灰石等伴生资源生产陶瓷、耐火材料等工业品。变废为宝，将所谓的生产"废弃物"转为生产资源。用采煤副产品煤矸石和粉煤灰制砖，用煤泥和煤矸石发电。提高洗煤水、抽排矿井水的综合利用率、净化处理率，节约水资源。加大治理空气污染和水污染的力度，建设垃圾发电项目，基本实现生活垃圾得到无害化处理。

在矿区生态恢复方面，淮北市2019年已累计投入采煤沉陷区综合治理资金150多亿元，治理沉陷地18.67万亩，其中恢复耕地10.2万亩、建设用地3.16万亩、养殖水面3.4万亩，搬迁压煤村庄226个，妥善解决近20万失地农民的生产、生活问题。以绿金湖为例，绿金湖包括三个天然生态岛（绿金岛、连心岛、圆梦岛），总面积15.8万平方米，岛上覆盖乔木、花灌木等绿色植被95种。深秋时节，岛上核心景观带开满了各色花卉，五彩缤纷，景色宜人。绿金湖治理后，已形成可利用土地2.45万亩，可利用水域1.16万亩，总蓄水库容达3680万立方米，具有显著的经济、社会和生态效益。绿金湖项目投入26亿元，总治理面积3.61万亩，是目前全国地级市城区面积最大的人工内湖，已成为淮北市城区一道风景。近年来，

淮北市以采煤沉陷区治理为突破口，着眼把历史包袱变成发展财富，把"伤疤"变为美景，走出一条可持续发展的转型之路。

4. 实施民生优先战略，着力打造转型发展的幸福之城

着力解决资源枯竭导致的就业难、生计难等问题。以市场需求为导向，强化职业技能培训，增强下岗工人和失地农民的再就业能力。加大管理和新技术人才培养、引进力度，增强转型所需要的各类人力保障。推进淮北市的社会管理工作建设，改善社会治安，畅通群众利益诉求渠道。大力发展食品工业、战略性新兴产业等非煤产业。2006 年 5 月，淮北凤凰山经济开发区开始建设，此后食品工业发展迅速，逐渐成为推进城市转型的第二大主导产业。2009 年 5 月，淮北市委六届十五次全体（扩大）会议提出以产业转型为核心的"六大转型路径"，即由单一煤电行业向多元产业转型、传统农业向现代农业转型、传统商业向现代商贸服务业转型、城乡二元结构向城乡一体化转型、工矿型城市向山水生态城市转型、传统管理型政府向服务型政府转型。加快产业转型，坚持依托煤、延伸煤。2013 年12 月，安徽省政府批准临涣工业园为省四大化工基地之一，2015 年 4 月更名为"安徽（淮北）新型煤化工合成材料基地"，成为淮北市产业转型的样板。淮北市从国家层面被确立为资源枯竭型城市后，处于自觉转型阶段。全市加快了城市转型工作，不仅制定了相关发展规划，而且在一些转型重点领域取得突破，有所成就。这些产业的培育发展在很大程度上解决了资源枯竭导致的就业难、生计难等问题。

5. 实施开放引领战略，着力打造转型发展的活力之城

对于淮北市这类非沿海城市而言，"开放"在某种程度上比"改革"更重要。优化开放环境，营造有利于企业发展的高效的政务环境至关重要。淮北市积极参与泛长三角区域分工与合作，加强与中央部委、科研院所及高校的对接。完善对外开放平台，加强与世界各国的交流与合作。近年来，淮北市加强省级开发区的建设，成为吸引市外资金、企业落户和产业发展的重要载体，引进市外资金额度、世界或中国 500 强企业、行业100 强企业落户的数量、质量等实现重大飞跃。

为了提高城市发展活力，淮北市出台多项政策积极破解企业融资、用地等难题。建立"中小企业贷款风险补偿激励基金机制、信用担保机构风险补偿机制和银行业金融机构考核奖励机制"等三项机制，为中小企业融

资提供良好环境。2008 年出台了《淮北市小企业贷款风险补偿激励基金管理使用暂行办法》。淮北市财政安排 200 万元中小企业贷款风险补偿激励基金，2009 年将该基金增加到 500 万元，专项用于弥补银行业金融机构当年新增小企业贷款的损失，奖励拓展小企业贷款的业务人员。2008～2009 年按风险补偿资金预算共提取兑现奖励资金 80 万元，有力调动了银行支持非公有制企业发展的放贷主动性。2008 年出台了《淮北市中小企业信用担保机构风险补偿资金使用管理暂行办法》。淮北市财政每年在市工业发展专项资金中安排 500 万元，用于对担保机构的风险补偿。

四 资源型城市破解"资源诅咒"的启示

1. 资源型城市可持续发展是主旋律

无论是资源枯竭的城市还是资源较为丰富的城市，可持续发展都是其未来发展的主旋律。资源枯竭型城市更多地要侧重于通过转型来实现发展，而资源目前较为丰富的城市则侧重于未雨绸缪，主动转型，提高资源利用效率，以较小的代价实现可持续发展。

2. 积极培育接续替代产业，推动经济转型

根据资源型城市自身的特点和优势选择合适的接续替代产业，新型产业是资源型城市发展的重要内容。根据各地经验，资源型城市的接续替代产业发展有三种模式：一是依据本地现有资源产业特点和资源禀赋，延伸资源产业链，如阳泉等；二是发展新兴产业，积极争取国家的新兴产业项目，大力提高研发技术水平，增强科技与产业的融合，比如阜新的液压产业和本溪的生物制药产业；三是发展农业深加工、服务业和劳动密集型产业，比如阜新依托丰富且肥沃的土地资源，打造农业深加工产业，为不少失业工人提供了就业。总之，产业转型必须因地制宜，依据现有的人才科技、资源等禀赋，发展合适的产业，千万不能盲目发展缺乏胜算的高科技项目，同时注意发展能够吸纳较多就业的劳动密集型产业，进而不断优化和升级产业结构。

3. 转型发展要特别注重生态保护和环境治理

从现状看，资源型城市发展中存在大量的采空区、沉陷区等环境方面的历史遗留问题；未来，资源的开采和加工使用仍会产生新的环境问题。惨痛的历史教训警示我们：资源型城市的转型发展必须以生态保护和环境综合治理为前提，不能再走先破坏再治理的成本高昂的老路。

4. 大力发展社会事业、改善民生，是转型发展的归宿

转型发展的最终目标就是不断提高居民的生活水平。从各地的实践看，在社会事业发展中，主要围绕解决就业和再就业问题、棚户区改造以及完善社会保障体系和社会救助体系等突出问题，并关注教育、医疗、文化等内容，发展注重社会民生事业，此外，加强城市基础设施建设，完善城市综合服务功能。

5. 自身努力和中央、省政府的外力支持相结合

资源型城市历史包袱沉重，又要解决接续替代产业培育等问题，但其自身的财力相对有限。因此，资源型城市除了自身加强体制机制建设、转变政府职能、借鉴其他城市的成功经验外，积极争取中央和省政府的支持也是非常重要的，试图实现外部力量"四两拨千斤"的效果，加快转型进程。

6. 体制机制建设是转型发展的重要制度保障

资源型城市转型存在时间紧迫、产业培育难度大、基础薄弱和转型期漫长等诸多问题，加快建立健全转型长效体制机制是必然选择。当前，为加快政府职能转变，加速市场化进程，资源开发补偿机制、衰退产业援助机制、矿山恢复治理保证金制度和可持续发展准备金制度等机制体制建设内容得到较多重视。

第二节 国内"资源尾效"案例分析

——以淮北市水资源为例

一 淮北市水资源特征与事实

1. 水资源总量少，人均占有量低

淮北市多年平均水资源总量 8.341 亿立方米，人均水资源拥有量 398 立方米，不足全省平均水平的 1/3，全国平均水平的 1/5，属于严重资源型缺水城市，水资源短缺问题已成为全市经济社会发展的主要"瓶颈"（郝书芳，2019）。如图 7-6 所示，2006~2018 年，淮北市人均水资源拥有量随年份变化不大，基本上不足安徽省的一半，更远低于全国平均水平。导致这种情况的一个原因是淮北市地势北高南低，过境水由于蓄水工程不完善，难以调蓄，造成水资源大量流失。

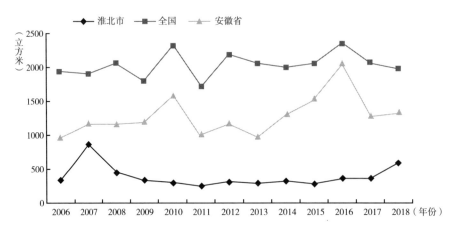

图 7-6　2006～2018 年全国、安徽省、淮北市人均水资源拥有量情况

资料来源：笔者整理《中国统计年鉴》和《安徽统计年鉴》绘制得到。

2. 地表水资源供应不稳定

淮北市北部的闸河、龙岱河、萧濉新河属季节性河流，受降水影响地表水资源时空分布不均，汛期或丰水年份地表径流大多流走，非汛期或干旱年份常常干枯见底，可利用量不多。淮北中南部的南沱河、浍河、濉河来水面积较大，地表水资源相对丰富。在采取节水措施的前提下，农业用水将逐步趋于稳定，而工业用水、生活用水、生态环境用水逐步提高，用水矛盾日益突出。

3. 水污染严重

淮北市作为全国煤炭资源型城市，煤炭资源开采及相关产业发展导致淮北市区域内河流和塌陷区等地表水水质污染较为严重，水质较差，其中河流水质为Ⅳ类～Ⅴ类；塌陷区水质多数为Ⅳ类。城区内河流和塌陷区水质污染较为严重，另外矿山开发排放的废气、废水和堆存的固体废物对矿区及周边地表水、地下水影响很大。矿山企业附近的地表水体常作为其矿坑水、废水、固体废弃物淋漓水的排放场所，使地表水直接遭受污染。淮北市目前水环境污染现状的研究表明，城镇工业和居民生活污水的排放是造成淮北市水环境恶化的主要原因。如图 7-7 所示，2007～2018 年淮北市城市污水排放量总体呈现上升的趋势，2018 年城市污水排放量接近 5000 万吨，大量的污水排放严重污染了当地水资源。

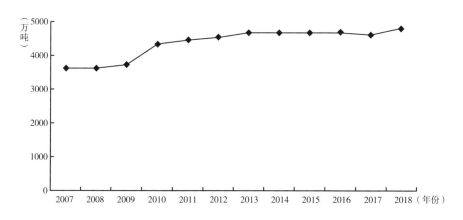

图7-7 2007~2018年淮北市城市污水排放量

资料来源：笔者整理《安徽统计年鉴》绘制得到。

二 淮北市破解水资源"尾效"的主要做法

1. 大力治理污染源

对点源、面源和内源开展不同的措施进行治理。入河排污口（点源）优化布局是以水功能区为基本单元，在入河排污口现状调查评价的基础上，根据江河湖泊水功能区划及其水质保护要求，并结合区域经济产业布局及城镇规划等，将水域划分为"禁止""严格限制""一般限制"三种类型，对入河排污口设置（新改扩）进行分类指导，进一步完善入河排污口的行政许可与监督管理，切实保障江河湖泊水功能区限制排污总量控制的实施。面源污染控制措施主要包括城镇地表径流污染控制、海绵城市构建、农业污染控制、农村生活污染控制和禽畜养殖污染控制。内源污染控制措施主要包括污染底泥治理、水产养殖治理等。

截至2019年8月，淮北市4个地表水国考断面中，水质优良断面（达到或优于Ⅲ类）比例为25%，全面消灭丧失使用功能（劣于Ⅴ类）断面。比照《淮北市水污染防治目标责任书》的年度任务目标要求，各断面年度目标达标率为100%。其中濉河符离闸出境断面由原来的劣Ⅴ类水质，改善到Ⅲ类水质。全市已累计获得省地表水断面生态补偿资金1200万元，获得补偿金额在安徽省排名第四（黄旭，2019）。

在集中式饮用水水源地方面，2019 年 1~8 月，淮北市地下水水质总体良好，监测的 6 个汇水区水质综合评价全部为良好（Ⅰ类）；饮用水水源地水质达标率为 100%。

为全面反映全市河流水质状况，分析各河流污染成因，配合"生态补偿""水环境考核"的需要，淮北市生态环境局制定监测方案，明确了各断面、各水源地的监测主体、监测频次和监测项目。淮北市已有 4 个地表水水质自动站，2019 年又推进实施了 12 个地表水水质自动站建设项目，2020 年已投入运行。此外，水环境监测网络为水质分析、污染治理提供了强有力的技术支撑，《淮北市地表水断面生态补偿暂行办法》进一步落实县区政府对本行政区域水环境质量的管理职责，促进上下游协同治水。

2. 外调水补给供水缺口

淮水北调工程规划通过引调淮河干流水北上至淮北市，置换淮北市现状部分工业耗用的地下水、改善城市生活供水条件，以解决城市居民饮用水及工业用水需要，兼顾生态用水和输水沿线干旱年份农业灌溉补水。淮北市要加快推进淮水北调配套工程建设，确保工程建成通水后，外调水与当地地表水、地下水和其他水源之间的联合调配，具备地下水压采替代水源置换条件。近年来淮北市委、市政府多次专题调研淮水北调和引江济淮配水工程方案，依托淮水北调和引江济淮补水提高采煤沉陷区调蓄能力，加快采煤沉陷区综合整治、水网沟通、中水利用、电厂供水、华家湖蓄水等工程建设，积极为淮水北调提供输水和调蓄条件，以提升供水保障能力，抑制地下水超采，修复河湖生态环境。淮水北调近期工程调入淮北市四铺闸上的多年平均水量为 1.2 亿立方米，干旱年份最大约 2.5 亿立方米，有效减轻新增和现状工业对地下水超采，工业对地下水的依赖度由现状 98% 下降到 20%。远期通过增加引江济淮水源，多年平均调入淮北市四铺闸上的水量在 2.5 亿立方米以上，最大调入能力在 4 亿立方米以上。

3. 再生水利用工程

加大污水处理与再生水处理回用力度，使再生水满足部分工业用水水质标准，以替代部分工业开采的地下水。再生水利用工程主要包括再生水输水管网配套工程。支持再生水利用管网建设，加快再生水利用管网建设步伐；按照质价相当原则，合理确定再生水价格；加强再生水用户的服务与管理，在道路喷洒、洗车、景观用水等领域率先推广使用再生水。污水处理回用是污水资源化的必由之路。随着城市人口的增加，工业的发展，废污水排放量逐年增加，大部分污水未经处理直接排入河流或城市水体，城市生态环境不断恶化，同时也加剧了水资源短缺。污水处理后可回用于对水质要求不高的工业和城区河湖环境，还可以安全灌溉和改善生态环境，对水资源合理配置将产生积极影响。

淮北市在污水再生过程中采用了人工湿地的方法，与人工的污水处理厂相比较，人工湿地是一种天然的水处理厂。人工的污水处理厂在污水再生过程中一般采用物理处理、生物处理和化学处理等方法。物理处理通常作为污水处理的一级工艺，用于去除污水中大颗粒和一些悬浮物；生物处理主要是污水处理的二级工艺，很多污染物通过这个过程被降解，该过程是处理污水的主要途径；而当二级处理达不到排放标准时需要进一步进行处理，也就是说需要进行深度处理的工艺一般是化学处理工艺，比如吸附、混凝沉淀以及离子交换等化学处理方法。

而人工湿地集中了各种物理方法、生物方法以及化学方法，将各种水处理方法融合在一起，人工湿地包括基质填料的吸附沉淀以及植物的吸收，还有微生物的降解。人工湿地作为一种高效、节能的污水生态处理技术，应用于各种工业废水的处理，能够达到比较理想的效果，并且其运行成本要比传统的生化处理方法低很多，BOD、COD、总氮、总磷以及氨氮均可以大幅度降低。人工湿地在污水再生利用中具有很多的优点，如投资低、操作管理简单、处理效果较好、稳定等，主要通过湿地中的植物、微生物等各种资源净化污水中的有机物，从而达到处理污水、生产再生水的效果。

4. 鼓励居民、企业节水

发挥价格杠杆对水资源的配置作用，淮北市积极实施城市供水阶梯式水价，市政府出台《关于印发淮北市居民生活用水实施阶梯水价及同步调整非居民生活用水价格的通知》，自 2012 年 7 月 1 日起实行阶梯式水价，有力促进水资源的合理使用和节约用水。《淮北市水资源管理办法》《淮北市节约用水管理办法》等规范性文件也对工业和服务业等非居民用水实行超计划、超定额累进加价等做出明确规定，鼓励企业节约用水。杨庄煤矿先后投资 870 多万元，建设日处理能力 2 万立方米矿井水综合利用工程，年综合利用矿井水600万立方米，利用率达85%。淮北国安电力有限公司总投资600万元，开展节水技术改造，年节水约150万立方米（郝书芳，2019）。

三 淮北市破解水资源"尾效"的启示

1. 优化行政管理机制，提高污染协同治理水平

作为转型的关键推动者和监督者，政府应发挥更加积极的作用。具体来讲，可以从以下三个方面展开。

（1）健全水相关法律法规，保护交易合法性。首先，市场经济是法制经济，只有对交易主客体的权利、交易规则、违规行为的处罚等进行明确的界定，交易才能顺利进行。目前，我国在水权交易、排污权交易、水务市场等方面都缺乏专门的法律法规，造成水权制度建设无章可循。这方面国外的立法实践为我们提供了宝贵的资料，如以法律法规的形式对交易的原则、补偿政策、排污银行政策等加以规定。此外，流域水资源具备公共物品和私人物品的双重属性，在流域水资源的开发利用中，极易出现"公地悲剧"问题。因此，在完善我国水权交易法律制度过程中，应对水权交易双方保护水环境、维护生态稳定等符合公共利益的义务予以规定，并对违反此类义务应承担的法律责任加以明确规定。

（2）增强领导改革动机，提高纵向协同水平。作为转型的设计者和决策者，地方党政领导同时扮演着转型的执行者和支持者角色。动机决定人的行为，是推动个体行动的直接动力。充分发挥地方党政领导的推动作用、增强其转型动机，是完善转型动力机制主要考虑的问题。"河长制"的推行，为这一问题的解决提供了思路。"河长制"的实质是"领导包干制"，河长的政绩考核、选拔晋升与其治理水平和治理绩效挂钩。在各省市的"河长制"推行中，对"河长"的考核多数实施"一票否决制"，对责任机制进行了细化和落实，进一步增强了各级"河长"对流域治理的推动力。流域水资源治理的市场化转型，离不开各级党政领导的支持和推动，在"河长制"得到广泛推行的今天，其治理的市场化转型也可考虑进入"河长制"的管理范畴。

（3）重构转型的环境动力，加强流域水资源承载能力监测。为全面、及时地把握内外部环境变化对组织提出的新要求，未来的检测工作可以重点从以下几个方面展开。一是加快监测仪器的研发。加快对现场监测、自动监测和在线监测类仪器的研发，提高监测信息传递到相关决策部门的时效性。二是探索科学有效的水资源承载能力分析方法。针对我国饮用水、地表水及废水等建立相对应的一系列标准分析方法，实现与国家水资源质量标准以及污水综合排放标准的配套。三是建立长期有效的监督机制。建立相应的督察制度、问责制度、追究制度、绩效考核体系，保障我国水资源承载能力监测预警制度的健康发展。

2. 活跃市场机制，健全水权交易体系

（1）明晰的产权是进行产权交易的前提。我国《水法》的相关规定使得水资源的使用权与所有权相分离，分离后的使用权依然具有公共物品属性，因此，必须遵循资源产权化的思路，建立产权明晰、政资分开、权责明确、流转顺畅的水资源产权制度。在实际确权时，应综合考虑灌溉条件、水源条件、工程配套标准、水源距离、土壤类型、丰枯水情况等因素的影响，严格制定和完善不同地区、行业、农作物和养殖产品的用水定额，定额宜低不宜高，用水总量分配到农户。根据用水定额，建立节水奖励机制，鼓励水权转让。这就需要制定更为具体的政策法规，对可交易水权加以界定。由于水资源的时空分布不均等自然禀赋条件，产权的安排需要因地制宜。

（2）系统完备的水权交易制度是保障水权交易顺畅进行的关键。建立水权交易平台对于流域水资源治理市场化转型工作的积极作用主要体现在以下方面。其一，信息功能。通过各种渠道（如网络平台、挂牌公告）为水权交易买方、卖方提供水资源供求信息和相应的价格信息，降低交易主体的搜索成本。其二，价格发现功能。一方面可以公布价格信息，另一方面可通过拍卖、招标、协议等方式形成明确的交易价格。其三，交易监测功能。确保水权的交易没有违反国家的流域规划、产业政策和经济政策，同时确保交易行为不会对生态环境的可持续发展造成损害。

（3）科学合理的水价是流域水资源治理市场化转型的基础。水资源因其经济属性被视为一种商品，水价是水权的使用者付出的机会成本。只有在水资源有明确、合理的价格时，其经济价值才能适应市场经济的要求，水资源才能取得进入市场的资格。在进行水资源价格制定时，应遵循差异化的定价原则，综合考虑水资源的实际情况。

3. 完善社会参与机制，激发多元治理主体合力

在流域水资源治理市场化转型的过程中，公众应充分发挥参与和监督作用。要实现政府与公众之间强有力的合作，必须在政策制定、执行和评估的各个阶段提高公众的参与度、监督权和决策权。发挥公众在市场化转型中的治理主体作用，可以从以下三个方面进行。

（1）畅通多元化的公众诉求表达渠道。在实践中，存在很多公众诉求的表达渠道，包括政党、人大、电话、书信、网络等，虽然这些渠道繁多，但存在不畅通的问题。民众难以方便、直接地通过这些渠道向政府传递诉求。有必要从公众的角度出发，整合既有渠道，依托政府网站、政务微博、微信公众号等平台，获取民众诉求并开展常态化的民情调查制度，建立完善民情调查数据库，对民情民意开展动态监督和研究分析，准确、全面把握民众诉求。

（2）培育农民用水户协会。扩大灌区用水户的参与权和管理权，是许多发达和发展中国家在流域水资源治理市场化转型中的成功经验，同样也符合新时代下我国社会主义市场经济的发展需求。目前，我国在灌区层面、农民用水户层面的水权交易尚未普及，部分地区由于农业水定价低、灌溉用水充裕、用水计量技术落后、输水设施建设不完善等原因，对节约用水和进行水权交易的动力不足，亟须通过搭建农民用水合作组织以实现农业水权交易的规模化、常态化。

（3）建立专家顾问制度。专家顾问的作用主要体现在两个方面。一是咨政建言，为流域水资源市场建设提供技术支持和专业咨询。流域水资源治理的市场化转型，涉及经济制度、政治制度、文化制度和生态制度等各个方面的转型，水权的界定、水价的制定、交易规则的确立、流域治理机构的协同、输水设备的建设、生态补偿的落实等都需要特定领域的专家顾问提供专业性建议和针对性方案。二是舆论引导，专家顾问可以借助其学术权威的地位，通过发布研究报告、解读水资源政策等途径引导社会舆论，增强公众对流域水资源治理市场化转型工作的认同和了解，推动政府、市场、社会共同发力。

4. 推动科技创新，减轻水资源"尾效"

（1）推进节水和治污科技进步。针对工业污水、城市工程建设和居民污水排放，加强节水技术的开发和工程的建设，加大污水排放可循环利用的研发力度并吸收各方面的技术人才和先进理念。国家应积极地研发先进的节约新型技术、农业灌溉技术和节水设备，加大资金投入，设立专门的科研小组和试验基地，并将成功的技术积极地推广到社会生产、生活之中。对于水污染治理不仅要治标更要治本，提高污水处理工艺的水平，工业生产要加大污水处理系统的研发与投入力度，将污水在排放前处理并能循环利用。对待城市污水，要强化集中处理方式，将废水的集中控制和废水的分散治理两个方面结合起来实施。加强与世界先进国家的技术交流，引进新的污水处理理念与技术，提高我国污水治理科技水平（舟成，2013）。

（2）大力发展海水淡化技术。全球设有海水淡化厂1万多家，近1/40地区的世界人口靠淡化海水作为饮用水。目前已形成以多级闪蒸、低温多效和反渗透为代表的三大海水淡化主流技术。目前我国海水淡化技术需要解决两个问题。第一，关键设备制造及新技术开发有待完善和攻克难关。如用反渗透技术时，关键部件包括能量回收设备、反渗透膜和高压泵，分别约占设备总投资的1/3，须将浓水侧的高压加以回收以达到节能降耗的目的。第二，海水浓水的处理技术有待改进。海水经热法和膜法淡化后，除淡水外，还有约50%的浓水需排放，其含各种化学药剂（杀菌剂、混凝剂和助凝剂、缓蚀阻垢剂、消泡剂和还原剂等），直接排到海里，将造成热污染或化学污染（王熹等，2014）。

第三节 国外"资源诅咒" 案例分析
——以部分非洲国家矿产资源为例

一 部分非洲国家产生矿产资源"诅咒"的历史沿革

自20世纪90年代末期，部分非洲国家凭借价廉质优的矿产资源吸引国内外投资，短短10余年，流入非洲的外部资金总体呈增加态势。2001年非洲各国矿产企业净现金流入量为456亿美元，2012年增至1863亿美元，11年间增加了3倍。再加上全球各种初级资源呈现持续上涨、欣欣向荣的态势，这让非洲资源国迎来了经济高速发展的黄金时期。在非洲现有的54个国家中，至少有45个国家有一种或多种矿产资源，资源产业在各自的国民经济体系特别是出口经济部门中占有举足轻重的地位。2010 年非洲矿产资源采掘业产值平均占全非洲 GDP 的 47%，矿产资源富庶国家的矿业产值一般占其 GDP 的 50%以上，在经济相对发达、产业结构相对多元化的南非，矿业产值也占到 GDP 的 23%（李智彪，2013）。

另外，由于大部分非洲矿产资源国的支柱产业为矿业，矿产品是国内出口及政府财政收入的最主要经济来源，也是国民经济体系特别是出口贸易部门最重要的组成部分，这就使得这些国家十分容易陷入"资源诅咒"困境（杨宝荣，2014）。其中，"资源诅咒"是指由于资源禀赋优越而过度依赖资源开发所引起的资源型经济结构和资源供给过剩，最终对经济发展造成约束。21 世纪初期，得益于世界各国对外贸易程度的加深和经济发展的需要，非洲一些矿产资源国从繁荣的矿产资源中获得巨额收入，非洲开发银行等机构的研究团队认为：自然资源对 2000 年以来非洲经济增长的贡献率约为 35%。美国麦肯锡全球研究所的研究团队认为：2000~2008 年，资源产业对非洲经济增长的贡献率约为 32%，其中资源产业的直接贡献率为 24%，间接贡献率（以资源收入为基础的政府支出）为 8%；但这种贡献率在各国间具有很大的差异，安哥拉为 86%，利比亚为 63%，阿尔及利亚为 41%，尼日利亚为 35%，南非、埃及、摩洛哥和突尼斯等国在 2%以下。由于对矿产资源的过度依赖，包括尼日利亚、阿尔及利亚、苏丹、赤道几内亚等在内的非洲矿产资源国都陷入了不同程度的"资源诅咒"困境。

二 部分非洲国家矿产资源"诅咒"的主要特征与产生原因

1. 主要特征（郑闻天、申晓若，2019；余鑫等，2014）

（1）生存环境恶化。由于矿产资源丰富，以跨国公司为主要发起者的矿产资源开发给非洲国家的自然环境和生态系统带来了不可逆转的毁坏，使非洲各地居民生存环境越发恶劣。举例来说，在尼日利亚的尼日尔河三角洲，当地由于石油和天然气的开发造成了包括饮用水水源地在内的河流大范围被污染；土壤和空气也受到不同程度的污染；生物多样性被破坏，包括植物和动物的生长环境。现实中，大部分非洲资源国政府偏爱从外国投资中获取周期短、见效快的利益，而无视由生存环境恶化带来的一些隐性成本的增加，社会动荡、贫富差距扩大等社会问题，没能兼顾好国外公司的矿业投资与国内改善矿区生存环境的平衡。

（2）收入不平等和贫困状况仍然严重。在非洲大陆收入不平等和贫困状况非常严重的国家中，就有许多矿业国，如刚果（金）、尼日利亚、赞比亚和莫桑比克等。南非虽然贫困状况不严重，但是收入不平等状况非常严重。尼日利亚是非洲第一大石油生产国，政府从石油开发和出口中获得了巨额的财富，但是这些财富并未转化为民众利益，国内仍有近70%的居民生活在贫困线以下。

（3）矿业部门创造的就业有限，无法缓解严峻的失业状况。由于采矿业是高度资本密集型部门，其创造的就业数量十分有限，对于技术进步和人力资本素质提高的贡献也并不显著，甚至是否能正面促进技术进步和人力资本素质提高也有待商榷。非洲矿业国的国民经济如果过度依赖矿业发展，必然无法缓解失业率居高不下的状况。例如，博茨瓦纳和赞比亚的失业率均超过15%，阿尔及利亚超过10%，纳米比亚的失业率在35%以上。

（4）矿区居民并未在矿业开发中受益。以赞比亚为例，尽管铜矿业发展给政府带来了巨大的财富，但是当地社会仍然处于极度贫困的境地，仅能获得有限的基本服务。当地居民失去了绿色健康的生存环境，存在更多的安全隐患并增加在医疗上的开支，生存成本显著提升。并且由于矿业生产掌握在外国公司手里，真正的所有者居住在世界其他国家里，他们几乎不会去考虑当地社区的长远发展。而矿区的管理层则居住在环境未被污染的邻近城镇，远离矿区产生的有毒烟雾，饮用瓶装水，食用从别处运来的安全食品。最终的受害者始终是矿区人民。

（5）矿产资源带来了无尽的冲突。掌控矿产资源的开采权就等于拥有了钱、武器和权力，非洲国家反政府武装组织之间为了争夺矿产资源而不断发生暴力和冲突。例如，在安哥拉、塞拉利昂和刚果（金）等盛产钻石的非洲国家，反政府武装组织非法开采、销售毛坯钻石，以筹措内战经费，此类钻石被称为"冲突钻石"；在刚果（金）及其周围国家和地区境内锡石、黑钨、钶钽铁矿和黄金等稀有金属的开采活动与反政府武装组织有关，各派军事组织通过开采和出售矿石获益并购买武器和支付军饷，这导致该地区局势长期不稳定，被媒体称为"冲突矿产"。

2. 产生原因

自然资源对经济形成"诅咒"的传导渠道大致有以下两点。一是丰富的自然资源导致其他部门要素向相应资源的开发产业集中,由于过度集中,制造业被挤出,国际竞争力被削弱,使资源富国患"荷兰病"。二是资源开采的过程中往往会产生寻租活动、滋生政府的腐败行为,一来损害国家的制度体系和公信力,二来造成部分企业权责不分,三来使得民众生产活动积极性下降。

(1)丰富的矿产资源使制造业被挤出。由于开采自然资源的丰厚回报,政府和企业家没有动力也没有压力在制造业等领域进行投资。再加上自然资源部门具有技术含量低、劳动密集型的特征,充裕的自然资源带来的收入使人们忽视了对技术的研发和教育的投资,这必然会导致资源型地区缺乏技术创新的能力,长此以往也必然对国内制造业产生挤出效应。2004~2011年,除了少数几个国家之外,非洲大多数矿业国的制造业占GDP的比重出现了下降。当前非洲大多数矿业国的经济仍然高度依赖矿产品的生产和出口,制造业的发展态势与同时期的发展中国家平均水平相比已严重落后。由此也导致生产的矿产品附加值低,与其他部门的关联性小。制造业是国民经济、社会发展和国防建设的重要物质基础,是国家综合实力和国际竞争力的重要标志,直接体现了一个国家的生产力水平,在国民经济中占据了其他产业无法替代的主导地位和基础作用。而非洲矿产资源国的经济增长主要由矿产品出口拉动,其制造业发展普遍滞后,缺乏提升国际竞争力的有效手段,因此使得非洲矿业国经济发展乏力。

(2)矿产资源丰富致使寻租现象发生和腐败严重。根据经济学定义,$R = P - C$,其中,R是资源租金、P是资源的市价、C是成本。并且往往某类资源的市价越高,其对应的租金也越高,比如金矿的租金要远高于煤矿的租金。因为非洲许多国家矿产资源的租金占GDP的比重很大,所以十分容易导致资源寻租现象发生并使得政府腐败严重。

通过寻租行为所获得的利益大于努力工作所获得的利益,利益相关者就会将主要精力放在寻租行为上,而不是生产性活动上。例如,在尼日利亚,由于国内矿产资源勘探与贸易市场还不够健全与完善,一个公平、有序的市场竞争环境尚在成型期,矿产资源租金占GDP的比重超过20%,致使寻租行为猖獗,政府腐败状况相当严重。根据透明国际公布的《2009年全球清廉指数》调查报告,2009年尼日利亚的清廉指数为25,在全球175个国家中排名第144位(见表7-1),属于腐败状况比较严重的国家。这使得很多"关系户"只想着如何保持或占据更多的市场份额，而不进行技术创新、结构转型等需要持续高投入的、对企业未来发展有利的活动。这使得，一来国外投资者的市场进入壁垒很高；二来投资者也会考虑在腐败如此严重的国家进行商业活动能否顺畅，利益与投入是否匹配。这就造成了一个类似于信息市场的"劣币驱逐良币"的恶行循环。如何减少腐败行为，在吸引外国直接投资中引入公平竞争的机制，并将矿产资源租金真正用于国内建设和减缓贫困，是非洲矿业国政府亟待解决的重大难题。

表 7-1 矿产资源租金占 GDP 比重大的非洲国家

非洲国家	矿产资源租金/GDP（%）		全球清廉指数	
	2009 年	2000~2009 年平均	2009 年	排名
刚果（布）	53.7	63.3	22	154
赤道几内亚	46.2	69.4	19	163
利比亚	46.1	53.4	15	172
安哥拉	38.4	56.0	23	153
尼日利亚	24.5	35.2	25	144
赞比亚	17.6	10.5	38	83
刚果（金）	14.9	10.2	22	154
几内亚	14.8	9.4	24	150
埃及	10.5	15.0	32	114

三 挪威实现"资源祝福"的做法分析

20 世纪末期，作为世界上重要的石油出口国之一的挪威，在几十年的发展进程中成功规避了"资源诅咒"。以挪威石油资源开发为例，从改善"关联产业"、抑制人力资本的挤出、优化政府监管与资源收益管理等三个方面展现了经济与社会发展的另一种模式。该模式通过各种政策和制度将较高的收入水平与相对平等的收入分配以及由高额税收支撑的大型公共部门带来的社会保障相结合，使得挪威具备走出"资源诅咒"泥潭的潜质。

1. 改善"关联产业"

对于几十年来石油产业在挪威经济中的贡献与贸易出口行业相差不大

这一事实的解释，有学者用到"关联产业"这一概念，指出资源导向型产业可能与制造业的正向溢出一样巨大。早在20世纪初涡轮机和发电机制造产业逐步成为挪威水电业中重要的后向关联产业。二战后，汽车零部件制造产业也作为前向关联产业随挪威铝产品制造业的延伸而不断发展起来。通过这些方式，资源产业的发展与其他经济部门逐步挂钩，这些联系将世界市场一体化的收益和成本都传递到大部分的经济和社会部门中去。后来兴起的石油开采业同渔业、林业以及水电业一样，都已通过前向、后向关联与挪威经济的其他产业融合为一个整体。这些部门的前向关联推动了半成品等相关产业的发展，而后向关联又促进了制造业资本设备的发展。尽管挪威由于资源导向型产业的增长而经历了明显的去工业化时期，但是这些产业也有助于刺激制造业在某些领域优化升级。不难看出，挪威积极的产业政策成为改善这些关联产业的一个重要因素。

2. 抑制人力资本的挤出

与挪威其他行业相比，石油部门雇员的年均报酬遥遥领先，从1975年的340000克朗增至1995年的560000克朗；在其他自然资源行业中，雇员行业报酬也比雇员替代报酬高出2.5~3.0倍。因此，可以认为部分资源租金的增长流向了劳动力。在多数年份中，实际资本占总财富的份额在20%~40%，并且没有随时间表现出明显的规律性走势。然而，该份额在技术飞速进步时期却有所下降，波动幅度在10%~20%，这种情况与预期石油财富值较高的某些年份类似。以上数据表明，贯穿这一时期的最重要的经济资源是高素质劳动力，在多数年份中人力资本报酬占到国民财富的60%~80%。其中技术发生显著进步的几年里，人力资本报酬甚至超过了总财富的80%，技术、教育以及培训的发展在某种程度上可归因于这一类要素报酬差异（景普秋、范昊，2011）。尽管自然禀赋的相对有利性使得自然资本所占比例较高，但是人力资本这一经济发展最为重要的指标在挪威国民财富中所占的比例仍然处于很高的水平。基于人力资本的大量积累对经济发展所产生的巨大潜力，挪威经济各部门得以协调发展，实现持续繁荣。

3. 优化政府监管与资源收益管理

据不完全统计，挪威有近90%的石油租金汇入政府收入当中（景普秋、范昊，2011）。丰富的自然资源将激励与生产活动无关的寻租行为，而政治驱动下的资源收益分配与这些寻租活动是密不可分的。因此，问题的关键在于人们在多大程度上把注意力放在"掠夺"部分，而非生产活动上。学界普遍认为，政府制度质量的高低与有无腐败现象、官僚机构是否高效、政务能否实现透明化、法律法规是否健全等指标相挂钩。政府把持高额经济租金是否致使制度在其质量上有所降低，对于这一问题学界仍然没有给出明确的答案，但经验证据表明，制度质量较差的资源丰裕国家，其经济增长会受到影响。在基于制度特性的掠夺性行为模型的分析之下，较优的制度可以消除资源丰裕对一国经济增长的负面影响，挪威与大多数其他经合组织成员国就是很好的例证。资源划归国有使得这些政策的实施成为可能，社会准则、集中化报酬的形成、平等性偏好等共同保证了石油财富能在全民中平等分配，从而避免了分裂性的寻租行为，创造出一种社会契约感，使每个人都能通过石油得到财富。"中央政府应该成为租金的主要受益者"这一政策在挪威逐渐为大众所接受，其部分原因是资源本质上是国家的共有财产，而不属于任何个人、公司或团体所有。在渔业等部门中，其租金绝大多数分配给该部门的生产者，只有很少一部分能够征税并以租金的形式汇入政府收入中。相比之下，水电生产租金与石油开采租金的大部分份额却可以采取政府征税形式。此外，由于自然资源是相对固定的，因此无谓损失极小，资源租金极易成为政府收入的理想形式。通过租金或是以该租金为基础获得投资收益，进而作为政府支出进入国民经济运行当中，可以提高经济效率，有利于挪威福利事业的长期融资。

四 挪威走出"资源诅咒"的经验启示

非洲众多矿业国的遭遇足以说明，如果采取单纯地依靠资源开采的短视发展行为，区域经济在长期内很可能会停滞不前甚至出现倒退，显然这种"以资源换发展"的经济模式不利于非洲矿业国实现可持续和包容性经济发展（朴英姬，2015）。那是不是说明"资源诅咒"不可避免呢？从挪威的治理经验来看，这个问题可以从以下几点考量。

1. 在地方层面

（1）要确保矿工和当地社区在大规模矿业发展中受益，兼顾对当地生存环境的保护。未来，地方政府应该转变矿业发展战略，实现矿业开采造福当地社区。同时通过法律法规的形式规范矿业企业的环境标准，并对由污染企业造成的社会和环境成本给予合理的补偿。

（2）通过各种形式的联系将自然资源导向型产业与经济社会中其他相联系的产业融为一体，增强自然资源开采与其他经济部门的关联性，大力强化产业关联与推进产业多样化。具体来说，地方政府应鼓励当地企业家和公司运用新技术和服务，建立矿业开发的上游和下游产业链，并集中资金用于基础设施建设、矿业勘探和人力资源培训等领域，以提高当地社区经济发展的长期潜力。

2. 在国家层面

（1）要确保在与跨国矿业公司的谈判中获得更加合理的资源租金，并且将矿业政策整合到国家长远发展战略之中。需要利用新技术更好地掌握境内的资源状况，政府需要通过健全审计、跟踪研究和完善制度等途径，制定与跨国公司矿业谈判中资源租金的合理分配方案，以保证最大限度地获得资源收益。总体来说，国家在制定新的矿业发展政策时，要具有更广阔和更长远的视野，需要将矿业社区、国家发展、减轻贫困、提升竞争力等因素均整合进来，这必然需要确立合理的利益分配机制和政策的优先顺序。

（2）加大对人力资本的投入，通过加大提升雇员行业报酬的力度，有效控制自然资本和物质资本等实际资本在国民财富中的比重，从而推动对劳动力素质与劳动技能有较高要求的制造业的发展。

（3）将本国各产业部门间的工资差异稳定在一个相对较低的水平，控制其他部门劳动力流向资源产业，同时促使国内出口部门和进口部门工资收益趋于一致，以达到改善进出口商品的种类构成和比例构成的作用，进而推动该地区的贸易比价向较优方向发展。

（4）采用价格补偿、中转、关税等政策制度来保护并支持具备长期比较优势的国内工业发展。要保证自然资源行业在国民经济中占有相对稳定的比重，保持合理的产业结构，从而规避由于各项经济资源从贸易部门流向自然资源开采部门而导致的资源产业挤出传统贸易出口这一"荷兰病"的发生。

3. 在区域层面

（1）要加快次区域内的矿业管理和协调。努力实现"以资源促发展"，各地区应该培养战略眼光来管理资源收益，并将其纳入国家乃至全球长远的发展规划之中。在对待外国矿业投资时，需要明确的长期发展战略作为决策依据来认真权衡得失,以实现国家在矿业开发中获取净收益。值得注意的是,矿业国在对外国矿业投资带来的收益进行审查时,不应只关注短期利益,而应该放眼于长期利益,这是衡量外国投资带来的实际收益的有效标准。

(2)充分考虑挪威在20世纪70年代实施的将自然资源租金上缴国家这一政策的可行性,保证资源创造的财富在全民中平等分配,创造出一种社会契约感,从而铲除政治驱动下资源收益分配的"温床"。

(3)重视职业技能培训和基础教育。一方面鼓励创新,争取在全社会范围内形成并维系良好的产权保护风气,加大对科技创新企业的扶持力度。另一方面根据实际情况适时地完善相应的《反垄断法》《关税法》等法律法规。

第四节 国外"资源尾效"案例分析
——以德国鲁尔区矿产资源为例

一 鲁尔区形成"资源尾效"的历史沿革

鲁尔区地处德国北莱茵-威斯特法伦州(简称"北威州")中部,位于德国西部,莱茵河下游支流鲁尔河与利珀河之间,占地面积为4593平方公里,约为全德国的1.3%。区内有人口570万人,占全国人口的9%,其中心地区人口密度约为2700人/公里^2;区内有24个总人口在5万人以上的城市,其中埃森、多特蒙德和杜伊斯堡等城市总人口均超过50万人。鲁尔区不仅是欧洲历史上重要的煤炭和钢铁生产基地,也是德国甚至世界重要的工业区之一。鲁尔区具有丰富的煤炭资源。煤炭地质储量为2190亿吨,占全国总储量的3/4,其中经济可采储量约220亿吨,占全国的90%。鲁尔区的煤炭煤质好、煤种全,为优质硬煤田,可炼优质焦炭的肥煤占储量的3/5,煤炭所含的灰分(为3%~18%)和硫分(为0.5%~1.5%)都低,发热量高,其中肥煤的发热量高达8600千卡/千克,在世界上是首屈一指的存在。作为一个工业区,鲁尔区以采煤业发家,也因采煤业闻名世界,随着对煤炭开发的逐步深入,之后又发展了炼焦、电力、煤化学等工业,进而促进了钢铁、化学业等第二产业的发展,并在制造大量钢铁、化学产品和充足电力供应的基础上，建立和发展了机械制造业，特别是重型机械制造、氮肥工业、建材工业等。鲁尔区的工业为德国发动两次世界大战"造血"。

二战后的鲁尔区辉煌仍在持续，它继续充当着德国经济迅速恢复和高速增长的"发动机"，其钢铁产量占全国70%，煤炭产量在80%以上，GDP也一度占到德国的1/3。这样的情形一直持续到20世纪50年代，由于石油的出现与广泛应用，能源消费领域的传统结构被改变，煤炭需求量开始回落（赵涛，2000）；再加上马克升值、欧洲经济共同体内钢铁生产的配额等因素，促使鲁尔区的钢铁生产开始向欧洲以外的区域转移。随着煤炭、钢铁等主导产业的衰退，鲁尔区表现出"资源尾效"效应，并随之产生了一系列经济和社会问题，使鲁尔区陷入了结构性危机。为了重振鲁尔区经济，自20世纪60年代末，德国政府开始有针对性地指导鲁尔区开展经济结构调整和产业转型工作。

二 鲁尔区存在"资源尾效"的特征事实

在20世纪60年代"煤炭危机"到来前，鲁尔区的主要产业还集中在采矿、钢铁和机械制造等行业。50年代末至60年代初，由于鲁尔区的煤炭开采成本大大高于美国、中国和澳大利亚，加上各国对于石油和核电的应用，全球煤炭需求量大量减少。1957年鲁尔区共有141家煤矿，雇用了50万名以上的矿工。自60年代起，鲁尔区煤炭开采量逐年下降。由于技术的发展，传统的钢铁、汽车、造船业提供的就业岗位锐减；钢铁生产向欧洲以外的子公司转移，钢铁产量也明显收缩。自此，鲁尔区传统的煤炭工业和钢铁工业步入衰落。矿厂和钢铁厂逐个关闭，煤炭工业就业人数从1962年起开始下降，到1996年已减至7万人；炼钢业失去了4万个工作岗位；造船业的就业人数减少2/3。70年代后，大工业衰落的趋势已十分明显。至80年代问题越来越大，到80年代末期，鲁尔区面临着严重的失业问题。1980~1994年，鲁尔区的就业结构发生了很大变化，农业和采矿业的就业人数下降了33.3%，工业的就业人数下降了28.5%，建筑业的就业人数下降了29.8%，只有服务业的就业人数上升了19.6%。1996年德国的失业率是10.3%，北威州为10.5%，而鲁尔区的失业率则高达15%~16%（赵涛，2000）。

经历"煤炭危机"后，鲁尔区政府痛定思痛揭开了产业转型的序幕，传统产业集群如电力、厂房建设、铸造、轻金属等，也逐渐开始谋求新发展思路。直到 20 世纪 90 年代早期，鲁尔区 12% 的就业来自进一步的能源消耗型重工业，25% 的就业来自机械制造、电气工程、汽车配件和化工产业，10% 的就业源于与消费相关的服务行业。经过一系列的产业转型后，鲁尔区各地在 90 年代末期培育起了一批相较于国内具有明显优势的新兴产业集群，这也宣告鲁尔区基本完成了产业转型历程。鲁尔区的产业在经历了近半个世纪的转型升级后，成功实现了由传统工业到服务业的转化，形成了一套新型的传统工业与高新技术产业协调发展的现代产业体系。同时大幅提升人力资本、改善城市形象和服务，不仅提升了居民幸福度，也使得鲁尔区成为一座集聚了科技创新、文化创意、旅游展览、能源技术、环保技术和医疗卫生的现代之都。但鲁尔区的转型并非一帆风顺，在早期也经历了难以打破路径依赖、新产业中的小企业难以生存等困境，鲁尔区大、中、小城镇之间的利益博弈也为转型带来了较大的阻碍，而这些都是资源型地区进行产业转型升级中必须面对、解决的问题（徐慧娟等，2016）。

三 鲁尔区摆脱"资源尾效"的主要做法与成效

历经半个世纪之久的调整，鲁尔区成功实现了产业结构转型。如今大部分矿山和钢铁厂已关闭，曾经的煤炭生产和钢铁生产企业的土地转而新建成一座座现代感十足的绿色高科技产业园、商贸中心和文化体育场馆。鲁尔区走出"资源尾效"的主要做法如下（昆斯曼等，2009）。

1. 发挥政府的主导作用

由德国的联邦、州和市三级政府共同参与对老工业基地的结构进行调整和产业转型发展思路进行策划。首先，德国联邦经济部下设联邦地区发展规划委员会和执行委员会，州政府设立地区发展委员会并实行地区会议制度，市政府成立劳动局和经济促进会等职能部门，专门负责老工业基地的结构调整和产业转型发展的综合协调，以克服"议而不决、决而不行、行而低效"的问题。其次，分别针对老工业基地的结构调整和产业转型制定长、中、短期发展规划，并凭借政府的公信力保证规划的全面、广泛、强制实施。最后，提供资金政策扶持。一是对煤炭、钢铁等生产企业的技术改造提供专项资金支持；二是降低投资税、运用补贴等各种价格手段支持煤炭工业的创新性发展；三是对鲁尔区新建和迁入的企业提供专项低息贷款，以保证鲁尔区新鲜血液的流入。并且，由于"资源尾效"效应，鲁尔区的中小企业快速倒闭，部分大企业也濒临破产危机，失业潮席卷全区。为了保证失业者能够享受到最基本的生活保障，德国政府建立了一系列与之对应的社会保障制度，为下岗职工的基本生活兜底。

2. 改造传统产业、扶持新兴产业

1968 年，随着第一个产业结构调整方案《鲁尔发展纲要》的提出，鲁尔区开始着重整顿治理矿区的大环境，赋予大矿井更大的支持力度，重点发展其机械化和增加其规模效益报酬，逐步引导中小矿业企业退市或合并。另外，围绕着煤炭产业这一主业进行产业链的延伸，鲁尔区发展上游、下游产业，促进具有多元化产业的企业形成并壮大。这当中就涌现出了例如鲁尔煤炭公司等世界 500 强企业。

1979 年，联邦政府与各级地方政府及工业协会、工会等有关方面联合制定了《鲁尔行动计划》，旨在逐步发展新兴产业。一时之间，由于各种优惠的政策、强有力的扶持措施和公开透明的扶持机制，一些电子信息等新兴产业企业在鲁尔区遍地开花，并且势头正旺，其发展速度之快在整个德国都是首屈一指的存在。新兴产业主要有石油化工、汽车工业、电子信息产业、消费品行业和服务业等，这为接下来鲁尔区的产业转型打下了坚实的基础。

3. 重视环境和基础设施建设

1968 年，北威州政府发布《鲁尔发展规划》，将技术和地区规划办法结合起来，主要关注了对土地、资本等生产要素的重新配置，为接下来的产业转型打下基础。其具体运作办法是：政府通过出资购地、土地修复、出售土地、招商引资等手段加快建立新型产业园区，形成新型产业的集群。如波鸿钢铁公司 1951 年拥有员工 1 万人；1970 年公司倒闭时，市政府买下公司旗下土地的所有权，拆除厂房、修复并出售土地、招商引资；到 1980 年，在这块土地上建起了 59 个中小型企业，吸纳了原钢铁公司3000 多人就业。这家公司在面临倒闭的过程中，得到的资助里约有 80% 是来源于州政府的资助，这些资助大多用于加强交通等基础设施的建设，为新企业生产经营营造了良好的环境。除此之外，当地政府还调动土地和资本，提升城市环境。由于采矿业留下了大量的工业废弃区域，为了更新鲁尔区的城市形象,当地政府于 1969 年制定《鲁尔区域整治规划》,提出"以煤钢为基础,发展新兴产业,改善经济结构,拓展交通运输,消除环境污染"的整治目标。在交通方面,相比南北方向较为发达的区域交通,鲁尔区内缺少东西方向的高效交通设施,因此联邦和州政府将构建良好的交通网络列入《鲁尔发展规划》,把完善交通运输网络列为重振鲁尔区经济的首要任务之一,投资 128 亿欧元用于扩建公路网、新建主要城市的铁路网络等基础设施,这一举措为后来新兴产业尤其是物流业的发展奠定了必要的基础。

4. 重视技能培训与高等教育

由于鲁尔区的经济转型和技术进步导致了一些部门的劳动岗位减少,这就要求部分劳动力改行换业,或在空间上进行流动。为此,鲁尔区建立了多个职业培训机构,对下岗和转岗人员进行必要的新岗位职业技能培训。另外,鲁尔区同样十分支持高等教育的发展。以前鲁尔区的大部分工作由普通工人完成,不需要多高的技术含量,也就不需要那么多受过高等教育的专业人才。但随着产业转型的深入,人们认识到,发展新兴产业尤其是具有现代技术的新工业,没有接受过高等教育的人才是远远不行的,发展高等教育迫在眉睫。随着 1964 年《教育紧急文件》的颁布,波鸿鲁尔大学、多特蒙德大学、杜伊斯堡大学、埃森大学、哈根函授大学等陆续成立。此外,鲁尔区的应用科技大学以工程学院、学工学校和其他高等技术学校为原型,自 1998 年成立以来,一直致力于以应用为导向的学术研究,将技术转化为生产力,形成良性的产学研一体化平台,成为鲁尔区高等教育系统的坚固后盾。

上述做法的有效实施给鲁尔区的面貌带来了巨大的转变,其主要成效体现在以下四点。

(1) 就业向第三产业转移。1981 年,鲁尔区的第一和第二产业就业人数占就业总人数的 52.9%,1991 年下降到 44.2%。而同期第三产业的就业人数由 47.1%上升到 55.8%。

(2) 中小科技型企业发展态势良好。1985~1988 年,鲁尔区企业数量新增 41%,超过了 28%的全国平均水平。同期倒闭企业数量占企业总数的 21%,也低于全国 27%的平均水平。新建企业多为集研发与生产于一体的中小科技型企业。

（3）就业状况得到明显改善。1991年，鲁尔区20～25岁年龄组的失业率降为10.8%，低于北威州11.1%的平均水平。其中就业的重点明显向受过良好教育的群体倾斜，呈年轻化和知识化的特点。具体的关于1970～1992年鲁尔区、北威州、联邦德国就业人数变化如表7-2所示。

表7-2　1970～1992年鲁尔区、北威州、联邦德国就业人数变化

全产业	鲁尔区		北威州		联邦德国	
	就业人数	增长率	就业人数	增长率	就业人数	增长率
	（万人）	（%）	（万人）	（%）	（万人）	（%）
1970～1980年	1.9	0.8	43.3	6.4	39.1	1.5
1980～1990年	-10.9	-5	18.7	2.6	142.7	5.3
1990～1992年	3	1.5	20.5	2.8	65.5	2.3
1970～1992年	-6.1	-2.8	82.5	12.3	247.3	9.3
采矿、制造和建筑业	鲁尔区		北威州		联邦德国	
	就业人数	增长率	就业人数	增长率	就业人数	增长率
	（万人）	（%）	（万人）	（%）	（万人）	（%）
1970～1980年	-16.7	-13.7	-46.8	-12.7	-142.4	-10.9
1980～1990年	-23.7	-22.6	-32.6	-10.1	-54.9	-4.7
1990～1992年	-2.6	-3.1	-2.2	-0.7	-12.2	-1.1
1970～1992年	-40.4	-33.2	-79.4	-21.5	-209.5	-16.1

（4）外部形象明显改善。以往的鲁尔区和受到严重污染的工业地区并无二致，它遍地都是矿井、烟囱和高炉，空气污浊遍布雾霾，水质低劣重金属物质严重超标，植被破坏严重，生物多样性被毁坏。但在产业成功转型后，鲁尔区发生了翻天覆地的变化。今天的鲁尔区已经成为由巨大的绿色公园网络包裹的生态文明之都。

四　鲁尔区走出"资源尾效"的经验启示

对于资源型地区而言，只有摆脱对资源的过度依赖、改变单一的产业结构，选择适宜的主导产业，并通过主导产业的前后向关联带动与之相关产业的发展，形成多元化的产业结构，才能使得城市的经济更能抵御风险，才能走出困境，继续繁荣（吴兴唐，2015）。

1. 转型规划放权至地方政府

打破对资源型产业的路径依赖是资源型城市转型发展的根本之计。产业转型是一场持久战，要想做到高质量发展，发展思路与理念至关重要，应结合当地的要素禀赋和发展需求制定不同的战略选择与转型路径。中央政府、地方政府和企业均须早日转变发展理念，在资源型城市稳定发展时，合理处理传统产业与新兴产业的关系，促进产业多元化发展。突破产业发展的软硬基础设施"瓶颈"，是促进产业转型升级和高质量发展的有效措施。从总体布局的转型规划到支持各地因地制宜发展，是转型成功最为重要的一步。在产业发展的必要条件具备后，结合区域自身禀赋结构，依照比较优势重点发展潜在产业是走出路径依赖、完成转型的关键。不仅要鼓励各地根据自身条件重点发展潜在优势产业，也要支持区域协调联动发展，这对资源型地区产业多元化发展起到重要作用。

2. 完善产业所需基础设施，对产业进行因势利导

基础设施的更新是贯穿地区产业转型过程的重要内容。一方面，要运用多种政策工具充分调动土地、资本、劳动力等生产要素，完善实现新兴产业发展的基础设施。突破非资源型产业发展的基础设施"瓶颈"，降低经济生产和社会活动中的交易成本，进而提高生产效率和经济效益，促进经济结构转型升级，并随产业发展不断突破相应的软硬基础设施"瓶颈"。交通设施、居住条件等方面的改善是产业转型的必要保障，只有这些保障得到落实，才能降低新产业发展的成本。另一方面，产业转型成功的关键还在于摆脱路径依赖后进行及时的政策引导，例如加大对废物处理和环保行业初期投资的力度，开启新产业集群的重构，各地根据自身禀赋逐渐将优势产业发展壮大。在具体考量某个资源型城市的发展时，势必充分考虑该城市的经济发展阶段、产业结构、产业技术水平等因素，进行更为细致的阶段鉴别和优势产业甄别。

3. 资源型产业向非资源型产业转型发展是必然

传统产业要想转型，非资源型集群发展是高质量发展的唯一道路。其中，资源不应仅仅局限于煤炭、矿产等实物资源，还应注重历史文化等无形资源，文化、旅游、康养等产业不仅能够塑造城市形象，解决就业，还能解决经济发展不可持续的问题，这也是资源型城市实现产业多元化发展

的一个方向。

另外，要明确各个地区进行产业转型的独特历史背景，要充分考量所处的产业布局地位、行政布局分散、具体区域禀赋等因素。如果要求所有资源型城市都采取工业旅游、高新技术、医疗化工等转型路径，很可能导致更严重的资源错配和经济停滞问题。因此，在促进非资源型产业发展过程时，各地要结合自身要素禀赋，避免盲目赶超技术更先进、资本更密集的产业，采用何种方式的转型路径，不应由中央政府统一规定或指定，应由地方自主探索、自行甄别是否具备潜在比较优势以及如何因势利导。

4. 重视教育，为接续产业发展培育人力资本

促使人力资本和物质资本向非资源型产业流动，是打破对资源型产业路径依赖的基础。"资源诅咒"与"资源尾效"的核心问题在于资源型城市其他产业的挤出效应，只有人力、物质资本等生产要素能够在各个产业内循环有效流动，才能解决这一挤出问题。一是要加大教育培训和研发投入力度，提升非资源型产业进行发展所需的人力资本和先进技术。这一方面可以缓解产业间的结构性失业问题，另一方面能够促进资源向非资源型产业流动。二是要注意到教育培训和研发创新的缺乏并不只存在于部分区域，除鼓励地方政府重视人力资本外，中央政府也应重视研发投入和加大高校教育支出，鼓励地方结合地区比较优势为未来产业发展提供必要的人力保障。三是要根据自身禀赋发展具备比较优势的产业。地方政府可结合当地要素禀赋和现实背景，除发展生产性服务业、战略性新兴产业外，不必拘泥于传统的煤炭、矿产等资源产业，还可将无形的历史文化等作为资源禀赋，不仅可以解决环境问题和提升城市形象，还能促进文化、旅游、康养等产业发展，提升居民的幸福度。

第八章
研究结论与政策建议

第一节　研究结论和讨论

一　研究结论

在对经济增长中的资源约束相关经典理论进行系统归纳的基础上，重点对"资源尾效"和"资源诅咒"以及二者之间的转换研究进展进行归纳总结；在对区域经济增长中资源约束的概念和内涵进行界定的前提下，根据生产理论与技术约束、增长理论与要素约束、木桶理论与阈值约束、生态理论与容量约束，阐释区域经济增长中"资源尾效"和"资源诅咒"的形成机制，并分析资源约束区域经济增长中的非线性成长规律；在利用内生增长理论分别构建经济增长中的"资源尾效"模型和"资源诅咒"模型的基础上，根据宏观生产理论将经济增长中的"资源尾效"和"资源诅咒"模型系统化，分别探讨在水土资源和矿产资源约束下，经济增长中"资源尾效"和"资源诅咒"的动态转换条件和依据；采用长江经济带11个省市和中国30个煤炭城市作为研究样本，分别测度出经济增长中水土资源和煤炭资源约束下的"尾效"值和"诅咒"值，并分析其动态转换机制以及其空间异质性和成长异质性特征，得出不同资源对经济增长约束作用的差异，并且以中国285个地级及以上城市为研究样本，在考虑自然资源和经济增长的空间效应的前提下，研究矿产资源对城市经济增长影响的时空效应；最后通过选取国内外成功打破"资源尾效"和"资源诅咒"的案例，分析其产生的原因和破解的方法，最后提出减少资源约束的政策建议。本书主要研究结论如下。

（1）目前国内外大部分的学者一致认为区域经济增长的资源约束就是由资源的稀缺性导致的，即自然资源的供给量或质量和生态环境承载力不能满足区域经济增长的需求量。而本书从约束理论的内涵和外延出发，提出资源约束包括自然资源供不应求和供给过剩对区域经济增长产生制约的两种情况，资源不足减慢区域经济增长进程的情况被称为"资源尾效"，资源过于丰富减缓区域经济增长进程的情况被称为"资源诅咒"。

（2）基于生产理论与技术约束、增长理论与要素约束、木桶理论与阈值约束、生态理论与容量约束，归纳得到的自然资源约束经济增长的作用主要表现在它影响区域经济增长速度、区域经济发展格局、区域劳动生产率和劳动的地域分工、区域产业结构、区域经济发展方式；资源约束区域经济增长的路径体现在资源有限供给条件下的区域经济增长呈现盲尾的"资源瓶颈"特征、无限供给条件下的区域经济增长呈现"半抛物线"形特征、级差供给条件下的区域经济增长呈现"S"形特征；资源约束规律主要反映在自然资源约束下的区域经济增长呈现非线性的Logistic复合曲线特征。因此，它们可以作为"资源尾效"和"资源诅咒"非线性转换分析的理论基础。

（3）在利用内生增长理论分别构建经济增长中的"资源尾效"模型和"资源诅咒"模型的基础上，根据宏观生产理论将经济增长中的"资源尾效"和"资源诅咒"模型系统化，发现在水土资源和矿产资源约束下，经济增长中"资源尾效"和"资源诅咒"的动态转换条件是：当资源生产弹性不等于2/3的情况下，"资源尾效"和"资源诅咒"可以转换。此时区域经济增长与资源之间为非线性关系，并且在两侧分别表现为"资源尾效"和"资源诅咒"状态。

（4）基于区域经济增长中"资源尾效"和"资源诅咒"的约束模型实证研究发现，水土资源是制约长江经济带经济增长的关键资源。采用长江经济带11个省市样本，利用构建的内生经济增长"资源尾效"模型测算发现，其水资源和土地资源的"尾效"值分别为 -0.0055 和 0.0493，相应水资源和土地资源总的"尾效"值为 0.0438，显然，水资源对区域经济增长的约束作用更明显；选取水土资源使用量，利用构建的内生经济增长"资源诅咒"模型检验发现，长江经济带水土资源的"资源诅咒"效应存在，并且省市之间的约束效应差异很大。为了进一步证实长江经济带11个省市经济增长中"资源尾效"如何向"资源诅咒"转换或"资源诅咒"如何向"资源尾效"转换，利用构建的资源约束动态转换的 PSTR 模型检验发现，长江经济带水资源生产弹性和土地资源生产弹性之和约为 0.3201（小于 2/3）。可见，随着资源投入的增加，经济增长速度将表现为先增大后减小的情况，且增大的速度越来越慢，而减小的速度越来越快，这证实了"资源尾效"和"资源诅咒"同时存在并且可以有条件地转换。进一步利用探索空间异质性的趋势面分析发现，长江经济带水土资源约束的空间分布总体趋势刚好相反，水资源约束空间在 2010 年发生突变，而土地资源约束空间在时间上的变化趋势却并不明显。

（5）基于区域经济增长中"资源尾效"和"资源诅咒"的约束模型实证研究发现，煤炭资源是制约中国煤炭城市经济增长的关键资源，但是由于煤炭城市是资源型城市，它们都有生命周期，但由于不同煤炭城市发展时间不同，其煤炭资源的储量和开采量以及煤炭城市经济发展水平也不相同，进一步将这些资源型城市划分为成长型、成熟型、衰退型和再生型四种类型以此作为比较的基础。采用中国 30 个煤炭城市样本，利用构建的内生经济增长"资源尾效"模型测算发现，其煤炭资源的"尾效"值为 2.8291×10^{-4}，但是由于煤炭城市类型不同，不同煤炭资源对煤炭城市经济增长的作用并非简单的线性作用，二者之间并非一直为正相关关系或者负相关关系，随着经济的发展和资源的变化情况约束作用会发生变化；选取煤炭资源使用量，利用构建的内生经济增长"资源诅咒"模型检验发现，中国煤炭城市整体上体现出物质资本投入与煤炭资源依赖度之间呈正相关关系，与制造业部门投入之间呈负相关关系，说明煤炭资源开采通过降低制造业部门投入来阻碍经济增长。同样，由于煤炭城市类型不一样，这种现象在有些煤炭城市并不明显。为了进一步证实中国煤炭城市经济增长中"资源尾效"如何向"资源诅咒"转换或"资源诅咒"如何向"资源尾效"转换，利用构建的资源约束动态转换的 PSTR 模型检验发现，煤炭资源生产弹性数值为 -0.0559（小于 2/3），总的来说，当资源依赖度小于 12.8071 时，煤炭资源对经济增长的影响表现为由"资源尾效"转为"资源诅咒"；当资源依赖度大于 12.8071 时，煤炭资源对经济增长的影响表现为由"资源诅咒"转为"资源尾效"。进一步利用成长异质性的面板数据分析发现，由于不同煤炭城市所处的阶段并不相同，成长型和成熟型煤炭城市随资源依赖度的增加表现为由"资源尾效"转换为"资源诅咒"，而衰退型煤炭城市的资源依赖度与经济增长之间只是简单的线性关系，表现为"资源诅咒"效应。

（6）在同时考虑自然资源依赖和城市经济增长的空间效应的情况下，并为解决因城市经济增长与自然资源依赖之间存在互为因果而导致的内生性问题，本书采用 Sp P-VAR 模型重点考察了自然资源依赖对城市经济增长的时空效应，发现以下方面。首先，我国城市层面的经济增长和自然资源依赖确实存在明显的正向空间依赖性，表明在考察自然资源依赖对城市经济增长的时空效应时应该考虑资源依赖和城市经济增长的空间效应。其次，在同时考虑自然资源依赖和城市经济增长的空间效应的情况下，自然资源依赖的增加仅在本期内会阻碍本城市经济增长，而长期则会促进城市经济增长。最后，在同时考虑自然资源依赖和城市经济增长的空间效应的情况下，本城市资源依赖的增加在影响本城市经济增长的同时会对周边城市自然资源依赖和经济增长产生影响，而周边城市的反弹效应又会削弱由本城市自然资源依赖增加引起的对城市经济增长的影响，表明以自然资源依赖推动的资源型产业集聚并不能有效推动城市经济增长。同时需要注意的是，自然资源依赖和城市经济增长波动的主要影响因素是其自身，但是自然资源对城市经济增长的影响也不能忽略。

（7）通过选取国内外典型案例，分析这些案例"资源诅咒"和"资源尾效"产生的原因、破解的做法，以期为我国其他地区提供经验借鉴和启示。从国内外"资源诅咒"产生的原因来看，主要是由于资源过于丰裕而导致配置的低效率，同时资源过于丰裕也会挤出其他有利于经济增长的要素。这些地区破解"资源尾效"和"资源诅咒"的做法也带来了一定的经验启示，主要包括以下方面。对于存在"资源诅咒"的地区，首先，要积极培育接续替代产业，增强资源型产业与其他产业的关联性；其次，在受益于资源开发和利用的同时要注重生态保护和环境治理；最后，要建立健全转型长效体制机制，发挥政府的积极作用。针对存在"资源尾效"的地区，首先，要积极推动技术进步，提高资源利用效率，在一定程度上缓解资源稀缺问题；其次，要重视教育，为接续产业发展培育人力资本，减少对自然资源的依赖；最后，作为转型的关键推动者和监督者，政府应发挥更加积极的作用。

二　研究讨论

（1）如何将区域经济增长中"资源尾效"和"资源诅咒"的约束作用同技术进步、制度安排等要素一起纳入经济学统一分析框架之中，探求二者动态转换的内在机制？

尽管本书将约束理论引入了资源对经济增长的分析中，将自然资源的约束视为影响区域经济增长的主要变量，但是不难发现本书仅将研究重点放在了自然资源对经济增长的影响中，概括出"资源尾效"和"资源诅咒"两个方面，但是并未综合考虑自然资源、制度、技术进步等要素共同作用时经济增长路径的演变历程。这主要是源于这一问题本身所具有的难度和笔者掌握的分析方法的有限性，这也是下一步有待重点解决的理论问题之一。

（2）如何将区域经济增长中"资源尾效"和"资源诅咒"动态转换的形成机制和规律分析同研究开发投入因素和对外开放程度等因素一起纳入经济学统一分析技术路线之中，探求二者相互转换的形成机制？

尽管本书构建了经济增长的"资源尾效"和"资源诅咒"分析范式，并据长江经济带和中国煤炭城市两个层面样本进行实证检验，但受研究方法和时间的限制，仅考虑了通过物质资本和人力资本来研究城市化进程中的"资源尾效"和"资源诅咒"形成机制，没有对制度因素、研究开发投入因素和对外开放程度因素等方面的传导机制做考察；实证检验时没有对传导机制和生成机制做具体的计量分析。显然，对于区域经济增长中的"资源尾效"和"资源诅咒"动态转换的形成机制和规律分析是未来研究中的一个重要切入点。

（3）如何将联立方程和空间计量方法纳入区域经济增长中"资源尾效"和"资源诅咒"的研究方法之中，探求二者双向反馈机制和空间相互作用？

尽管本书采用了面板数据模型、门槛回归模型以及其他计量方法检验了自然资源与区域经济增长的关系，但是没有研究各因素之间的双向反馈机制和空间相互作用，在后续的研究中应该考虑构建联立方程和空间计量方法，在考虑资源约束下，研究各因素与经济发展水平之间的双向反馈作用和空间溢出效应，更全面地把握经济增长中"资源尾效"和"资源诅咒"的存在及二者的转换关系。

（4）如何使用更全面的样本和比较不同资源来实证检验区域经济增长中"资源尾效"和"资源诅咒"的存在性，探求二者的动态转换关系？

尽管本书把水土资源和矿产资源作为可再生资源和不可再生资源的代表，选取相对应的长江经济带 11 个省市和中国 30 个煤炭城市作为对象展开研究，但是这两种资源约束、两个代表性区域经济增长的方式和途径并不是相同的，在后期研究中，不但要纳入更多具有代表性的资源进行分析，而且需要对不同区域和不同种类资源的约束进行比较，为解决不同种类的资源约束提供支撑。

第二节　政策建议

一　合理利用自然资源财富，加大技术创新和人力资本培养的力度

自然资源是推动经济增长不可或缺的一部分，在区域经济增长中发挥着重要的作用，由利用内生增长理论构建的"资源尾效"模型表明，自然资源投入的不足确实会在一定程度上阻碍经济的增长；而同时自然资源部门具有技术含量低、劳动密集型的特征，充裕的自然资源带来的收入使人们忽视了对技术的研发和教育的投资，这必然会导致资源型地区缺乏技术创新的能力，构建的"资源诅咒"模型也表明区域经济增长受区域物质资本和人力资本的限制，只有物质资本和人力资本突破某一门槛才可能最终破解"资源诅咒"，如果采取单纯地依靠资源开采的短视发展行为，区域经济在长期内可能会出现倒退；另外，从对构建的区域经济增长中的"资源尾效"和"资源诅咒"动态转换模型的分析结果可以看出，资源的投入相对不足和相对过剩都会阻碍经济的增长。所以应该合理利用自然资源财富，适当开采自然资源，重视科技创新和人力资本的培养，加大物质资本积累和研发投入力度，引导高技术产业发展，提高区域技术创新能力和效率，以促进经济增长中技术贡献率的提升，同时从长远战略出发使自然资源的开发向技术进步率较高的产业发展。

除此之外，经济发展对高素质劳动力的依赖性也在逐步增强，因为制

造业劳动力和资源采掘业劳动力存在明显的技能差别，因此考虑对劳动力要素进行划分，可细分为技能型劳动力和非技能型劳动力。在政策制定的过程中如何发挥劳动力资源的比较优势，解决就业问题，规避因为人力资本和知识技术的挤出效应而产生的"资源诅咒"现象，使资源型城市在吸纳非技能型劳动力的同时，不断调整产业结构向吸纳技能型劳动力的方向转变，提升资源开采部门的技术和科技创新水平，防止由于劳动力的转移带来的资源开采不足而导致的"资源尾效"问题，逐步实现劳动密集型、资本密集型转向科技密集型，促进经济的长期可持续发展。

二　区分水土资源的不同约束作用，针对性制定区域差异化政策

长江经济带水土资源的分布和经济发展水平存在较大差异，水土资源在不同区域所起的作用和产生的约束作用也存在差异，长江经济带经济增长中水土资源"尾效"和"诅咒"转换的实证研究结果也表明，不同区域资源约束作用类型和大小都存在差异。因此，要充分识别水土资源对经济增长的约束差异，制定区域差异化的政策。第一，长江经济带的高质量发展必须充分关注水土资源约束，了解和识别自然资源在经济增长中的作用以及约束作用的差异，尽量使自然资源在经济增长中发挥更积极的作用，减小其约束作用。第二，长江经济带的发展必须关注水土资源约束的转换机制，合理利用水土资源使得资源对经济增长的约束转换过程更加平滑和平稳，尽可能减小资源对经济增长的约束，保证经济的持续增长。第三，长江经济带的发展必须关注资源约束的区域差异，针对不同的地区制定有效的措施。对于长江经济带的上游地区，重点关注水资源的"尾效"和土地资源的"诅咒"带来的资源约束问题，应注重节约用水，充分挖掘水资源的开发利用潜力，减少水资源的损失和浪费，提高用水效率，同时防止水体污染，调整土地的使用结构，减少对低质量土地的使用；而对于长江经济带下游地区，应该把重心放在关注水资源的"诅咒"和土地资源的"尾效"所带来的问题，应减小对水资源的依赖，合理使用水资源，提高水资源带来的经济效应，对土地进一步开发、整理、复垦并对存量建设用地进行整理，提高土地资源的使用效率。

三　针对资源型城市发展阶段的不同，精准制定发展政策

资源型城市由于发展时间、资源储量和资源开采速度不同，其经济发展阶段也不相同，那么其主要资源对经济增长的约束作用和大小也不相同，针对不同阶段的资源型城市要采取差异化措施，精准制定经济发展政策。以煤炭城市这一类资源型城市为例，对煤炭城市经济增长中"资源尾效"和"资源诅咒"转换的实证研究结果表明，煤炭城市整个发展过程中资源约束作用会发生变化，不同发展阶段的煤炭城市资源约束作用存在较大差异。因此，针对不同发展阶段的资源型城市，要精准差异化地制定相应的经济发展政策。第一，尽量提升资源开采部门的技术和科技创新水平，提高自然资源开采部门的劳动力规模报酬，以尽量避免"资源诅咒"的出现，同时合理配置资源开采部门劳动力的投入，缓解"资源尾效"的出现，在一定程度上减小资源对经济增长的约束作用。第二，资源型城市发展的过程中必须关注资源约束的转换机制，合理开采利用资源，尽量使得资源对经济增长的约束转换过程更加平滑和平稳，减小资源对经济增长的约束，延长资源型城市资源可开采时间，保证经济的持续增长。第三，针对发展阶段不同的资源型城市采取差异化的政策，成长型城市资源充足，资源开采相对容易，资源开采部门规模报酬相对较高，应当相对减小资源开采部门劳动力的投入，加大对制造业部门劳动力的投入。第四，对于成熟型城市，资源相对充足，资源开采部门的规模报酬相对较低，增加资源开采部门劳动力的投入并不能带来资源开采效率的大幅提高，应当在减小资源开采部门劳动力的同时，增加技术部门的投入，通过技术创新提高资源部门开采效率，保证资源供给的同时减小对资源产业的依赖。第五，由于资源型城市的资源基本是不可再生资源，随着资源的开采其会不断减少，针对资源衰退型城市，应当适时进行产业转型，转移资源开采部门劳动力。

四　认清自身定位，发展自身优势产业，降低周边地区可能的负面影响

第一，鉴于自然资源依赖在短期会促进城市经济增长而长期会阻碍城市经济增长，故要合理利用自然资源以发挥自然资源的长期效应，不能一

直通过增加自然资源的开发来带动城市经济发展，在利用自然资源推动本地区经济发展的同时，合理利用其他产业以多样化动力推动本城市的经济发展。第二，考虑到自然资源依赖的增加在影响本城市经济增长的同时也会影响周边城市，而周边城市的反弹效应又会削弱本城市自然资源依赖增加对经济增长的促进作用，因此政府在制定经济发展战略时，不应被周边城市自然资源带来的经济增长所吸引，而忽视自身经济发展的比较优势。否则，不仅不利于本城市经济增长，还会影响周边城市经济增长，导致整个区域经济发展出现颓势。第三，考虑到经济增长的波动主要源于自身的影响，同时城市经济增长存在正向空间依赖性，政府不能只关注本城市经济增长，要增强区域协同发展意识，在推动本城市发展的同时，带动周边城市经济共同发展。

五 发挥示范作用，总结成功经验，为其他地区提供借鉴

中国资源类型极其丰富，资源分布在区域上又存在明显差异，不同自然资源在不同地区发挥的作用存在明显差异，如何在不同地区发挥不同资源的积极作用，需要各地区因地制宜，制定差异化政策，那么政府就需要挖掘其他地区克服"资源尾效"和"资源诅咒"的案例，寻找这些案例中破解"资源尾效"和"资源诅咒"的方法，同时发挥中国制度的优势，通过试点，进一步从实践中提炼出理论，再用理论指导其他地区实践，政府通过总结其经验制定差异化战略，以期为我国缓解存在的复杂性问题提供有效的支撑，帮助我国全面提高资源利用效率，实现资源型城市转型。

参考文献

曹冲，陈俭，夏咏．中国主要农产品贸易中隐含的虚拟耕地资源"尾效"研究 [J]．中国人口·资源与环境，2019，29（2）：72-78．

陈波翀，郝寿义．自然资源对中国城市化水平的影响研究 [J]．自然资源学报，2005，20（3）：394-399．

陈欣欣．农业劳动力的就地转移与迁移——理论、实证与政策分析 [D]．浙江大学，2001．

陈运平，何珏，钟成林．"福音"还是"诅咒"：资源丰裕度对中国区域经济增长的非对称影响研究 [J]．宏观经济研究，2018（11）：139-152+175．

崔云．中国经济增长中土地资源的"尾效"分析 [J]．经济理论与经济管理，2007，203（11）：32-37．

戴炳源，万安培．乔根森的二元经济理论 [J]．经济体制改革，1998（2）：23-26．

〔德〕阿尔弗雷德·韦伯．工业区位论 [M]．李刚剑、陈志人、张英保译．北京：商务印书馆，1997．

〔德〕奥古斯特·勒施．经济空间秩序——经济财货与地理间的关系 [M]．王守礼译．北京：商务印书馆，1995．

〔德〕约翰·冯·杜能．孤立国同农业和国民经济的关系 [M]．吴衡康译．北京：商务印书馆，1986．

董利红，严太华．技术投入、对外开放程度与"资源诅咒"：从中国省际面板数据看贸易条件 [J]．国际贸易问题，2015（9）：55-65．

〔法〕魁奈．魁奈经济著作选集 [M]．吴斐丹、张草纫选译．北京：商务印书馆，1979．

方创琳，鲍超，乔标，等．城市化过程与生态环境效应 [M]．北京：科学出版社，2008．

顾鞍明，徐化冰 . 基于非线性时间序列的门限自回归模型建立 ［J］. 黑龙江科技信息，2011（30）：45.

国家计委宏观经济研究院课题组 . 我国资源型城市的界定与分类 ［J］. 宏观经济研究，2002（11）：37-39+59.

国家统计局 . 中国统计年鉴 2017 ［M］. 北京：中国统计出版社，2017.

郝寿义 . 中国城市化快速发展期城市规划体系建设 ［M］. 武汉：华中科技大学出版社，2005.

郝书芳 . 淮北市实行最严格水资源管理制度经验与成效 ［J］. 治淮，2019，493（9）：53-55.

何雄浪，姜泽林 . 自然资源禀赋与经济增长：资源诅咒还是资源福音？——基于劳动力结构的一个理论与实证分析框架 ［J］. 财经研究，2016，42（12）：27-38.

贺俊 . 基于内生增长理论的可持续发展研究 ［D］. 中国科学技术大学，2007：10.

胡宝清，严志强，廖赤眉，等 . 区域生态经济学理论、方法与实践 ［M］. 北京：中国环境科学出版社，2005.

胡彬 . 区域城市化的演进机制与组织模式 ［M］. 上海：上海财经大学出版社，2008.

胡峰 . 新兴古典城市化理论评介 ［J］. 兰州商学院学报，2001，17（4）：41-42.

胡援成，肖德勇 . 经济发展门槛与自然资源诅咒——基于我国省际层面的面板数据实证研究 ［J］. 管理世界，2007（4）：15-23+171.

黄旭 . 淮北市水污染防治取得成效 ［R］. 淮北市委宣传部，2019-10-24.

惠利，陈锐钒，黄斌 . 新结构经济学视角下资源型城市高质量发展研究——以德国鲁尔区的产业转型与战略选择为例 ［J］. 宏观质量研究，2020，8（5）：100-113.

金光球，汪莲，王宗志，徐金，曹明宏 . 遗传门限自回归模型的改进及其应用 ［J］. 长江科学院院报，2006（2）：31-34.

金菊良，丁晶，魏一鸣 . 基于遗传算法的门限自回归模型在浅层地下水位预测中的应用 ［J］. 水利学报，1999（6）：53-57.

景普秋，范昊．挪威规避资源诅咒的经验及其启示［J］．经济学动态，2011（1）：148-152.

克劳兹·R.昆斯曼，刘健，王纺．鲁尔传统工业区的蜕变之路［J］．国际城市规划，2009，24（S1）：301-304.

雷鸣，杨昌明，王丹丹．我国经济增长中能源尾效约束的计量分析［J］．能源技术与管理，2007，117（5）：101-104.

李峰峰，周意．城市化理论二元结构分析框架文献述评［J］．城市规划，2005（7）：47-51.

李高产．城市集聚经济微观基础理论综述［J］．城市问题，2008（5）：46-52.

李国柱．中国经济增长与环境协调发展的计量分析［D］．辽宁大学，2007.

李少星，颜培霞．自然资源禀赋与城市化水平关系的多尺度考察［J］．中国人口·资源与环境，2007（6）：44-49.

李晟晖．矿业城市产业转型研究——以德国鲁尔区为例［J］．中国人口·资源与环境，2003（4）：97-100.

李延东．中国工业化过程中的资源约束研究——以铁矿和水资源为例［D］．武汉大学，2012.

李影，沈坤荣．能源结构约束与中国经济增长——基于能源"尾效"的计量检验［J］．资源科学，2010，32（11）：2192-2199.

李智彪．非洲经济增长动力探析［J］．西亚非洲，2013（5）：47-72.

刘宝汉．"福音"还是"诅咒"——自然资源与经济增长关系理论模型及拓展［J］．经济与管理研究，2011（3）：27-34.

刘春艳．基于自然资源约束的东北地区经济发展研究［D］．吉林大学，2010.

刘风良，郭杰．资源可耗竭、知识积累与内生经济增长［J］．中央财经大学学报，2002（11）：64-67.

刘玲玲．规模经济、聚集经济与城市化研究［J］．特区经济，2006（4）：147-148.

刘维奇，王景乐．门限自回归模型中门限和延时的小波识别［J］．山西大学学报（自然科学版），2009，32（4）：521-527.

刘耀彬，陈斐．中国城市化进程中的资源消耗"尾效"分析［J］．中国工业经济，2007（11）：48-55.

刘耀彬，李仁东，宋学锋．城市化与城市生态环境关系研究综述与评价［J］．中国人口・资源与环境，2005a（3）：55-60.

刘耀彬，李仁东，张守忠．城市化与生态环境协调标准及其评价模型研究［J］．中国软科学，2005b（5）：140-148.

刘耀彬，杨新梅．基于内生经济增长理论的城市化进程中资源环境"尾效"分析［J］．中国人口・资源与环境，2011，21（2）：24-30.

刘耀彬，杨新梅，周瑞辉，段玉芳，姚成胜．中部地区经济增长中的水土资源"增长尾效"对比研究［J］．资源科学，2011，33（9）：1781-1787.

刘宗飞，姚顺波，刘越．基于空间面板模型的森林"资源诅咒"研究［J］．资源科学，2015，37（2）：379-390.

马利民，王海建．耗竭性资源约束之下的R&D内生经济增长模型［J］．预测，2001（4）：62-64.

梅冠群．中国经济增长中"资源诅咒"的短期存在性识别研究［J］．南京社会科学，2016（8）：26-33.

〔美〕戴维・罗默．高级宏观经济学（第二版）［M］．王根蓓译．上海：上海财经大学出版社，2001.

〔美〕亨利・威廉・斯皮格尔．经济思想的成长［M］．晏智杰、刘宇飞、王长青、蒋怀栋译．北京：中国社会科学出版社，1999.

孟晓军．西部干旱区单体绿洲城市经济增长中的水资源约束研究［D］．新疆大学，2008.

米国芳，长青．能源结构和碳排放约束下中国经济增长"尾效"研究［J］．干旱区资源与环境，2017，31（2）：50-55.

牛仁亮，张复明．资源型经济现象及其主要症结［J］．管理世界，2006（12）：154-155.

彭山桂，汪应宏，陈晨，温秀琴．趋势面分析方法在房地产估价中的应用研究［J］．商业时代，2009（8）：93-94.

彭爽，张晓东．"资源诅咒"传导机制：腐败与地方政府治理［J］．经济评论，2015（5）：37-47.

彭水军，包群．环境污染、内生增长与经济可持续发展［J］．数量经济技术经济研究，2006（9）：114-126+140.

朴英姬．非洲矿业发展的"资源诅咒"困境及其出路［J］．亚非纵横，2015（1）：93-102+123-124+127-128.

戚晓明．国内外乡村城市化的理论研究综述［J］．农村经济与科技，2008（8）：7-9+19.

钱陈．城市化与经济增长的主要理论和模型述评［J］．浙江社会科学，2005（2）：190-197.

邱竞，薛冰．新经济地理学研究综述［J］．兰州学刊，2008（4）：76-80.

〔瑞典〕贝蒂尔·奥林．地区间贸易和国际贸易（修订版）［M］．王继祖等译．北京：首都经济贸易大学出版社，2001.

〔瑞士〕西斯蒙第．政治经济学新原理［M］．何钦译．北京：商务印书馆，1964.

邵帅，范美婷，杨莉莉．资源产业依赖如何影响经济发展效率？——有条件资源诅咒假说的检验及解释［J］．管理世界，2013（2）：32-63.

邵帅，齐中英．基于"资源诅咒"学说的能源输出型城市R&D行为研究—理论解释及其实证检验［J］．财经研究，2009，35（1）：61-73.

邵帅，齐中英．西部地区的能源开发与经济增长——基于"资源诅咒"假说的实证分析［J］．经济研究，2008a（4）：147-160.

邵帅，齐中英．自然资源开发、区域技术创新与经济增长——一个对"资源诅咒"的机理解释及实证研究［J］．中南财经政法大学学报，2008b（4）：3-9+142.

盛学良，董雅文，John Toon．城市化对生态环境的影响与对策［J］．环境导报，2001（6）：8-9.

宋德勇，胡宝珠．克鲁格曼新经济地理模型评析［J］．经济地理，2005（4）：445-448.

宋冬林，汤吉军．资源型城市制度弹性、沉淀成本与制度变迁［J］．厦门大学学报（哲学社会科学版），2006（1）：103-109.

孙宏伟．城市规划中的环境容量问题［J］．河南城建高专学报，1997（4）：1-5.

谭崇台．发展经济学概论［M］．武汉：武汉大学出版社，2001.

唐建荣，张白羽．中国经济增长的碳排放尾效分析［J］．统计与信息论坛，2012（1）：66-70．

万建香，汪寿阳．社会资本与技术创新能否打破"资源诅咒"？——基于面板门槛效应的研究［J］．经济研究，2016，51（12）：76-89．

王海建．资源环境约束之下的一类内生经济增长模型［J］．预测，1999（4）：37-39．

王海建．资源约束、环境污染与内生经济增长［J］．复旦学报（社会科学版），2000（1）：76-80．

王家庭．中国区域经济增长中的土地资源尾效研究［J］．经济地理，2010，30（12）：2067-2072+2121．

王庆晓，崔玉泉，张延港．环境和能源约束下的内生经济增长模型［J］．山东大学学报（理学版），2009，44（2）：52-55．

王伟同．中国人口红利的经济增长"尾效"研究——兼论刘易斯拐点后的中国经济［J］．财贸经济，2012（11）：14-20．

王熹，王湛，杨文涛，席雪洁，史龙月，董文月，张倩，周跃男．中国水资源现状及其未来发展方向展望［J］．环境工程，2014，32（7）：1-5．

王学渊，韩洪云．水资源对中国农业的"增长阻力"分析［J］．水利经济，2008（3）：1-5+75．

王泽宇，卢雪凤，韩增林．海洋资源约束与中国海洋经济增长——基于海洋资源"尾效"的计量检验［J］．地理科学，2017，37（10）：1497-1506．

王智辉．自然资源禀赋与经济增长的悖论研究——资源诅咒现象辨析［D］．吉林大学，2008．

魏伟忠，张旭昆．区位理论分析传统述评［J］．浙江社会科学，2005（5）：184-192．

邬丽萍，周建军．基于集聚效应的城市地价分布与城市空间演变［J］．天津社会科学，2009（1）：92-95．

吴巧生，成金华．能源约束与中国工业发展研究［M］．北京：科学出版社，2009．

吴兴唐．德国鲁尔地区"经济转型"的启示［J］．当代世界，2015（6）：

61-64.

夏德孝.人力资本积累与城市经济增长研究［D］.西北大学，2008.

夏飞，曹鑫，赵锋.基于双重差分模型的西部地区"资源诅咒"现象的实证研究［J］.中国软科学，2014（9）：127-135.

向娟.中国城市固定资本存量估算［D］.湖南大学，2011.

谢书玲，王铮，薛俊波.中国经济发展中水土资源的"增长尾效"分析［J］.管理世界，2005（7）：22-25+54.

徐慧娟，刘娜，何云，王军.我国资源型城市转型发展对策分析——德国鲁尔区转型发展的经验及启示［J］.环境保护与循环经济，2016，36（5）：14-16.

徐康宁，韩剑.中国区域经济的"资源诅咒"效应：地区差距的另一种解释［J］.经济学家，2005（6）：97-103.

徐康宁，王剑.自然资源丰裕程度与经济发展水平关系的研究［J］.经济研究，2006（1）：78-89.

薛俊波，王铮，朱建武，吴兵.中国经济增长的"尾效"分析［J］.财经研究，2004（9）：5-14.

杨宝荣.非洲自主发展能力变化的矿业视角分析［J］.西亚非洲，2014（5）：144-160.

杨继生，王少平.非线性动态面板模型的条件 GMM 估计［J］.数量经济技术经济研究，2008，25（12）：149-156.

杨喜，卢新海，陈讲飞.长江经济带城市土地资源尾效测度及其时空格局演变［J］.中国土地科学，2020a，34（3）：66-74.

杨喜，卢新海，李梦娜.空间效应视角下中国城市土地资源尾效及区域差异分析［J］.经济问题探索，2020b（9）：100-109.

杨小凯，赖斯.分工和经济组织：一个新兴古典微观经济学分析框架［M］.荷兰：北荷兰出版公司，1994.

杨小凯，张永生.新兴古典经济学与超边际分析［M］.北京：社会科学文献出版社，2003.

杨杨，吴次芳，韦仕川，郑娟尔.土地资源对中国经济的"增长阻尼"研究——基于改进的二级 CES 生产函数［J］.中国土地科学，2010，24（5）：19-25.

杨杨，吴次芳，郑娟尔．土地资源约束对中国经济增长的影响 ［J］．技术经济，2007（11）：34-38．

［英］阿弗里德·马歇尔．经济学原理 ［M］．廉运杰译．北京：华夏出版社，2005．

［英］大卫·李嘉图．政治经济学及赋税原理 ［M］．郭大力、王亚南译．北京：商务印书馆，1976．

［英］马尔萨斯．人口原理 ［M］．朱泱、胡企林、朱和中译．北京：商务印书馆，1992．

［英］亚当·斯密．国民财富的性质和原因的研究 ［M］．北京：商务印书馆，1972．

［英］约翰·穆勒．政治经济学原理及其在社会哲学上的若干应用 ［M］．赵荣潜、桑炳彦、朱泱等译．北京：商务印书馆，1991．

［英］朱迪·丽丝．自然资源——分配、经济学与政策 ［M］．北京：商务印书馆，2002．

于乐海．论规避"资源诅咒"实现包头市经济高质量发展 ［J］．科技经济导刊，2020，28（35）：210-211．

余江，叶林．经济增长中的资源约束和技术进步——一个基于新古典经济增长模型的分析 ［J］．中国人口·资源与环境，2006（5）：7-10．

余鑫，傅春，杨剑波．国外"资源诅咒"学说新进展和发展前瞻 ［J］．商业时代，2014（26）：53-54．

余泳泽，宣烨，沈扬扬．金融集聚对工业效率提升的空间外溢效应 ［J］．世界经济，2013，36（2）：93-116．

岳利萍．自然资源约束程度与经济增长的机制研究 ［D］．西北大学，2007．

曾德文．浅析卢卡斯的经济增长与发展理论 ［D］．复旦大学，2005．

曾万平．我国资源型城市转型政策研究 ［D］．财政部财政科学研究所，2013．

张德生，傅国华．现代经济增长理论述评 ［J］．惠州学院学报（社会科学版），2005（2）：13-18．

张复明，景普秋．资源型经济的形成：自强机制与个案研究 ［J］．中国社会科学，2008（5）：117-130+207．

张建华. 罗默的内生增长论及其意义 [J]. 华中理工大学学报（社会科学版），2000（2）：73-76.

张军，吴桂英，张吉鹏. 中国省际物质资本存量估算：1952—2000 [J]. 经济研究，2004（10）：35-44.

张乐勤. 城市化进程中资源约束尾效及其演化特征探析——基于安徽省的实证 [J]. 现代城市研究，2016（5）：117-123.

张丽，盖国凤. 人力资本、金融发展能否打破"资源诅咒"？——基于中国煤炭城市面板数据的研究 [J]. 当代经济研究，2020（4）：58-67.

张琳，李娟，李影. 土地资源对中国城市化进程的增长阻力分析 [J]. 华东经济管理，2011，25（12）：30-33.

张琳，许晶，王亚辉，李娟. 中国城镇化进程中土地资源尾效的空间分异研究 [J]. 中国土地科学，2014，28（6）：30-36.

张馨，牛叔文，丁永霞，赵春升，孙红杰. 中国省域能源资源与经济增长关系的实证分析——基于"资源诅咒"假说 [J]. 自然资源学报，2010，25（12）：2040-2051.

张艳辉. "知识与城市经济增长"文献综述 [J]. 城市问题，2008（1）：73-76+81.

赵奎，后青松，李巍. 省会城市经济发展的溢出效应——基于工业企业数据的分析 [J]. 经济研究，2021，56（3）：150-166.

赵涛. 德国鲁尔区的改造——一个老工业基地改造的典型 [J]. 国际经济评论，2000（Z2）：37-40.

郑闻天，申晓若. 非洲经济发展中的"资源诅咒论"及启示 [J]. 北华大学学报（社会科学版），2019，20（2）：135-140.

钟秋海，黎新华，张志方. 一类非线性模型建模方法及其在铁路客流量预报上的应用 [J]. 控制理论与应用，1985（1）：103-111.

钟秋海. 门限自回归模型建模方法的改进 [J]. 北京理工大学学报，1989（1）：137-142.

钟水映. 人口流动与社会经济发展 [M]. 武汉：武汉大学出版社，2000.

舟成. 我国水资源现状与问题研究 [J]. 资源节约与环保，2013（10）：64.

周伟林，严冀. 城市经济学 [M]. 上海：复旦大学出版社，2004.

周喜君, 郭丕斌. 煤炭资源就地转化与 "资源诅咒" 的规避——以中国中
西部 8 个典型省区为例 [J]. 资源科学, 2015, 37 (2): 318−324.

朱思雄, 韩俊杰. 淮北转型 十年有成 [N]. 人民日报, 2019−09−20.

Ahmed K, Mahalik M K, Shahbaz M. Dynamics between economic growth,
labor, capital and natural resource abundance in Iran: An application of
the combined cointegration approach [J]. Resources Policy, 2016, 49:
213−221.

Alexeev M, Conrad R. The elusive curse of oil [J]. The Review of Economics
& Statistics, 2009, 91 (3): 586−598.

Andrews D W K, Lu B. Consistent model and moment selection procedures for
GMM estimation with application to dynamic panel data models [J]. Journal
of Econometrics, 2001, 101 (1): 123−164.

Arellano M, Bond S. Some tests of specification for panel data: Monte Carlo
evidence and an application to employment equations [J]. The Review of
Economic Studies, 1991, 58 (2): 277−297.

Auty R M. Resource abundance and economic development [M]. Oxford:
Oxford University Press, 2001.

Auty R M. Resource-Based industrialization: Sowing the oil in eight developing
countries [M]. Oxford: Oxford University Press, 1990.

Baland J M, Francois P. Rent-seeking and resource booms [J]. Journal of
Development Economics, 2000, 61 (2): 527−542.

Balke N S, Fomby T B. Threshold cointergration [J]. International Economic
Review, 1997, 38: 627−645.

Barbier E B. Endogenous growth and natural resource scarcity [J]. Environ-
mental and Resource Economics, 1999 (14): 51−74.

Beenstock M, Felsenstein D. Spatial vector autoregressions [J]. Spatial
Economic Analysis, 2007, 2 (2): 167−196.

Birdsall N, Pinckney T, Sabot R. Natural resources, human capital and growth
[M]. Oxford: Oxford University Press, 2001.

Black D, Henderson V. A theory of urban growth [J]. Journal of Political
Economy, 1999, 107 (2): 252−284.

Boyce J R., Emery J C H. Is a negative correlation between resource abundance and growth sufficient evidence that there is a "resource curse"? [J]. Resources Policy, 2011, 36 (1): 1-13.

Boyce J R, Emery J C. Is a negative correlation between resource abundance and growth sufficient evidence that there is a "resource curse"? [J]. Resources Policy, 2011, 36 (1): 1-13.

Brady R R. Measuring the diffusion of housing prices across space and over time [J]. Journal of Applied Econometrics, 2011, 26 (2): 213-231.

Bravo-Ortega C, De Gregorio J. The relative richness of the poor? Natural resources, human capital and economic growth [R]. World Bank, Washington, DC. Policy Research Working Paper, No. 3484, 2005.

Bruvoll A, Glomsrød S, Vennemo H. Enviromental drag: Evidence from Norway [J]. Ecological Economics, 1999, 30 (2): 235-249.

Caner M, Hansen B E. Instrumental variable estimation of a threshold model [J]. Econometric Theory, 2004, 20 (5): 813-843.

Canova F, Ciccarelli M. Estimating multicountry VAR models [J]. International Economic Review, 2009, 50: 929-959.

Carlino G A, DeFina R. Regional income dynamics [J]. Journal of Urban Economics, 1995, 37 (1): 88-106.

Chan K S. Consistency and limiting distribution of the least squares estimator of a threshold autoregressive model [J]. The Annals of Statistics, 1993: 520-533.

Chan K S, Tsay R S. Limiting properties of the least squares estimator of a continuous threshold autoregressive model [J]. Biometrika, 1998, 85 (2): 413-426.

Chen X, Conley T G. A new semiparametric spatial model for panel time series [J]. Journal of Econometrics, 2001, 105 (1): 59-83.

Christaller W. Die zentralen orte in sueddeutschland [M]. Jena: Gustau Fischer, 1933.

Civelli A, Horowitz A, Teixeira A. Foreign aid and growth: A Sp P-VAR analysis using satellite sub-national data for Uganda [J]. Journal of

Development Economics, 2018, 134 (9): 50-67.

Colletaz G, Hurlin C. Threshold effects of the public capital productivity: An international panel smooth transition approach [R]. Working Papers, 2006.

Conley T G, Dupor B. A spatial analysis of sectoral complementarity [J]. Journal of Political Economy, 2003, 111 (2): 311-352.

Corden W M, Neary J P. Booming sector and de-industrialization in a small open economy [J]. The Economic Journal, 1982, 92: 825-848.

Cronon W. Nature's metropolis: Chicago and the Great West [M]. New York: W. W. Norton & Company, 1991.

Defoe D. , A plan of the English commerce, reprinted [M]. New Jersey: Blackwell, 2013.

Di Giacinto V. A generalized space-time ARMA model with an application to regional unemployment analysis in Italy [J]. International Regional Science Review, 2006, 29 (2): 159-198.

Di Giacinto V. Differential regional effects of monetary policy: A geographical SVAR approach [J]. International Regional Science Review, 2003, 26 (3): 313-341.

Dijk V D, Teräsvirta T, Franses P H. Smooth transition autoregressive models—A survey of recent developments [J]. Econometric Reviews, 2002, 21 (1): 1-47.

Dixit A K, Stiglitz J E. Monopolistic competition and optimum product diversity [J]. The American Economic Review, 1977, 67 (3): 297-302.

Enders W, Granger C W J. Unit-Root tests and asymmetric adjustment with an example using the term structure of interest rates [J]. Journal of Business & Economic Statistics, 1998, 16 (3): 304-311.

Fazzari S M, Hubbard R G, Petersen B C. Financing constraints and corporate investment [J]. Brookings Papers on Economic Activity, 1988, 19 (1): 141-206.

Fujita M, Thisse J F. Economics of agglomeration: Cities, industrial location, and regional growth [M]. Cambridge: Cambridge University Press, 2002.

Gelan A. Trade policy and mega-cities in LDCs: A general equilibrium model with numerical simulations [A]. In P. David (Eds). Integrative modelling of biophysical, social, and economic systems for resource management solutions [C]. Proceeding of MODSIM 2003 International Congress on Modelling and Simulation, 2003, 4: 1938-1943.

Gelb A H. Windfall gains: Blessing or curse? [M]. Oxford: Oxford University Press, 1988.

Ghali M, Akiyama M, Fujiwara J. Factor mobility and regional growth [J]. The Review of Economics and Statistics, 1978, 60: 78-84.

González A, Teräsvirta T, Dijk D. Panel smooth transition regression models [R]. SSE/EFI Working Paper Series in Economics and Finance, 2005.

Grabher G. The weakness of strong ties: The lock-in of regional development in the Ruhr area [M]. London: Routledge, 1993.

Gørgens T, Skeels C L, Würtz A. Efficient estimation of non-linear dynamic panel data models with application to smooth transition models [J]. Creates Research Paper, 2009, 51.

Gylfason T, Herbertson T T, Zoega G. A mixed blessing: Natural resources and economic growth [J]. Macroeconomic Dynamics, 1999, 3 (2): 204-225.

Gylfason T. Natural resources, education and economic development [J]. European Economic Review, 2001, 45 (4-6): 847-859.

Gylfason T, Zoega G. Natural resources and economic growth: The role of investment [J]. World Economy, 2006, 29 (8): 1091-1115.

Hansen B E. Approximate asymptotic p values for structural-change tests [J]. Journal of Business & Economic Statistics, 1997, 15 (1): 60-67.

Hansen B E. Inference when a nuisance parameter is not identified under the null hypothesis [J]. Econometrica: Journal of the Econometric Society, 1996: 413-430.

Hansen B E. Sample splitting and threshold estimation [J]. Econometrica, 2000, 68 (3): 575-603.

Hansen B E. Threshold effects in non-dynamic panels: Estimation, testing, and inference [J]. Journal of Econometrics, 1999, 93 (2): 345-368.

Hansen B. Testing for linearity [J]. Journal of Economic Surveys, 1999, 13 (5): 551-576.

Hausmann R, Rigobon R. An alterative interpretation of the resource curse: Theory and implications of stabilization, saving and beyond [R]. NBER Working Paper, No. 9424, Cambridge: MA National Bureau of Economic Research, 2002.

Hirschman A O. The strategy of economic development [M]. New Haven: Yale University Press, 1958.

Holtz-Eakin D, Newey W, Rosen HS. Estimating vector autoregressions with panel data [J]. Econometrica, 1988, 56 (5): 1371-1395.

Jorgenson D W. The development of a dual economy [J]. The Economic Journal, 1961, 71 (282): 309-341.

Konte M. A curse or a blessing? Natural resources in a multiple growth regimes analysis [J]. Applied Economics, 2013, 45 (26): 3760-3769.

Kremer S, Bick A, Nautz D. Inflation and growth: New evidence from a dynamic panel threshold analysis [J]. Empirical Economics, 2013, 44: 861-878.

Krugman P. Increasing returns and economic geography [J]. Journal of Political Economy, 1991, 99 (3): 483-499.

Kuethe T H, Pede V O. Regional housing prices cycles: A spatio-temporal analysis using US state-level data [J]. Regional Studies, 2011, 45 (5): 563-574.

Lane P R, Tornell A. Power, growth, and the voracity effect [J]. Journal of Economic Growth, 1996 (1): 213-241.

LeSage J P, Pan Z. Using spatial contiguity as bayesian prior information in regional forecasting models [J]. International Regional Science Review, 1995, 18 (1): 33-53.

Lewis W A. Economic development with unlimited supplies of labor [J]. The Manchester School, 1954, 22 (2): 139-191.

Liu Y B. The natural resource curse of urbanization process: Evidence from China [J]. Energy Policy (EES short title of special issue), 2012.

Liu Y. Is the natural resource production a blessing or curse for China's urbanization? Evidence from a space-time panel data model [J]. Economic Modelling, 2014, 38 (1): 404-416.

Love I, Zicchino L. Financial development and dynamic investment behavior: Evidence from panel VAR [J]. The Quarterly Review of Economics and Finance, 2006, 46 (2): 190-210.

Lucas Jr R E. On the mechanics of economic development [J]. Journal of Monetary Economics, 1988, 22 (1): 3-42.

Manzano O, Rigobon R. Resource curse or debt overhang [R]. NBER Working Paper, No. 8390, 2001.

Matsuyama K. Agricultural productivity, comparative advantage, and economic growth [J]. Journal of Economic Theory, 1992, 58 (2): 317-334.

Mehlum H, Moene K, Torvik R. Cursed by resources or institutions? [J]. World Economy, 2006, 29 (8): 1117-1131.

Mehrara M. Reconsidering the resource curse in oil-exporting countries [J]. Energy Policy, 2009, 37 (3): 1165-1169.

Moon Y S, Soon Y H. Productive energy consumption and economic growh: An endogenous growth model and its empirical application [J]. Resource and Energy Economics, 1996, 18 (2): 189-200.

Myrdal G. Rich lands and poor: The road to world prosperity [M]. New York: Harper & Brothers, 1957.

Noel D A. Reconsideration of effect of energy scarcity on economic growth [J]. Energy, 1995, 20 (1): 1-12.

Nordhaus W D. Lethal model 2: The limits to growth revisited [J]. Brooking Papers on Economic Activity, 1992 (2): 1-43.

Papyrakis E, Gerlagh R. Natural resources, innovation, and growth [R]. Working Paper, No. 129, http://www.ifw-kiel.de/VRCent/DEGIT/paper/degit_10/C010_054.pdf, 2004a.

Papyrakis E, Gerlagh R. The resource curse hypothesis and its transmission channels [J]. Journal of Comparative Economics, 2004b, 32: 181-193.

Papyrakis E, Gerlagh R. Resource abundance and economic growth in the United

States [J]. European Economic Review, 2006 (4): 253-282.

Pesaran M H, Schuermann T, Weiner S M. Modeling regional interdependencies using a global error-correcting macroeconometric model [J]. Journal of Business & Economic Statistics, 2004, 22 (2): 129-162.

Pesaran M H, Smith R. Estimating long-run relationships from dynamic heterogeneous panels [J]. Journal of Econometrics, 1995, 68 (1): 79-113.

Prebisch R. Toward a new trade policy for development [R]. New York: Proceeding of the United Conference on Trade and Development, United Nations, 1964.

Ranis G, Fei J C H. A theory of economic development [J]. The American Economic Review, 1961, 51 (4): 533-565.

Rashe R, Tatom J. Energy resources and potential GNP [J]. Federal Reserve Bank of Stlouis Review, 1977, 59 (6): 68-76.

Romer D. Advanced macroeconomics [M]. Shanghai: Shanghai University of Finance & Economies Press, The McGraw-Hill Companies, 2001: 30-38.

Romer P M. Endogenous technological change [J]. Journal of Political Economy, 1990, 98 (5): 71-102.

Romer P M. Increasing returns and long-run growth [J]. Journal of Political Economy, 1986, 94 (5): 1002-1037.

Roodman D. How to do xtabond2: An introduction to difference and system GMM in stata [J]. The Stata Journal, 2009, 9 (1): 86-136.

Sachs J D, Warner A M. Natural resource abundance and economic growth [R]. NBER Working Paper Series, No. 5398, Cambridge: National Bureau of Economic Research, 1995.

Sachs J D, Warner A M. Natural resources and economic development: The curse of natural resources [J]. European Economic Review, 2001, 45: 827-838.

Sala-i-Martin X, Subramanian A. Addressing the natural resource curse: An illustration from Nigeria [R]. NBER Working Paper, No. 9804, 2003.

Samuelson P A. The transfer problem and transport costs: The terms of trade when impediments are absent ［J］. Economic Journal, 1952, 64: 264-289.

Sarafidis V, Yamagata T, Robertson D. A test of cross section dependence for a linear dynamic panel model with regressors ［J］. Journal of Econometrics, 2009, 148 (2): 149-161.

Seo M H, Shin Y. Inference for dynamic panels with threshold effects and endogeneity ［R］. Mimeo, London School of Economics, 2011.

Sims C. Macroeconomics and reality ［J］. Econometrica, 1980, 48 (1): 1-48.

Singer H W. The distribution of trade between investing and borrowing countries ［J］. The American Economic Review, 1950, 40: 473-485.

Tiao G C, Tsay R S. Some advances in non-linear and adaptive modelling in time-series ［J］. Journal of Forecasting, 1994, 13 (2): 109-131.

Todaro M P. A model for labor migration and urban unemployment in less developed countries ［J］. The American Economic Review, 1969, 59 (1): 138-148.

Tong H. On a threshold model ［M］. Sijthoff & Noordhoff, 1978.

Tong H. Threshold models in non-linear time series analysis ［M］. Berlin: Springer-Verlag, 1983.

Torvik R. Natural resources, rent seeking and welfare ［J］. Journal of Development Economics, 2002, 67: 455-470.

Tsay R S. Testing and modeling threshold autoregressive processes ［J］. Journal of the American Statistical Association, 1989, 84 (405): 231-240.

Tsur Y, Zemel A. Scarcity, growth and R&D ［J］. Journal of Environmental Economics and Management, 2005, 49 (3): 484-499.

Wright G, Czelusta J. The myth of the resource curse ［J］. Challenge, 2004, 47 (2): 6-38.

Wu B, Chang C L. Using genetic algorithms to parameters (d, r) estimation for threshold autoregressive models ［J］. Computational Statistics & Data Analysis, 2002, 38 (3): 315-330.

后　记

本书立足于高质量发展和中国式现代化实现的需要，基于约束理论提出资源约束的概念，突破了以往对资源不足的传统看法，构建了经济增长中"资源尾效"和"资源诅咒"相互转换机制的模型与技术，为资源约束下的区域经济持续增长研究提供了中国案例与中国理论总结。本书提出的新概念、新内容和新模型丰富了经济增长中的资源约束理论，为资源经济学研究提供了新的理论基础和分析框架，全新阐释了"资源相对稀缺"的认识，丰富了区域经济增长中"资源尾效"和"资源诅咒"的概念体系和研究方法体系，也为中国区域经济学研究提供了新视野。

本书坚持理论分析与实证分析相结合的原则，按照现象描述→理论分析→模型构建→实证检验→案例分析→政策建议的研究思路，共分为八章。第一章是"资源尾效"和"资源诅咒"问题的提出，主要介绍本书的研究背景、研究意义、研究思路、研究方法等内容。第二章和第三章是相关理论和文献回顾，并构建区域经济增长中"资源尾效"和"资源诅咒"研究框架和理论模型。第四、第五和第六章是理论分析与实证检验，为假设检验和特征事实分析提供科学佐证。第七章是国内外案例分析，通过分析案例为其他地区提供借鉴。第八章是研究结论与政策建议，除总结主要结论外，还提出有利于缓解资源对经济增长约束的政策建议。

本书由刘耀彬设计总体框架和写作提纲，全书内容的整理与初稿由肖小东负责，李汝资、田西、柏玲、熊欢欢等分别参与各章研讨、编辑与校对工作，易绍刚和易瑶程参与编辑与校对工作。

在本书撰写过程中，我们广泛地参考了同行专家和学者的研究成果，但只是标注了重要的引用文献，在此一并对所有引用文献的作者及其贡献致以真诚的谢意！本书的出版得到了教育部哲学社会科学研究后期资助重大项目（18JHQ008）和南昌大学131科技创新平台经费的资助。

图书在版编目（CIP）数据

　　"资源尾效"和"资源诅咒"：区域经济增长之谜 /
刘耀彬等著 . --北京：社会科学文献出版社，2023.6
　　ISBN 978-7-5228-1841-2

　　Ⅰ.①资…　Ⅱ.①刘…　Ⅲ.①区域经济-经济增长-
研究-中国　Ⅳ.①F127

　　中国国家版本馆 CIP 数据核字（2023）第 098460 号

"资源尾效"和"资源诅咒"：区域经济增长之谜

著　　　者 / 刘耀彬 等

出 版 人 / 王利民
责任编辑 / 高　雁
文稿编辑 / 王红平
责任印制 / 王京美

出　　版 / 社会科学文献出版社·经济与管理分社（010）59367226
　　　　　　地址：北京市北三环中路甲 29 号院华龙大厦　邮编：100029
　　　　　　网址：www.ssap.com.cn
发　　行 / 社会科学文献出版社（010）59367028
印　　装 / 三河市尚艺印装有限公司

规　　格 / 开　本：787mm×1092mm　1/16
　　　　　　印　张：17　字　数：278 千字
版　　次 / 2023 年 6 月第 1 版　2023 年 6 月第 1 次印刷
书　　号 / ISBN 978-7-5228-1841-2
定　　价 / 148.00 元

读者服务电话：4008918866